当代管理理论与实践系列丛书

本专著由“211”工程建设经费资助

企业伦理与文化研究

魏文斌 ◎ 著

Dongwu Business School

(Finance and Economics School)

苏州大学出版社
Soochow University Press

图书在版编目(CIP)数据

企业伦理与文化研究 / 魏文斌著. 苏州：苏州大学出版社，2013.10
(当代管理理论与实践系列丛书)
ISBN 978-7-5672-0693-9

Ⅰ. ①企… Ⅱ. ①魏… Ⅲ. ①企业伦理—研究②企业文化—研究 Ⅳ. ①F270

中国版本图书馆 CIP 数据核字(2013)第 244382 号

企业伦理与文化研究
魏文斌 著
责任编辑 薛华强

苏州大学出版社出版发行
(地址：苏州市十梓街 1 号 邮编：215006)
南通印刷总厂有限公司印装
(地址：南通市通州经济开发区朝霞路 180 号 邮编：226300)

开本 700 mm×1 000 mm 1/16 印张 11.75 字数 211 千
2013 年 10 月第 1 版 2013 年 10 月第 1 次印刷
ISBN 978-7-5672-0693-9 定价：29.00 元

苏州大学版图书若有印装错误，本社负责调换
苏州大学出版社营销部 电话：0512-65225020
苏州大学出版社网址 http://www.sudapress.com

前　言

随着人类社会实践和企业活动的不断深入，人们已普遍注意到伦理道德与文化对现代企业管理的重大价值。在市场经济条件下，契约是所有经济活动有序进行的纽带和保证。就企业而言，无论是制度式的契约还是合同式的契约，无论是文本式的契约还是口头或心理的契约，无不是伦理道德的体现。企业既是经济实体也是道德和文化实体，企业行为无法离开道德和文化的制约。在西方企业伦理和文化管理的演进过程中，企业界无疑扮演了核心的角色。

企业道德困境与文化管理问题是一个极为复杂的世界性课题，涉及众多学科层面，已成为众多学科中的一个极具活力的研究领域，因而对这一问题的研究必须运用和吸收伦理学、文化学、组织行为学、心理学、经济学、社会学等学科的研究成果。但其深层次的综合视角是文化基因，只有从文化基因层面系统总结和解释企业伦理与文化的驱动因素和作用机制，才能深入揭示企业伦理与文化的形成过程，正确指引企业社会责任和文化建设实践。

基于上述认识，本书在梳理国内外相关文献资料的基础上，较为深入地探讨了企业经营管理活动中伦理与文化管理问题，系统总结企业伦理与文化的形成和发展，具体阐释企业社会责任的演变与行为选择、企业社会责任治理和利益相关者管理、企业文化的层次和要素、企业文化的冲突与整合、企业文化的测评与变革、文化差异与跨文化管理、企业伦理管理与文化建设的途径、企业文化竞争优势构建等，深入揭示企业伦理与社会责任行为的文化驱动力。

本书是笔者十多年来持续关注企业伦理与文化的进一步总结，试图在综合企业伦理和企业文化的基础上，融合两者的核心思想，探求企业伦理与企业文化的一致性。在多年的教学与研究工作中，笔者先后发表了相关研究论著，早在十年前就发表了专文《中国企业管理的道德困境及其对策》[1]，讨论企业管理道德建设问题；其后在《现代西方管理学理论》(上海人民出版社，2004 年版)一书中把管理伦理作为现代西方管理学流派中的一个重要流派加以评介；在《走向形而上的管理学》(吉林人民出版社，2005 年版)一书中则对管理学进行了伦理反思，明确指出管理活动就是一种道德性活动，并认为不同管理学派的探索几乎都指向了道德化的管理，因此在企业管理实践中，应根据利益相关者的利益要求进行伦理决策和利益相关者管理；同时，撰文指出管理是一种文化现象，管理文化是人类文化体系的重要组成部分，随着经济、社会、政治环境的变化而不断演变，并引发管理思想的变革[2]；撰文介绍了生态学在企业管理中的应用，总结了企业生态管理的内容，并探讨了企业生态管理的发展趋势[3]；在《第三种管理维度：组织文化管理通论》(吉林人民出版社，2005 年版)一书中首次提出文化主义范式是继科学主义范式和人本主义范式之后的第三种管理学范式维度；发表论文《文化管理范式的确立及其方法论意义》[4]、《西方管理学范式的三种维度》[5]等；在专论企业伦理的《仁者无畏：企业伦理学理论与实践》(吉林人民出版社，2006 年版)一书中，探讨了企业伦理学基础、企业经营中的伦理问题、伦理管理与伦理建设三大部分内容，从理论、实践、建设思路方面建立了相对完整的框架体系。

在后续工作中，虽然两次申请国家自然科学基金未果(企业伦理行为：驱动因素、结构体系及治理机制研究，2010；企业伦理行为的文化动因及其作用机制：基于中国文化情境的实验研究，2011)，但仍持续关注相关研究，并专门指导了硕士论文《企业社会责任对消费者购买意向影响的实证研究》。企业高管团队对企业绩效的影响至关重要，故把笔者指导的硕士论文《高管团队认知冲突与企业绩效关系的实证研究》在本书中一并附录。

本书也是笔者将多年讲授 MBA 课程“企业伦理与文化”的教学与研究相结合的产物。全国 MBA 教育指导委员会在 2009 年 5 月修订的《关于工商管理硕士(MBA)研究生培养过程的若干基本要求》中，规定 MBA 教育项目的“课程设置、教育环节或课程内容中应包含有企业社会责任和商业伦理教育方面的具体内容和明确要求”，因此，本书既可供有关研究人员参考，也适合企业管理人员和 MBA 学员阅读。

---

[1] 该文发表于《道德与文明》2003 年第 3 期。
[2] 《基于文化的管理思想变革》一文发表于《中国矿业大学学报》(社会科学版)，2005 年第 1 期。
[3] 《企业生态学与生态管理》一文发表于《国外丝绸》，2005 年第 6 期。
[4] 该文发表于《科学学研究》，2006 年第 S1 期。
[5] 该文发表于《国外社会科学》，2007 年第 1 期。

本书的编写和出版，得到了苏州大学东吴商学院、苏州大学出版社有关领导的支持，苏州大学出版社责任编辑薛华强和有关工作人员付出了辛勤劳动，在此一并表示感谢！

由于企业伦理与文化管理还是一门较为年轻的学科，不同学者争议激烈、见解纷呈，而且面临企业实践中的诸多挑战，因而书中难免存在不妥与疏漏之处，恳请读者批评指正。

文　子

于庇寒斋

2013 年 7 月

目　录
Contents

第1章 绪 论

1.1 企业行为的经济性、道德性与文化性

1.1.1 企业行为的经济性与道德性

企业作为一种经济组织,在整个社会运行和发展中起着至关重要的作用。就经济效率而言,经济学的研究和论证表明,企业之所以会存在,是因为企业作为一种由企业家来配置资源或指挥协调生产的层级性经济组织,在一定的条件下能够降低生产成本,包括直接生产成本和交易成本,从而提高生产效率。也就是说,企业之所以会出现并生存下来的根本原因是它能够提高经济效率,适应了生产力的发展。

从经济公平的角度来看,企业之所以会存在,是因为在市场经济条件下,各种利益相关者能够通过彼此之间订立合约的平等交易方式参与企业行为,从而满足各自的需要。因而可以说,企业是一个由外部协作和内部协作构成的利益关系集合体。根据马克思、科斯和阿尔钦的企业理论,企业产生的原始动力是为了通过协作节约生产成本或交易成本,通过“队(Teams)生产”的方式提高生产效率,实现个体无法从事的生产经营活动,使参与协作的各方都能够获得独立生产所不能得到的利益,实现每个企业人员以自己所富有的资源投入获取自己所缺少的资源收益(以有换无),以最小的投入获得较大的收益(以小换大)的愿望。企业外部的利益关系包括企业与国家(包括社区与公共部门)、企业与消费者、企业与企业等方面的关系。在企业与国家的利益关系中,企业是社会资源的消费者,企业需要不断地从国家获得社会资源的消费利益;在企业与消费者的关系中,企业是消费品的创造者和供应者,企业必须不断地生产出消费者满意的产品或服务,不断地在“为他”的前提下实现自身的利益;在企业与企业的利益关系中,企业既是消费者又是供应者,企业不仅必须要从相关企业那里获得资源利益,还需要不断地从其他企业那里获

得行业利益。由此可见,作为由各种利益主体集合而成的企业,总是在不断地作出利益选择,而任何一种企业的利益选择都是道德性选择。

在市场经济条件下,契约是所有经济活动有序进行的纽带和保证。就企业而言,无论是制度式的契约还是合同式的契约,无论是文本式的契约还是口头或心理的契约,无不是道德的体现。进一步而言,市场社会是以平等、互利、互信、自由交换为伦理纽带的网络社会,其间的每一个社会主体在拥有某种社会性权利的同时被赋予了相应的社会责任与义务,企业是市场社会的核心主体,其责任更为重大。由以上所述的利益关系、契约关系和责任关系构成的企业主体,因为最基本的利益关系的影响,实际上是受一定道德意识、道德原则和规范支配,以利益互置的运动方式而存在的相对稳定的道德关系主体。所以,企业既是经济实体也是道德实体,企业行为无法离开道德的制约。正如马克斯·韦伯所指出的,"倘若财富意味着人们履行其职业的责任,则它不仅在道德上是正当的,而且是应该的,必须的"[1]。

1.1.2 管理与伦理的结合

人类对管理或经济与伦理之间关系的认识早已有之,从某种意义上说,管理伦理思想并不是一种新的现象,而是贯穿在人类以往的历史中。1998年诺贝尔经济学奖获得者阿马蒂亚·森(Amartya Sen)在其所著的《经济学与伦理学》一书中指出,"经济学与伦理学的传统联系至少可以追溯到亚里士多德"[2]。亚里士多德的《尼各马可伦理学》就是从规范的角度对人类行为进行全面论述的典范。他在该书的开篇就把经济学科与人类行为的目的联系起来。虽然经济学的研究仅仅与人们对财富的追求直接关联,但在更深的层次上,经济学的研究还与人们对财富以外的其他目标的追求有关,追求至善与正义,从而使国家成为最完善的国家。

经济与伦理之间的关系在"经济学之父"亚当·斯密的思想研究中引发了所谓"亚当·斯密问题",存在着两种正相反对的观点。一种观点认为,斯密的经济思想与伦理思想之间、经济学与伦理学之间有着高度的内在一致性,这可以从斯密时代的学科性质、他最初的写作计划及其对《道德情操论》和《国富论》的多次交叉修订等方面得到证明;另一种观点以19世纪中叶的德国历史学派为代表,他们认为,斯密的《道德情操论》是用同情心来组织伦理主线的,作为人们的伦理动力,而在《国富论》中,斯密则用利己心作为统一经济世界的一根主线。也就是说,《道德情操论》用性善论作为人性的假设;而

〔1〕 马克斯·韦伯.新教伦理与资本主义精神[M].四川人民出版社,1986:136.
〔2〕 阿马蒂亚·森.经济学与伦理学[M].商务印书馆,2000:9.

在《国富论》中则用性恶论作为人性假设，所以两部著作明显存在着难以消解的矛盾。由于斯密对经济与伦理关系的把握有着相当的矛盾性和复杂性，因而引发了“亚当·斯密问题”的大争论。

“亚当·斯密问题”包含了极为丰富的内容，它既是指现实存在的经济与伦理之间的关系，又是指理论上、学科意义上的经济学和伦理学之间的关系，蕴涵了人性的自私自利与同情利他之间的关系，而且这些关系都与一定的时间、地点相联系，从而使这些关系有着历史的性质。实际上，“亚当·斯密问题”也就是源远流长的“义”“利”关系问题，即作为伦理学基本问题的道德与利益的关系问题。尽管对“亚当·斯密问题”的看法存在分歧，但斯密的经济思想与伦理思想并没有根本的矛盾，而是存在着高度的一致性，在现实的实体内容上，是经济的内容决定和产生着伦理的要求，伦理服务于现实的经济需要；经济是伦理的基础，伦理是对经济的辩护和维护。经济与伦理之间也可能包含着内在的对立，但那是次要的。总体上，在亚当·斯密看来，伦理不是同经济对立的，毋宁说它对经济是有利的；伦理不是处于同经济对立的地位，而是存在于经济本身之中。

1.1.3　管理与文化的交融

就人类文明发展史而言，人类行为与文化的关系是密不可分的，不同的文化环境规范着人们不同的行为方式。管理作为人类特殊的社会实践活动，“是文化的产儿”。人是文化的载体，在管理活动中发挥着最主要作用的，作为管理主体和管理客体的，都是人。人的每一项管理行为，无不受到特定时空所具有的文化背景的影响，是过去和当前的文化力量的一种产物，由此形成的管理思想，“既是文化环境的一种过程，也是文化环境中的一种产物”〔1〕。

管理不只是一门科学，还是一种文化，有它自己的价值观、信仰、工具和语言。管理学科“受一定的社会文化的影响，并受到特定社会中的价值观念、传统和习惯等因素的影响”〔2〕，因此，作为一种社会职能，管理既要承担社会责任，又要植根于文化之中。

从管理学范式的变革来看，文化主义范式是继科学主义范式和人本主义范式之后的一场管理学范式的“文化革命”。它不仅为管理学开辟了一个新的研究领域，更为重要的是它为当代管理学家提供了一种解释人类管理行为的新视野，为管理学研究提供了一种新的方法论思想。管理学的研究对象是

---

〔1〕 丹尼尔·A. 雷恩，阿瑟·G. 贝德安. 管理思想史（第6版）[M]. 中国人民大学出版社，2012：9.
〔2〕 彼得·德鲁克. 管理：使命、责任、实务（使命篇）[M]. 机械工业出版社，2006：20.

在一定的文化环境中生活的人所组成的组织，管理学的研究者本身也生活在一定的文化环境中，是一种文化的存在。因此，管理学的研究必须重视文化因素，把文化放在研究的架构之中，充分考虑人的文化本性与组织行为的关系。换句话说，文化因素本来就是组织管理活动中一个极其重要的变量，它渗透在组织管理的各项活动之中，对管理的影响是全方位、全系统、全过程的。因此，管理与文化是共生、同构和互动的，在它们的内在关联中，文化是管理思想变革的深层力量。

1.2 伦理、道德与企业伦理

1.2.1 伦理与道德

"伦理"一词在我国古代典籍中，单个字独立使用较早，如《论语》里有"言中伦"、《中庸》里有"行同伦"、《孟子》里有"察于人伦"、《荀子》里有"圣也者，尽伦者也"等提法。从词源学上考察，"伦"主要有二说：一为《说文》曰："伦，辈也。"即人群类而相比，辈而相序，引申为"人际关系"。如所谓"五伦"，便是五种人际关系：君臣、父子、夫妇、长幼、朋友。另一说为"伦者，纶也"，即经纶为天下之大经，含有绳线连贯之意，引申为人群之联属。两者之意相通，即都将"伦"解为人与人之间交往与相处的有序关系。"理"本义为"治玉"。《说文》曰："理，治玉也。……玉之未理者为璞。"引申为整治和物的纹理，如修理、理发、木理、肌理；进而引申为规律和规则。"伦理"两字连用，始见于秦汉之际的《礼记·乐记》："乐者，通伦理者也"，是指音乐的伦类条理的规律。合而言之，所谓伦理，就其在中国的词源含义来看，是指人际关系事实如何的规律及其应该如何规范。[1]

"道德"一词较早也是单个字分别使用的，如《老子》第二十五章里有："有物混成，先天地生，寂兮寥兮，独立而不改，周行而不殆，可以为天下母。吾不知其名，字之曰道。"《孟子》里有："仁也者，人也，合而言之，道也。"从语源考察，《说文》曰："道，所行道也"，"道者，路也"，即"道"的本义为道路，引申为规律、规则、规范等。"德"字单用，如《论语·颜渊》里有："主忠信，徙义，崇德也。"《庄子·天地》里有："通于天地者，德也。"而其本义则为得。《说文》曰："悳(德)，外得于人，内得于己也"，"得即德也"。从"悳"字的构形看，从心，心得正直。于是，"德"便可引申为人的"品德"、"道德品质"。"道德"两字的连用，始见于《荀子》的《劝学》和《正论》，如"故学至乎礼而止矣，夫是之谓道德之极"、"道德纯备，智惠甚明"，是指人的行为合于理、利于人的规范、榜样、境

[1] 王海明．伦理学原理(第2版)[M]．北京大学出版社，2005：66.

界。因此，构成“道德”一词的“道”与“德”的词源含义都是指人们应该如何的行为规范，“道德”是指人们在各种伦常关系中所表现出的品德的一种规律或境界，后引申为人们基于各自的行为和彼此关系，在坚持行为规范中所形成和表现出来的道德品质或境界。

在西方，“伦理”一词源于希腊语的“Ethos”，在荷马时代，意为驻地或公共场所，后又专指一个民族特有的生活风俗习惯以及人的人格、品德。至亚里士多德创立伦理学后，“伦理”一词才专门用来表示研究人类德行的科学。“道德”一词起源于拉丁语的“Mos”，意为品性与风习。后来古罗马思想家西塞罗根据“Mores”一词创造了一个形容词“Morality”，专指社会的道德风俗和人们的道德个性，以后英文的道德一词沿袭了这一含义。可见，伦理与道德在西方的词源中含义相同，都是指外在的风俗、习惯以及内在的品性、品德，也可以说都是指人们应当如何的行为规范。

由上观之，无论是中国还是西方，“伦理”与“道德”在词源含义上具有大体相同的意义，可视为同义异词，两者都是指人际行为应该如何的规范。但两者又有所不同，伦理是整体，道德是部分，两者是整体与部分的关系，即伦理包括人际行为事实如何的规律及其应该如何的规范，而道德仅指人际行为应该如何的规范。以“五伦”为例，一般只能说君臣、父子、夫妇、长幼、朋友是五种伦理，而不能说是五种道德。只有他们之间应该如何交往相处的规范，即他们之间的“义”才是道德，如父对子慈、子对父孝。而作为伦理的君臣、父子、夫妇、长幼、朋友诸关系，不仅包括他们之间的义，还包括社会上对这种义的要求，以及他们之间的行为事实(人的本性)究竟怎样等一系列内容。因此，“伦理”是诉诸和谐有序的人际关系的整体性的道德理论，而“道德”是以特殊手段对人际关系进行调节的实际伦理现象。

1.2.2 企业伦理

在市场经济条件下，企业作为具有独立法人财产权、自主经营权和自负盈亏的经济实体，在其从事的生产经营活动中，必然要与外部和内部发生各种利益关系，包括企业与社会、企业与国家、企业与企业、企业与顾客、企业与员工、企业与企业家，以至企业与国际市场等，这里既有市场关系，又有非市场关系。总而言之，就是企业自身权益与社会方方面面的权益的关系，正是在这些关系中，包含着各种伦理关系。企业要进行正常的生产经营活动，就必须处理好各种利益关系，因而也就必须把握其中的伦理关系，树立自己的伦理理念，以此为指导确立并在生产经营活动中实践一定的伦理准则和道德规范。

对于企业伦理含义的理解，学术界大致有以下几种观点：一是应然说。

美籍华裔著名学者成中英先生在《文化、伦理与管理》一书中认为，企业伦理(Business Ethics)是指任何商业团体或生产机构以合法手段从事营利活动时，所应遵守的伦理规范。[1]二是综合说。认为企业伦理是企业生产、经营过程中的伦理关系、伦理意识、伦理准则和伦理活动的总和[2]；或是企业在处理内外关系时以伦理理念为核心的伦理原则、道德规范及其实践的总和。三是广义和狭义说。根据研究范围不同，可以把企业伦理学划分为广义和狭义两种。广义的企业伦理学包含三个层次内容，即指宏观的制度、中观的企业及其他组织、微观的个人；狭义的企业伦理学的研究对象是狭义的企业道德。企业伦理文化也有广义和狭义之分：狭义的企业伦理文化是指企业内部成员所形成的某种伦理观念、历史传统、共同价值准则、道德规范和生活观念等，也就是增强企业内聚力、向心力和创造力的各种意识形态的总和；广义的企业伦理文化除包括上述内容外，还包括渗透在职工劳动中的行为动机、道德心理和道德意识等。简言之，企业伦理文化研究既要涉及人们通常所说的"软件"部分，也要涉及"硬件"部分；既触及"隐形文化"内容，又触及"外显文化"内容，它是对企业物质文明和精神文明的综合道德思考。

概括而言，所谓企业伦理，是指企业在经营管理活动中处理内外部关系时所应当遵守的行为规范。它具有以下特点：[3]

第一，企业伦理是关于企业及其成员行为的规范。虽然企业是由个人组成的，但企业的行为却不能简单地表述为单个成员的行为之和，企业具有自己的目标、利益和行为方式。当一个人问企业应该做什么、企业的道德责任是什么时，就意味着企业本身被看成一个"道德角色"或"道德个人"。然而，具体工作毕竟是由企业成员来做的，在讨论企业应该遵守的行为规范时，实际上也提出了单个成员所应遵守的行为规范，如管理者、技术人员、生产人员、营销人员、财务人员、后勤人员等的行为规范。

第二，企业伦理是关于企业经营活动的善与恶、应该与不应该的规范。指导企业及其成员行为的规范有许多，有技术规范，如不准戴手套操作车床；有礼节规范，如对来访者以礼相待等。企业伦理是关于善恶的规范。企业伦理告诉人们哪些经营活动(指以营利为目的的所有活动)是善的、应该的，哪些活动是恶的、不应该的。究竟什么是善的经营行为，什么是恶的经营行为，正是企业伦理学所要讨论的。一般而言，人们总是把那些有利于自己、他人

---

〔1〕 成中英．文化、伦理与管理[M]．贵州人民出版社，2003：244．

〔2〕 欧阳润平．企业伦理学[M]．湖南人民出版社，2003：48．

〔3〕 周祖城．企业伦理学(第2版)[M]．清华大学出版社，2009：10－11．

及社会群体的行为和事件当成是善，而把那些有害于自己、他人及社会群体的行为和事件当成是恶。

第三，企业伦理是关于怎样正确处理企业及其成员与利益相关者关系的规范。企业从事经营活动，需要内部各层次、各部门员工的共同努力；同时，企业是个开放系统，它与外界也存在着各种联系。这些内部和外部利益相关者的利益关系使企业与他们紧密联系在一起，必须正确处理才能促使企业持续存在和发展。企业伦理就是调节企业及其成员与利益相关者关系的规范。

第四，企业伦理是通过社会舆论、传统习俗、内心信念和内部规范来调节企业及其成员行为的。企业伦理道德与法律都是调节人们行为的重要手段，但两者在调节方式上具有本质差别：法律是一种他律性的行为规范，依靠有组织的强制力量，通过审判与制裁，使人们遵循法律的轨道；而伦理道德是一种自律性的规范，有赖于人们的自尊心和义务感，体现了自觉性和内在性。

1.3 文化、组织文化与文化管理

1.3.1 "文化"界说

"文化"一词在中国具有悠久的历史。"文"的本义，是指各色交错的纹理。《易经·系辞下》载："物相杂，故曰文。"《礼记·乐记》称："五色成文而不乱。"《说文解字》称："文，错画也，象交文。"均指此义。在此基础上，"文"又有若干层引申义。其一，为包括语言文字在内的各种象征符号，进而具体化为文物典籍、礼乐制度。《尚书·序》所载伏羲画八卦，造书契，"由是文籍生焉"，《论语·子罕》所载孔子说"文王既没，文不在兹乎"，是其实例。其二，由伦理之说导出彩画、装饰、人为修养之义，与"质"、"实"对称，所以《尚书·舜典》疏曰"经纬天地曰文"，《论语·雍也》称"质胜文则野，文胜质则史，文质彬彬，然后君子"。其三，在前两层意义之上，导出美、善、德行之义，这便是《礼记·乐记》所谓"礼减而进，以进为文"，郑玄注"文犹美也，善也"，《尚书·大禹谟》所谓"文命敷于四海，祗承于帝"。"化"，本义为改易、生成、造化，如《庄子·逍遥游》："化而为鸟，其名曰鹏。"《易经·系辞下》："男女构精，万物化生。"《黄帝内经·素问》："化不可代，时不可违。"《礼记·中庸》："可以赞天地之化育。"等等。归纳以上诸说，"化"是指事物形态或性质的改变。同时"化"又引申为教行迁善之义。

"文"与"化"连用，较早见之于战国末年儒生编辑的《易·贲卦·象传》："(刚柔交错)，天文也。文明以止，人文也。观于天文，以察时变；观乎人文，以化成天下。"这段话里的"文"，即从纹理之义演化而来。日月往来交错文饰于天，即"天文"，亦即天道自然规律。同样，"人文"，是指人伦社会规律，即社会生活中人与人之间纵横交织的关系，如君臣、父子、夫妇、兄弟、朋友，构成复杂网络，具有纹理表象。这段话说，治国者须观察天文，以明了时序之变化，又须观察人文，使天下之人均能遵从文明礼仪，行为止其所当止。在这里，“人文”与“化成天下”紧密联系，“以文教化”的思想已十分明确。西汉以后，“文”与“化”方合成一个整词，如“文化不改，然后加诛”（《说苑·指武》），“设神理以景俗，敷文化以柔远”（《三月三日曲水诗序》），“文化内辑，武功外悠”（《文选·补之诗》）。这里的“文化”，或与天造地设的自然对举，或与无教化的“质朴”、“野蛮”对举。[1]

在西方，“文化”一词在英文、法文中都是 Culture，德文是 Kultur，均由拉丁文 Cuhura 一词引申、演化而来。Cuhura 含有耕种、居住、练习、注意、敬神的意思。所不同的是，中国的“文化”——开始就专注于精神领域，而 Culture 却是从人类的物质生产活动生发，继而才引申到精神活动领域的。从这层意义上分析，Culture 的内蕴比“文化”更为宽广，而与中国语言系统中的另一词汇“文明”更加切近。

对文化的定义是随着社会学、人类学的发展而不断廓清的。“文化”这一术语源于社会人类学。英国“人类学之父”爱德华·泰勒（Edward B. Tylor）在 1871 年出版的《原始文化》一书中将文化作为一个中心概念提出，定义为：“文化是一个复杂的总体，包括知识、信仰、艺术、道德、法律、风俗，以及作为社会成员的人所获得的其他任何能力和习惯。”[2]这也是最为流行的、经典的定义，在人类学以及随后的文化研究中有着重要的影响。

自爱德华·泰勒之后，学者们从不同的角度对文化做出了不同定义和阐释。据美国文化人类学家 A. L. 克罗伯和 C. 克拉克洪在《文化：对各种概念与定义的批判性评论》一书中的统计，仅 1871—1951 年这 80 年间，对文化的定义就达 164 种。法国社会心理学家 A. 莫尔斯的统计则表明，20 世纪 70 年代以前的世界文献中的文化定义高达 250 多种。A. L. 克罗伯和 C. 克拉克洪曾对众多文化定义进行过比较、研究和分析，并把西方学者关于文化的定义总结为六大类型：

(1) 列举和描述性的。这一类型以博厄斯（P. Boas）的观点为代表。博厄斯关于文化的定义深受爱德华·泰勒的影响。博厄斯认为，文化包括一个社区中所有社会习惯、个人对其生活之社会习惯之反应及由此而决定的人类活动。

---

〔1〕 张岱年，方克立. 中国文化概论[M]. 北京师范大学出版社，1994：1—2.
〔2〕 G. 邓肯·米切尔. 新社会学词典[M]. 上海译文出版社，1987：75.

(2) 历史性的。这一类型旨在强调文化的社会遗留性及其传统性，认为文化即社会的遗传。这一学派认为，作为普通名词时，“文化”是指人类的全部“社会遗传”，视为专有名词时，它的本质则指“社会遗传的某一特殊素质”。

(3) 规范性的。这一定义类型强调文化是一种具有特色的生活方式，或是具有动力的规范观念及其影响。例如，林纳勃格(O. Lineburg)把文化界定为“由社会环境所决定的‘生活方式’之整体”。索罗金(P. Sorokin)关于文化的定义则是“超有机世界之文化外貌，包括意识、价值、规范此三者之互动关系，可具体表现于外界行动及文化之传播工具上”。

(4) 心理性的。根据这一类型的定义，文化是满足欲求、解决问题和调适环境以及人际关系的制度。文化是一个调适、学习和选择的过程。比如福德(C. S. Ford)就认为，文化包括传统上解决问题之方式。文化系由反应而组成，因具成效而为社会成员所接受。总之，文化是由通过学习所得解决问题之道所组成的。

(5) 结构性的。这种类型的定义皆以每一文化系统的性质及可隔离的文化现象之间所具有的组织之相互关系为中心。文化在这里变得抽象了，它必须建立在概念模型上，并且用以解释行为，而文化本身却不属于行为。最著名的是克拉克洪和凯利(C. Kluckhohn& W. H. Kelly)的定义：“一种文化乃历史上源起于为求生存所作的明显或含蓄之设计体系，此体系为此一群体之全部成员，或某部分之成员所共有。”

(6) 遗传性的。这种类型的定义侧重在遗传方面。它的中心命题是关心文化的来源、文化存在及继续生存的原因等。这方面以卡尔(L. J. Carl)的定义最为简洁。卡尔认为，文化的本质是通过“团体中过去行为而累积与传授的”。

从总体上说，综合人类学的观点，文化有两种基本的界定方式，一种是广义的界定，另一种是狭义的界定。广义的文化概念包括人类通过后天的学习所掌握的各种思想和技巧，以及用这种思想和技巧创造出来的物质文明和制度文明。而狭义的“文化”排除人类社会——历史生活中关于物质创造活动及其结果的部分，专注于精神创造活动及其结果。广义“文化”与狭义“文化”，涉及范围大小有别，“文化”概念广狭的确定，应由研究者的学科、课题、内容而定，难以分出对错或优劣。但是，相对于本书所要讨论的组织文化管理而言，广义的文化定义具有更大的包容性，它同时可以兼顾到组织文化的物质方面、制度方面、精神方面和行为方面。

1.3.2 组织文化

组织文化的概念是伴随着管理学理论和相关学科，如人类学、心理学、文化学研究的发展而逐渐成为多学科研究的内容。在实践上，到了20世纪70年代，随着日本企业的崛起，人们注意到了文化差异对管理的影响，进而发现了社会文化与组织管理的融合——组织文化，它是组织发展到一定阶段，组织领导人将其在组织或企业创业阶段关于管理理念、基本假设等达成的共识用于对组织的管理过程中，包括文化、价值和心理因素等在内的非结构性因素的一种整合，并使之成为一个组织或企业独具个性化的管理模式，以文化的力量推动着组织的长期发展。

组织文化最早作为影响员工态度和行为的一个独立变量，其起源可追溯到20世纪50年代的制度化(Institutionalization)概念。[1]但是，正如文化的定义一样，人们未能在组织文化的定义上达成一致。总体而言，在西方组织文化研究中，存在着明显的两个不同派别：本体论意义上的组织文化"隐语说"和功能主义意义上的"可控变量说"，即文化到底是组织的所"是"还是组织的所"有"。这也是组织文化领域一个持续争论的内容。

在组织文化研究的众多学者中，埃德加·沙因是极为重要的一个代表人物。沙因对组织文化研究的贡献主要在于他提出了一个多数人能接受的组织文化定义，并构造了被人们广为采用的组织文化模型。沙因认为，任何一个社会的结构层次，都意味着"文化"。这种组织文化是一套基本假设——一个给定的组织在其应对外部适应性和内部一体化问题的过程中，创造、发现和发展的，被证明是行之有效的，并用来教育新成员正确地认识、思考和感觉上述问题的基本假定。由于这些假设是被反复运用的，因而它们就被视为是理所当然的，仿佛是不知不觉的。在这一定义中不包括人们公开的行为模式。沙因认为，人们的公开的行为常常是由模式化的假设、知觉、思想和感觉这一文化倾向与从外部环境中产生的可能性决定的。因此，公开的行为可能同时是对文化与环境的反应。

一般情况下，组织文化不容易被改变；因为改变组织文化，等于改变众人的"性格"和"习惯"。文化是一种感知，尽管组织成员具有多样化的特征，但其仍用相似的术语描述组织的文化，这就是文化的共有方面。

1.3.3 文化管理

在组织文化研究中，组织文化管理因为直接关系到组织绩效而引起学者们的广泛关注。斯默西奇(Smircich)将有关文化管理的观点分为三种：① 组织文化是可以管理的。持这种观点的学者将文化作为一种变量，并在逻辑上假设文化是可以被改变的。② 组织文化是可以被操纵的。持这种观点的学

〔1〕 斯蒂芬·P.罗宾斯.组织行为学(第10版)[M].中国人民大学出版社，2005：572.

者认为，组织文化并不是一个可以直接控制的变量；从某种意义上说，组织文化可以在概念上被看成是组织自身存在的一种形态。③ 文化不可能被有意识地改变，文化变化应该被视为一种自然演化过程。

我们认为，无论人们对文化的观点是“变量”还是“隐语”，抛开认识论意义不谈，关键是管理组织文化现在已成为可能，组织的整合方式可能会以“人—文化”作为其中心。因为文化的形成终究是一个过程，所以“习得”、“传播”、“塑造”文化的可能性成为文化研究的关键所在，而如何管理组织文化还缺乏特定的系统研究。

在我们看来，文化管理并不仅仅是管理中的一种手段或职能，而是对以前管理理论的一种更高的综合，是一种“否定之否定”的发展和螺旋式上升的过程。文化管理克服了以前管理理念或重视物、或重视人的片面性，从更高的层次关注物质、资本以及人的物质需求和精神需求，既强调价值观、方法论的修正对管理的决定性作用，也强调物质的基础性作用。学者们使用得较多的是“企业文化”这一概念，与这里所讲的组织文化并无本质上的差异。因此，从一定意义上讲，可把企业文化管理等同于组织文化管理。当然，从概念的外延来看，组织文化包含了企业文化，也就是说，企业文化是组织文化的组成部分，正如企业组织是社会组织的一个组成部分一样。概括而言，所谓文化管理，是指组织将文化放在管理的中心地位并贯穿于管理活动的全过程，其核心是价值观管理。它并不是如质量管理、成本管理等那样是一种具体的管理方式，虽然也有一定的具体操作方法，但更接近于一种管理理念，强调管理中硬要素和软要素的结合，并以软要素为重心。

从文化管理的内容来看，它在管理思想、管理制度和管理方法方面都有其特殊内容。就时代特征而言，信息技术与现代管理相结合以及知识经济所引发的社会环境变化必将为文化管理注入新的内涵。知识经济时代文化管理的特征主要体现在以下几个方面：

(1) 从管理思想来看，主张“文化人”假设以及相应的管理方式。无论是科学管理理论的“经济人”假设思想还是人际关系学说的“社会人”假设思想，在一定的历史条件下，对调动人的积极性起过重要作用，但有很多组织在管理实践中遇到了新的问题，即仅靠提高工资并不能唤起员工的积极性，如果组织能为员工提供良好的工作环境和文化氛围，充分尊重并满足员工自我发展的需求、参与的需求、个人成就感的需求，员工的积极性就会大大提高，组织的发展也就会呈现出勃勃生机。与传统管理理论认为人是机器和规章的附属物不同，文化管理特别强调人是组织最宝贵的财富和资源，人的基础职能是创新和超越。它通过文化的作用，激励员工从“更加勤奋”地工作发展到

"更加聪明"地工作。另外,从管理者与被管理者的关系来看,是从一种单向的、执行的关系,发展到双向的、互动的关系。

(2) 从管理目标来看,主张把组织发展与员工的个人价值实现紧紧地联系在一起。在工业经济时代,企业管理的目标就是追求产值,通过产值追求高利润,所有的管理理论都深深地打上了这一管理目标的烙印。文化管理的背景是知识经济时代,知识经济时代与工业时代不同,主要以质量高、以少以好求效率、求利润,从而达到财富剧增和服务超值的目标。文化管理除了上述目标,还把员工成长、组织发展和社会进步的统一看作管理的目标:个人价值源于组织,组织的价值源于社会;没有个人的努力就没有组织的发展,没有组织的发展就没有社会的进步。

(3) 从管理组织来看,主张建立紧凑、高效、灵活、快速、富有弹性的管理组织。传统组织理论的管理组织是以等级为基础,以命令为特征,以设施、工具等物质资源为主体的"金字塔"结构,横向分工始终处在以"直线组织"为支柱的框架内,这种组织笨重、迟缓、缺乏灵活性。文化管理理论强调减少管理层次,压缩职能机构,建立紧凑、高效、灵活、快速、富有弹性的管理组织,从管理体系来看,这种管理组织以智力资源为主体,呈现出扁平化的趋势。

(4) 从管理职能来看,主张以"理"为主要职能。传统管理理论以分工论和部门制为基础,其管理职能以分工和"管"为职能,以人的行动和管理过程的标准化并实现有效指挥为管理的主要内容。知识经济时代,以高度信息化、市场化为基础,以综合和"理"为职能,以信息的综合、提炼、创新、提升并形成独特的优势为管理的主要内容,强调"最少的管理是最好的管理"。

(5) 从管理策略和管理手段来看,主张柔性管理。传统管理理论大多是以技术驱动、以多求进的刚性管理模式。文化管理主张以市场驱动、以快求变的柔性管理。传统管理虽然也利用电子计算机等现代化管理手段,但就其本质而言,可概括为放大了的人的体能。文化管理主张是用机器来放大人的智能,并以智能机器为管理手段,把人的自然智能和机器的人工智力两者的潜力都充分发挥出来,从而实现各种管理现代化手段与人的聪明的巧妙结合。

显然,文化管理模式是一种能够适应信息化、网络化、全球化、一体化要求的新管理模式。它的管理理念与以前的管理理念之间的关系,不是一种完全替代关系,而是更多地表现为一种重心偏移和对以前管理理念的高度综合,即由文化管理来统领对员工行为的管理、物质管理、资金管理和人力资源管理。或者说,正如管理是一个永恒的主题一样,文化管理理念在实践上其实早已存在,基于"经济人"、"社会人"等人性假设而建立起来的各种管理理念,无论是科学管理,还是行为管理,其实都是文化管理的初始的不全面的形态,它所表现的同样是一种价值观和方法论,只不过尚未触及文化的真谛。这些不同时代的管理理念,是管理理念"螺旋式"发展过程中的一个层级,它们共同推动了比自身更加全面、完整的文化管理的出现。

第2章 企业伦理与文化的形成和发展

2.1 企业伦理兴起的背景与研究进展

2.1.1 企业伦理兴起的背景

从全球范围的人类文明进程来看，人类活动在对社会进步不懈追求的同时，也打开了“潘多拉盒子”；随着“天使”的降临，“魔鬼”也跟踪而至。工业文明使人类找到了通过商品经济实现生产力高速增长的通道，但付出的代价却是生态环境的破坏，不可再生资源的丧失，道德的沦丧以及人性的扭曲。面对此种困境，人们提出了可持续发展管理，呼吁构建企业伦理文明。

从实践层面来看，对企业经营活动中的伦理道德因素的重视，发端于20世纪60年代美国的企业伦理运动。当时一些企业在生产经营活动中肆意污染环境、忽视安全生产、销售不合格产品、歧视员工等，这些不道德行为经媒体曝光后，引起了公众的强烈反响，并在全社会引发了一场保护消费者权益运动。企业的反伦理行为，不仅扭曲了市场体系，导致资源配置效率低下，而且破坏了企业与其利益相关者的关系，直接影响到企业的形象和长期绩效。因此，企业不得不屈从于社会公众的压力和自我生存的需要，转而重视企业伦理问题。

20世纪80年代以后，企业伦理在理论和实践方面进入了全面发展的阶段。首先，就范围来看，企业管理伦理从美国迅速扩展到日本、欧洲等国家和地区。有关企业管理伦理方面的研究机构、出版物在美国、加拿大、欧洲、中东、日本和韩国纷纷问世。欧洲对管理伦理的研究更是采取联合行动，1987年成立了“欧洲经济伦理网络”(EBEN)，参加国有德国、瑞典、意大利、法国、西班牙、荷兰和英国等，其宗旨是要在所有的经济管理层次上为改进整个决策过程和伦理质量做出贡献。西方各国的政府和民间机构在推动管理伦理建设方面也发挥了重要的作用。一些民间组织，如美国的伦理资源中心、欧洲经济伦理网络、日本经营伦理学会等则经常就一些管理伦理问题进行全方位、多层次的讨论，使管理伦理运动不断向纵深发展。鉴于很多管理伦理问题迄今为止还没有统一的答案，西方社会特别注重为各界人士创造一个共同交流和对话的环境与气氛。近些年来，围绕管理伦理的交流与对话已从西方扩展到全世界。总部设在美国的“企业经营、经济与伦理国际学会”继 1996 年在日本东京主办首届企业经营、经济与伦理世界大会后，2000 年 7 月在巴西圣保罗举办第二届大会，主题是“全球化的伦理挑战”。在经济全球化的时代，如何改变不公正的国际政治经济秩序，缓和发达国家和发展中国家的利益冲突，建立起全球经济活动的道德底线，保证经济发展的伦理质量，这些问题成为大会讨论的焦点。2004 年 7 月在澳大利亚墨尔本大学举办了第三届世界大会，会议的主题是“经济中的自由与责任”。

其次，在商业伦理教育和研究方面，大学中的绝大多数管理学院或商学院都开设了企业伦理和商业道德方面的课程。据有关资料统计，美国已有 90%以上的管理学院开设了企业伦理学课程。[1]企业伦理学不再是“企业与社会”和“公共政策”这类课程的附加或从属内容，而成为一门独立的课程。哈佛大学商学院是最早强调管理伦理方面教育的学院之一。1987 年，毕业于哈佛大学商学院的美国前证券交易委员会主席约翰·沙德(John Shad)先生，由于看到不少全美著名的管理学院与法学院的年轻人被卷入金钱交易和公物私用的商界丑闻，在颇感失望之余，给哈佛商学院捐款 2 000 万美元，并提出倡议，开设“管理决策与伦理价值”课程。1996 年，史蒂文·西尔比格从全美最佳的 10 所商学院开设的大量 MBA 课程中，概括出受各商学院普遍重视的 MBA 课程精华，即 9 门核心课程，企业伦理学榜上有名。一些学者也相继编写了企业伦理方面的教材，如汤姆·比彻姆和诺曼·鲍依的《企业与伦理理论》，施泰因曼和勒尔的《企业伦理学基础》，D. J. 弗里切的《商业伦理学》，O. C. 费雷尔、约翰·弗雷德里克和琏达·费雷尔的《商业伦理：伦理决策与案例》等。总体来看，西方大学一般都把企业伦理学的设计、教材编撰及教学指导视为一项任务，教学成为企业伦理学科建设的重要环节。

第三，企业伦理在实践中也得到了广泛的应用。在西方企业伦理运动的演进过程中，企业界无疑扮演了核心的角色。20 世纪 80 年代，大多数西方企业开始明确企业的价值观、信条和使命，制定企业经营管理守则和行为规范，对企业管理人员和一般员工进行伦理道德培训，建立企业伦理官员和伦理办公室制度。1988 年，由各大公司总裁组成的美国企业圆桌委员会把企业良好

---

〔1〕 张应杭. 管理伦理[M]. 浙江大学出版社，2006：6.

的伦理道德风气看做是首要的企业资产，并以此促进美国企业界的观念变革。进入20世纪90年代之后，西方一些著名的大企业包括波音、摩托罗拉、惠普、壳牌、奔驰、飞利浦等都花大力气进行企业伦理建设。1994年，欧、美、日三方企业界领袖在瑞士通过了《康克斯圆桌委员会商务原则》，呼吁全球企业特别是跨国公司本着"共生"和"人类尊严"的理念，处理好企业与其雇员、客户、竞争对手、所有人或投资者、供应商以及所在社区的关系，积极承担相应的责任，而不能仅仅依靠法律和市场的力量去规范企业活动。这一原则为企业经营管理提供了伦理道德上的重要参考。到20世纪90年代中期，在《财富》杂志排名前500家的企业中，有90%以上的企业通过成文的伦理守则来规范员工的行为。美国约有3/5的大企业设有专门的企业伦理机构，负责有关企业伦理工作，有的企业甚至设立了一种新型的职位——伦理主管或首席伦理官(Chief Ethics Officer)。日本企业将企业伦理的实践一直放在非常重要的地位，有90%以上的企业设有专门的企业伦理机构。英国、德国等欧洲国家中越来越多的大企业已经和正在制定成文的企业管理伦理准则，有一半以上的企业设有专门的企业伦理机构，负责有关企业伦理工作，在企业的实际运作中对于企业的文化氛围和道德形象均起到了良好作用。

进一步而言，企业伦理问题之所以受到普遍关注，还有着重要的社会时代方面的原因：

一是应对经济化趋势的需要。美国圣母大学国际商务伦理教授乔治·恩德勒(Georges Enderle)指出，当今社会有一种"经济化趋势"，经济化的思维和行为方式正渗透与支配着越来越多的领域，包括大型投资、研究与开发、大众传播、政治生活、教育、文化、家庭等。社会把经济、利润作为发展的唯一目标。"为改变这种趋势，经济伦理学的责任是去设立一种不可逾越的边界。"[1]人们期待使经济更加人性化，而不是社会经济化。

二是表现为人的基本权利伸张和维护的各种法律法规日益完善。如果在法律上处于不利地位，公司及其管理人员就会因此付出昂贵的代价，一些公司可能因此破产。20世纪80年代以来，许多国际性的法规日趋完善，世界各国通过区域性的贸易协定制定了一系列用来衡量合格法人资格的国际性标准，"虽然很多这样的商业行为标准都不具有法律强制性，然而它们却成为划分公司责任的公共规范，而公司责任则反映了公司在世界范围内的社会地位"[2]。

---

〔1〕 乔治·恩德勒.面向行动的经济伦理学[M].上海社会科学院出版社，2002:6.

〔2〕 林恩·夏普·佩因.领导、伦理与组织信誉案例[M].东北财经大学出版社，1999:8.

三是信息技术的广泛应用,使世界各地的企业及其经营人员处于各方面的监督之下。在现时代,媒体、政府和非政府性质的监察人员以及社会公众,都有条件利用现代信息技术了解企业的行为,并对之做出迅速的评判。那些涉嫌违背道德、危害社会的企业将成为新闻界和公众舆论的焦点,成为被批评、抨击的对象,而这将使企业的经营陷入极大困境。

四是地球和人类共存、协调发展的需要。现时代,由于增长所付出的环境代价开始凸显,地球环境问题日益受到关注,人口、资源和环境的关系以及以此为中心的可持续发展问题,成为世界性的议题。因此,"企业不仅要防止公害,还要对包括保护大自然为内容的环境保护尽自己的义务和做出自己的贡献。企业要以此为经营伦理上的重要支柱,积极参加,这是时代的要求"[1]。

2.1.2　企业伦理的研究进展

20 世纪以后,随着科技的发展和文明的进步,工业生产的规模进一步扩大,生产的社会化程度也大大增加,在此基础上,以泰罗科学管理理论的诞生为标志的管理学的各种理论也相继出现。由于管理活动中所大量涉及的是对人的管理问题,因此各种管理理论或多或少都涉及对管理中伦理问题的思考。特别是企业伦理学成为一门独立学科以来,企业伦理吸引了世界范围内许多学者进行跨学科的讨论,取得了很多新的进展。

从西方企业伦理研究的发展历程来看,中外学者对企业伦理发展阶段的划分不尽一致。美国的 O. C. 费雷尔等人将企业伦理的研究发展分为五个阶段:

(1) 1960 年以前,企业伦理问题主要从宗教方面来讨论,宗教领袖提出了有关公平薪水、劳动行为和资本主义道德方面的问题。

(2) 20 世纪 60 年代,见证了商业中许多社会问题的出现和社会良知的浮现。

(3) 20 世纪 70 年代,企业伦理开始发展成为一个独立的研究领域。企业伦理发展成为一门为人认可的学科,学者和实践者探讨伦理问题并试图理解个人和组织如何做出伦理的决策。

(4) 20 世纪 80 年代,企业伦理进入巩固阶段。不断壮大的、变化着的、兴趣多样的机构团体促进了企业伦理的研究。在美国大学里设置了 500 门商业伦理方面的课程,商业伦理中心提供出版物、课程、会议和研讨会。许多公司建立了伦理委员会和社会政策委员会来处理伦理问题。

---

〔1〕 水谷雅一. 经营伦理理论与实践[M]. 经济管理出版社,1999:13.

(5) 20 世纪 90 年代，是企业伦理的制度化阶段。进入 21 世纪后，企业伦理研究继续发展。企业伦理问题可以从法律、哲学、神学或社会学的角度来着手处理；或者可以用实用主义精神来处理它们，寻求特殊管理问题的解决方案。企业管理者、学者和政府正在试图开发系统的指南来帮助个人或组织做伦理决策。我们将看到一种新的对诚信行动的重视，它使伦理成为组织核心价值观的一部分。〔1〕

概而言之，西方企业伦理研究的主要问题基本上分属于三个层面：

其一，微观层面，主要探讨企业活动中的相关个人之间的伦理关系，即雇主和雇员、管理者和被管理者以及同事、投资者、供应者、消费者等这些单个人之间的伦理关系。特别是对利益相关者的研究，已成为当今风靡于理论界，尤其是管理学界和企业伦理学界的利益相关者理论。1984 年，弗里曼(R. Edward Freeman)在其经典著作《战略管理——一个利益相关者方法》中，强调利益相关者在企业战略分析、规划和实施中的作用。而动态演化的观点则认为，利益相关者是不断变化的，他们与公司的利害关系也随着公司考虑战略问题的改变而改变。为此，卡罗尔和巴克霍尔茨提出两种利益相关者分类方法：一是根据利益相关者与公司关系的正式性，区分为主要的利益相关者和次要的利益相关者；二是将利益相关者区分为核心利益相关者、战略利益相关者和环境利益相关者。〔2〕对此，公司战略必须考虑不同情境下利益相关者的变化与要求。总之，利益相关者理论的要旨在于为企业及其管理者对企业所有利害关系人负责提供深层次的理论证明，是企业伦理微观层面研究的核心内容。

其二，中观层面，主要研究各种管理组织之间，特别是各种经济性组织之间的伦理关系问题。它包括公司、厂家、贸易联盟、消费者组织、行业协会、工会等组织。尽管这些组织是由个人组成的，但是组织的行为却不能简单地表述为单个成员的行为之和。组织有自己的目标、利益和行为方式，并能发展一定的自治性，因而具有超越个人行为的特征。由于社会分工不同，各种组织在社会中扮演着不同的角色，这些组织对于自身行为应具有什么样的观念，如何以自身的独特作用为组织的管理伦理作出自己的贡献，如何处理同贸易伙伴、竞争对手的关系，如何积极吸纳其他组织参与管理伦理的建设等问题，是这一层面管理伦理研究的主要内容。

---

〔1〕 O.C.费雷尔，等.商业伦理：伦理决策与案例(第 5 版)[M].清华大学出版社，2005 年：9—13.

〔2〕 阿奇·B.卡罗尔，安·K.巴克霍尔茨.企业与社会：伦理与利益相关者管理[M].机械工业出版社，2004：46—48.

其三，宏观层面，主要研究社会或制度层次的伦理问题。包括经济制度和经济条件的形态，如经济秩序、经济政策、金融政策、社会政策、国际商务活动以及国际商务关系等方面的伦理问题。例如，社会保障究竟是谁的责任？政府、企业、个人应如何分担？在国际贸易中应如何对待客国与母国的伦理规范和道德标准的差异？如何形成公平的国际商务关系？如何在国际社会造成公平、正义的贸易环境？等等。由于这些问题涉及市场经济、所有制及产权制度等的道德评价，与经济学、伦理学和社会学关系密切，因而一些伦理学家和经济学家也对企业伦理进行了讨论。罗尔斯的《正义论》[1]和布坎南的《自由、市场与国家》就更多地触及企业经济活动中的正义和合理性维度。1986 年获得诺贝尔经济学奖的经济学家詹姆斯 · M. 布坎南(James M. Buchanan)的经济学研究，伦理学的分析向度是十分明显的。布坎南认为，经济人追求个人利益的最大化，但"各个交易人不会完全达到个人利益的最大化，这不是出自对他的贸易伙伴的福利的关心，而是出自承认全体当事人的共同利益是稳定的文明秩序的绝对必要条件。完全可以认为，就广义的合理性而言，以承认这些界限为基础的行为是可以恰当地定义为'合理'的行为的"[2]。可见，布坎南实际上为企业乃至人们的经济生活画出了一条道德底线，市场中追求个人利益是正当的，但这种正当性以受共同利益界限的限制或约束为先决条件。

2.2　企业文化的兴起及其理论标志

2.1.1　企业文化产生的时代背景

任何管理理论的诞生都有其特定的时代背景，现实社会经济、科技、文化等物质文化和精神文明水平的极大提高，是企业文化理论产生和发展的根本原因。尽管随着时代的进步和劳资之间关系的变化，西方企业管理理论也处在不断变化之中，但理性主义一直是西方企业管理的基本准则。然而，这种理性主义管理在第二次世界大战后，尤其是在 20 世纪六七十年代遇到了严峻的挑战。

首先，从当代西方学术思想发展来看，第二次世界大战以后，西方学术的主要特征是注重人的主体性研究，致力于探求人的深奥莫测的精神世界和千

〔1〕 约翰 · 罗尔斯. 正义论(修订版)[M]. 中国社会科学出版社，2009. 约翰 · 罗尔斯是 20 世纪英语世界最著名的政治哲学家、伦理学家之一，《正义论》一书三易其稿，终于在 1971 年正式出版。该书问世后，在西方国家引起了广泛重视，被视为第二次世界大战后西方政治哲学、法学和道德哲学中最重要的著作之一。1999 年出版了该书的修订版。

〔2〕 詹姆斯 · M. 布坎南. 自由、市场和国家[M]. 上海三联书店，1993：52.

变万化的行为表现，高扬人的价值、尊严和主体性。哲学、文学、人类学、心理学、文化学等学科无不贯穿着这一特征。现代西方哲学两大思潮之一的人本主义思潮就是这种特征的表现。因此，以人为中心，强调研究人的精神和文化的企业文化理论正是现代西方人本主义学术思潮的一种表现。随着关注人的尊严和人的价值的思想日益深入人心，组织成员的文化和科学水平普遍提高，同时企业规模不断扩大，国际化、信息化的发展趋势日益明显，企业内部的向心力和凝聚力问题显得十分重要。这些新情况、新问题要求西方国家特别是美国，改变从前在企业管理中过分相信科学的理性模式的做法，开始关注人的主观能动性的重要作用，因而也可以看成是管理研究中的非理性主义倾向。

其次，从美日经济的比较来看，20 世纪 70 年代末，日本经济实力的强大对美国乃至西欧经济形成了挑战。日本在第二次世界大战后，仅用 10 年时间就医治好了战争的创伤，并以年增长率 10%的速度赶上并超过了一些资本主义发达国家，其国民年平均收入从 1945 年的 20 美元，奇迹般地增长到 1980 年的 8 940 美元。日本企业在电子、信息、汽车等生产领域对美国企业长期占据的优势地位提出了挑战，许多欧美企业产品的传统领地也被日本产品所占领，在国际市场上刮起了一股“日本旋风”。

从 20 世纪 70 年代后期开始，随着美国国内经济的日益成熟，诱人的投资机会越来越少，企业很难再像以前那样，轻易地就能找到快速增加收入的新的市场了；在行业市场内部，随着市场的成长性下降，竞争加剧。加剧的竞争“一方面限制了企业收入的增长，一方面使企业的销售利润率下降。美国核心公司的利润萎缩了”[1]。在国际市场上，美国经济的重要支柱产业在国际竞争中也严重受挫，处境恶化，像汽车、钢铁这样一些美国曾经主宰世界的传统行业，正迅速丢失在世界市场中的份额。而一些高技术产业的竞争优势也遭到明显削弱。20 世纪 60 年代末以来，总部位于美国的跨国公司，以每年六家的速度被排除在世界 500 家大公司排行榜之外，它们均被日本公司所取代。[2]

日本经济在短期内的迅速腾飞，引起了素以经济实力强大、企业管理理论权威的美国的普遍震惊。在日本企业全球性竞争的严峻形势面前，美国大量的专家、学者和企业家纷纷探究日本企业成功的奥秘。经过对美日两国不

〔1〕 罗伯特·赖特. 国家的作用[M]. 上海译文出版社，1998：75.

〔2〕 参见乔治·洛奇. 全球化的管理：相互依存化时代的全球化趋势[M]. 上海译文出版社，1998：13.

同的管理模式的分析探讨,他们发现其管理模式差异的背后隐喻的是其文化背景。日本企业管理实践中很多行之有效的做法为美国人所忽视。美国人在企业管理中注重"硬"的方面,强调理性主义的科学管理,而理性化管理缺乏灵活性,不利于发挥人的创造性和与组织长期共存的信念。日本人则不但注重"硬"的方面,还特别注重"软"的方面,冲破了西方注重理性的管理理论的框架束缚,把企业当做一个文化实体来实施管理。所谓"软"的方面,就是日本企业具有一种共同遵循的目标、战略、价值观念、行为方式、道德规范等精神因素,这些精神因素的综合,便构成企业文化。因此,日本的成功和企业的优势主要取决于非技术和非理性的因素。由此,美国理论界和企业界发现了日本企业成功的奥秘,即日本企业有自己独特的企业文化,它造就了员工对企业的忠诚,形成了坚固的凝聚力和竞争力。

正是在这种情况下,美国人认识到应该把日本管理企业的方法和企业文化中可能为美国所用的有效部分移植过来。当然,美国人在学习研究日本经验的过程中,非常强调借鉴的作用,而非盲目照搬。他们认识到,在对日本企业及其赖以产生的社会文化、历史传统的剖析过程中,既然企业文化与自身素质和外部环境紧密相连,那么盲目崇尚和照搬日本的企业文化模式也不可能成为提高美国企业管理水平的有效途径,只有从本国企业的特点和国情出发,发挥自己的优势,才能形成自己独特的企业文化。美国人对日本企业管理的研究大体上有两种方式:一是专门介绍日本,从中总结出好的经验;二是联系美国来研究日本,进行比较管理研究,这是最主要的方式。通过诸如此类的美国人对日本企业文化的传播、介绍、深入分析和借鉴活动,企业文化理论也随之而产生。

再次,从管理实践角度看,当代社会管理实践在许多方面都发生了巨大的变化,迫使理论形态随之作出相应的变化。这些变化主要表现在以下几个方面:

(1) 随着物质产品的日益丰富,人们在物质方面的需求相应减少,而在精神方面的需求却不断增长,单纯依赖物质刺激已经不足以调动职工的积极性,因而需要通过企业文化建设来满足人们的精神需求。

(2) 在西方发达国家,企业的劳动力构成发生了重大变化,体力劳动者越来越少,脑力劳动者和知识工人的比例不断增大,这意味着"胡萝卜加大棒"(即重奖重罚)式的管理方式已不适应员工总体的民主意识和生活追求,必须采用新的管理方式。

(3) 现代生活节奏越来越快,人的业余文化生活变得相对较少,因此要求工作本身能给人们提供精神补偿。

(4) 当今社会人员流动性加强,员工比过去任何时候都有更多的机会和更大的选择余地,不必在一个组织里厮守终身。因此,那种缺乏人情味的高压管理必然走入死胡同。

(5) 管理人员的数量大大下降,组织对"知识型员工"的管理更为宽松,他们可以积极参与管理,专心致志地工作,不必有人监督。

(6) 当前正走进经济全球化的时代,不仅科学技术在进行全球性竞争,管理理论和实践也在全球范围内展开竞争,甚至可以说是更激烈的竞争。这种竞争必然迫使企业改善管理,寻求新的管理理论和新的管理方法,而日本企业的成功为企业文化作了最好的实践注解。

总之,从以上分析可以看出,企业文化理论的兴起是当代学术思潮发展的必然结果,是美日企业竞争的产物,更是对管理实践变化的回应。因而可以说,企业文化的兴起是管理理论逻辑发展的必然结果。

2.1.2 企业文化产生的理论标志

对于任何一个组织来说,由于每个组织都有自己特殊的环境条件和历史传统,从而也就形成了自己独特的信仰、价值观和行为准则,于是每个组织也都具有自己特定的组织文化。正如美国哈佛大学教授肯尼迪和迪尔所指出的那样:"每个企业(事实上也是组织)都有一种文化。不管是强烈还是微弱,公司文化有力地影响到整个组织;它实际上影响到每一件事:从谁得到提升和作出什么样的决策,到职工如何穿着以及爱好什么娱乐。因此,文化对企业的成功具有重要作用。"[1]

在企业文化的理论研究方面,美国管理界通过对日本管理经验的总结,通过对日本与美国企业管理状况的比较研究,接连出版了四本畅销著作:《日本企业管理艺术》(1981)、《Z 理论——美国企业界怎样迎接日本的挑战》(1981)、《企业文化——企业在生活中的礼仪》(1982)和《追求卓越》(1982)。这些著作以其崭新的思想、独到的见解、精辟的论述和丰富的例证,构成了一个新的理论系统,提出了企业文化这一新的理论体系和管理方式,被誉为企业文化管理的"四重奏"。企业文化理论的正式形成,标志着管理理论向更全面的文化层面发展。

2.1.2.1 "7S"框架

企业文化理论产生的第一本标志性著作是由美国哈佛大学工商管理研究所的理查德·帕斯卡尔(Richard Pascale)教授和斯坦福大学商学院的安东尼·阿索斯(Anthony Athos)教授合著的《日本企业管理艺术》,它要回答的

---

〔1〕 阿伦·肯尼迪,特伦斯·迪尔.公司文化[M].三联书店,1989:22.

主要问题是日美企业管理的根本差别问题。在该书中，两位教授提出了至今仍被管理界广泛引用的企业管理“7S”要素，即“7S”框架管理模式。

这“7S”要素是指：战略（Strategy），即企业为谋求自身生存与发展的规划和决策；结构（Structure），即一个企业的内部组织形式；制度（Systems），即信息和决策在企业内传递的程序和系统；人员（Staff），即企业内各方面人员的构成及其素质；作风（Style），即企业职工的行为方式，也包括企业的传统作风；技能（Skill），即企业职工所特有的工作能力；最高目标（Super－ordinate goals），即能真正激励职工，并将其个人目标和企业发展目标结合在一起的信念或目标。他们认为，“最高目标（包括企业成员的精神、目的和共同具有的价值观）是指一个企业及其成员的奋斗目标。这不是指企业的长期经营成果，如每年增长率为百分之多少，或投资收益为百分之多少，而是指‘感动人的’以及能够将职工个人和企业目的真正结合在一起的价值或目标”[1]。总之，这 7 个因素是导致企业经营成功不可或缺的要素，企业只有对这 7 个方面都引起足够的重视，才有可能取得成功。

帕斯卡尔和阿索斯认为，日本企业和美国企业的管理在“硬件”方面并无不同，差别在于文化的“软件”方面。美国企业在管理中过分重视前三个硬“S”，即战略、结构、制度，而这已难以适应现代企业管理中日益激烈的竞争。而日本企业则在战略、结构、制度的基础上，很好地兼顾其他 4 个软“S”，也就是说，日本企业更加重视企业管理的软要素，使企业内部保持了一种良好的文化氛围，从而充满了生机，这就是日本企业在 20 世纪 70－80 年代迅速崛起、超越美国企业的重要原因。

2.1.2.2　Z 理论

企业文化理论产生的第二本标志性著作是美国加利福尼亚大学美籍日裔学者威廉・大内（William Ouchi，又译乌契）于 1981 年出版的《Z 理论——美国企业界怎样迎接日本的挑战》。威廉・大内从 1973 年开始专门研究日本企业管理，他凭借着熟谙日、美两国文化的优势，对企业管理进行了独到的跨国比较研究，提出了 Z 理论或 Z 型组织文化理论。在《Z 理论》这本书里，他分析了企业管理与文化的关系，提出了“Z 型文化”、“Z 型组织”等管理新概念。威廉・大内指出：“一个公司的文化由其传统和风气所构成。此外，文化还包含着一个公司的价值观，如禁区性、守势、灵活性——即确定活动、意见和行动模式的价值观”；“这种公司文化包括一整套象征、仪式和神话。它们把公司的价值观和信念传输给雇员们。这些仪式给那些原来就稀少又抽象的概

[1]　帕斯卡尔，阿索斯．日本企业管理艺术[M]．中国社会科学出版社，1986：71．

念添上血肉，赋予它们以生命力”[1]。

Z理论认为，一切企业的成功都离不开信任、敏感与亲密，因此主张以坦白、开放、沟通作为基本原则来实行“民主管理”。大内把由领导者个人决策、员工处于被动服从地位的企业称为A型组织，他认为当时研究的大部分美国机构都是A型组织。A型组织的特点为：(1) 短期雇用；(2) 迅速的评价和升级，即绩效考核期短，员工得到回报快；(3) 专业化的经历道路，造成员工过分局限于自己的专业，但对整个企业并不了解很多；(4) 明确的控制；(5) 个人决策过程，不利于诱发员工的聪明才智和创造精神；(6) 个人负责，任何事情都有明确的负责人；(7) 局部关系。

相反，他认为日本企业具有不同的特点：(1) 实行长期或终身雇佣制度，使员工与企业同甘苦、共命运；(2) 对员工实行长期考核和逐步提升制度；(3) 非专业化的经历道路，培养适应各种工作环境的多专多能的人才；(4) 管理过程既要运用统计报表、数字信息等清晰鲜明的控制手段，又注重对人的经验和潜能进行细致而积极的启发诱导；(5) 采取集体研究的决策过程；(6) 集体负责；(7) 人们树立牢固的整体观念，员工之间平等相待，每个人对事物均可作出判断，并能独立工作，以自我指挥代替等级指挥。他把这种组织称为J型组织。

威廉·大内不仅指出了A型和J型组织的各种特点，而且还分析了美国和日本各自不同的文化传统以致其典型组织分别为A型和J型，这样，就明确了日本的管理经验不能简单地照搬到美国去。为此，他提出了“Z型组织”的观念，认为美国公司借鉴日本经验就要向Z型组织转化，Z型组织符合美国文化，又可学习日本管理方式的长处，比如“在Z型公司里，决策可能是集体做出的，但是最终要由一个人对这个决定负责”[2]。而这与典型的日本公司(即J型组织)做法是不同的，“在日本没有一个单独的个人对某种特殊事情担负责任，而是一组雇员对一组任务负有共同责任”[3]。他认为，“与市场和官僚机构相比，Z型组织与氏族更为相似”，并详细剖析了Z型组织的特点。

总之，威廉·大内的“Z型组织”思想融进了一些儒家的和谐、平衡的思想，使得这一思想在日本以及东亚地区流传甚广。美国的很多大企业在管理

---

〔1〕 威廉·大内.Z理论——美国企业界怎样迎接日本的挑战[M].中国社会科学院出版社，1984：169.

〔2〕 威廉·大内.Z理论——美国企业界怎样迎接日本的挑战[M].中国社会科学院出版社，1984：66.

〔3〕 威廉·大内.Z理论——美国企业界怎样迎接日本的挑战[M].中国社会科学院出版社，1984：39.

过程中借鉴了该理论，其中应用最广的是其组织文化理论。

2.1.2.3　自成体系的《公司文化》

上面几位学者的著作虽然都涉及了企业文化，提出了各自的见解，但由于环境的限制，这些理论往往都只涉及了某些局部，真正把企业文化作为一门系统的理论加以研究，并进行系统、全面论述的，则是美国学者阿伦·肯尼迪(Allen A. Kennedy)和特伦斯·迪尔(Terrence Deal)合著的《公司文化》一书。该书被称为企业文化理论诞生的最具有标志性的著作。

通过深入研究，两位学者指出：成功的企业大多有强有力的企业文化，即有明确的企业经营哲学，有共同的价值观念，有全体员工共同遵守、约定俗成的行为规范，有宣传、强化这些价值观念的仪式和风俗。他们认为，正是企业文化这一非技术、非经济的因素，导致了这些企业的成功，企业文化影响着企业中的每一件事，包括决策、人事任免以至员工们的行为举止、衣着爱好和生活习惯等，企业文化的强弱，可以使两个条件差不多的企业有完全不同的经营后果。强烈的文化是企业取得成功的新的"老法则"。[1]

两位学者认为，企业文化的整个理论体系，由企业环境、价值观念、英雄人物、文化仪式、文化网络这五个要素组成。他们进一步指出，人是管理中的最为宝贵的资源，管理人的最有效方式就是通过文化的象征和暗示作用，用企业价值观引导人的行为朝着有利于实现企业目标的方向发展。他们还对如何了解、分析企业文化及调整企业文化提出了意见；总结和介绍了一整套识别、管理、塑造和革新企业文化的经验；论述了管理者和职工的关系；指明了企业发展的新趋势。总体来看，肯尼迪和迪尔的《公司文化》从企业文化最深层、最核心的价值观直至最为表象的文化仪式，都作了具体而生动的阐述，为企业文化这一理论奠定了深厚的基础。

2.1.2.4　杰出的企业有卓越的文化

企业文化理论产生的第四本标志性著作是托马斯·彼得斯(Thomas Peters)和罗伯特·H. 沃特曼(Robert H. Waterman)合著的《追求卓越——美国优秀企业的管理圣经》(又译为《寻求优势》)。这本书出版于日本企业在世界上步步紧逼、美国企业节节败退的大背景下。当时的美国企业热衷于在管理思想界占统治地位的"理性模型"和"企业战略范例"，却普遍忽视管理学最基本的原则和品质，失去了对管理本质的把握，从而在相当程度上导致美国企业自信心的丧失。《追求卓越》一书的意图很明显，就是要恢复管理学的基本面貌，赋予那些被管理专家们所藐视、所视而不见却在实践中表现出强大

---

〔1〕阿伦·肯尼迪，特伦斯·迪尔. 公司文化[M]. 三联书店，1989:21.

生命力的东西应有的地位。为此，彼得斯和沃特曼利用自己作为麦肯锡咨询公司咨询员的身份，深入企业调查研究，力图在众多公司中寻找出优秀的成功企业，并从中发现规律性的管理经验和品质。该书精选了美国 43 家优秀企业作为基本分析样本。通过对这些优秀企业的深入研究，他们发现，尽管每个优秀企业个性不同，但拥有许多共同的品质，即具有八大属性，或者说经营管理的 8 项原则。这些原则久经考验，造就了企业的辉煌成功。这八大属性是：[1]

(1) 崇尚行动。在许多优秀企业里，标准的操作程序是：先做，再修改，然后再尝试。

(2) 贴近顾客。很多具有创新精神的公司总是从顾客那里得到有关产品方面的最好的想法，这是不断地、有目的地倾听的结果。

(3) 自主创新。优秀的企业鼓励和呵护员工的个人主义精神和创新行动。

(4) 以人助产。优秀的企业认为，不论是位居高位者还是普通员工，都是产品质量和劳动生产力提高的源泉。

(5) 价值驱动。价值观构成企业文化的核心。仅仅让员工加入企业是不够的，要紧的是让员工投入企业所追求的价值目标；只图营利的企业即使成功也是暂时的，只有高举特定的价值目标，企业才能活力永存。

(6) 不离本行。脱离本行的多元化多半得不偿失。除了几个例外，优秀企业的产品几乎都沿它们所熟知的方面扩展，很少进入他们未知的领域。

(7) 精兵简政。机构臃肿的企业往往人浮于事，体制僵化。优秀的企业能清楚地认识到保持简单的重要性，善于“肢解”自己，即使面临复杂化的巨大压力。

(8) 宽严并济。优秀的企业既是集权的又是分权的。在大部分情况下，它们把权力下放到车间和产品开发部门；另一方面，对于少数他们看重的核心标准，这些公司又是极端地集权。

这八大属性并无惊人之处，但优秀企业却极其认真地执行了这些原则，将它们发挥得淋漓尽致。事实上，《追求卓越》出版后，成了当时美国商业的拯救者和美国商业史上的转折点，它是第一本销量超过百万册的管理类书籍，成为 1982 年以来美国工商管理的“圣经”。

上述四部著作的作者，通过他们的著述发动了一场史无前例的企业文化启蒙运动，尽管他们并没有从学术高度系统、严谨地研究企业文化理论，却大

---

〔1〕 托马斯·彼得斯，罗伯特·沃特曼. 追求卓越[M]. 中央编译出版社，2001：12—15.

大推进了企业文化理念的传播。他们的主要功绩在于:使新的企业文化思想深入人心,并受到广泛重视,为后来的企业文化研究奠定了基础。

2.3　企业文化理论的发展

20 世纪 90 年代以来,随着企业文化的普及,企业组织越来越意识到规范的组织文化对企业组织发展的重要意义,并在此基础上,以企业文化为基础来塑造企业形象。因此,企业文化研究在 80 年代理论探讨的基础上,由理论研究向应用研究和量化研究方面迅猛发展,出现了以下走向:

2.3.1　关于企业文化理论的深入研究

企业文化的理论研究从对企业文化的概念和结构的探讨发展到对企业文化在管理过程中发生作用的内在机制的研究。例如,企业文化与组织气氛(Schneider, 1990)、企业文化与人力资源管理(Authur K. O. yeung,1991)、企业文化与企业环境(Myles A. Hassell,1998)、企业文化与企业创新(Oden Birgitta,1997)等。其中代表性的有:

1990 年,本杰明 · 斯耐得(Beenjamin Scheider) 出版了《组织气氛与文化》,其中提出了一个关于社会文化、组织文化、组织气氛与管理过程、员工的工作态度、工作行为和组织效益的关系的模型。在这个模型中,组织文化通过影响人力资源的管理实践和组织气氛,进而影响员工的工作态度、工作行为以及对组织的奉献精神,最终影响组织的生产效益。其中,人力资源管理对组织效益也有着直接的影响。

1997 年,爱德加 · 沙因的《组织文化和领导》第 2 版出版,在这一版中,沙因增加了在组织发展各个阶段如何培育、塑造组织文化,组织主要领导如何应用文化规则领导组织达成组织目标、完成组织使命等,他还研究了组织中的亚文化。1999 年,埃德加 · 沙因与沃伦 · 本尼斯合著了《企业文化生存指南》,其中用大量的案例说明在企业发展的不同阶段企业文化的发展变化过程。1999 年,特伦斯 · 迪尔和阿伦 · 肯尼迪再次合作,出版了《新企业文化》。在这本书中,他们认为稳定的企业文化很重要,他们探寻企业领导在使企业保持竞争力和满足工人作为人的需求之间维持平衡的途径。他们认为,企业经理和企业领导所面临的挑战是建立和谐的企业运行机制,汲取著名创新型公司的经验,激励员工,提高企业经营业绩,迎接 21 世纪的挑战。

2.3.2　关于企业文化与企业经营业绩的研究

1991 年,密歇根大学工商管理学院的 Kim S. Cameron 和 Sarah J. Freeman 发表了“文化的和谐、力量和类型:关系与效益”的研究,他们用现场调查的方法以 334 家研究机构为样本,研究了文化整合、文化力量和文化类型与组织效益之间的关系。1992年,约翰·科特和詹姆斯·赫斯克特出版了《企业文化与经营业绩》。在该书中,科特和赫斯克特总结了他们在1987—1991年期间对美国22个行业72家公司的企业文化和经营状况的深入研究,列举了强力型、策略合理型和灵活适应型三种类型的企业文化对公司长期经营业绩的影响,并用一些著名公司成功与失败的案例,表明企业文化对企业长期经营业绩有着重要的影响。关于企业文化与企业经营业绩的研究还有:1995年R. K. Divedi的《组织文化与经营业绩》和1997年Daniel R. Denison的《企业文化与组织效益》。

2.3.3 关于企业文化的测量

1991年,英国JAI出版公司的《组织变革与发展》第5卷刊出了5篇关于组织文化的论文,其中有关企业文化测量的论文有3篇:(1) 密歇根大学工商管理学院Daniel R. Deniso和Gretchen M. Spreitzer合著的《组织文化和组织发展:竞争价值的方法》,主要介绍了竞争价值框架,目的在于探讨竞争价值模型对于研究组织文化的用途;(2) 科罗拉多大学工商研究生院的Raymond F. Zammuto和美国医学院学会的Jack Y. Krakower的《组织文化的定量研究和定性研究》,他们用聚类分析的方法提供了混合研究的范例;(3) 密歇根大学工商管理学院的Robert E. Quinn和Gretchen M. Spreitzer合著的《竞争价值文化量表的心理测验和关于组织文化对生活质量影响的分析》,表明不同文化类型与生活质量之间的密切关系。1997年,Pierre DuBois和Associates Inc.出版了一套组织文化测量和优化量表,其中包括用于组织分析的模型和用于组织文化研究的步骤。其模型包括7个方面:(1) 社会—经济环境(包括社会文化环境和市场竞争等);(2) 管理哲学(包括使命、价值观、原则等);(3) 对工作情景的组织(包括企业组织结构、决策过程等);(4) 对工作情景的知觉(包括对工作的知觉和对管理的知觉);(5) 反应:组织行为(包括工作满意度、工作压力、工作动机和归属感等);(6) 企业经营业绩(质和量两方面);(7) 个人和组织变量(包括年龄、职位、个人价值观等)。

在组织文化测量量表的探讨上,由于研究者的训练背景、关心的主题与使用方法各异,因而关于组织文化的量化测量就形成了多元化的格局。其中比较有影响力的量表包括Chatman构建的组织文化剖面图、Denison等构建的组织文化问卷、Hofstede构建的测量量表以及Quinn和Cameron构建的组织文化评价量表。[1]

---

〔1〕 张勉,张德. 组织文化测量研究述评[J]. 外国经济与管理,2004(8):2—7.

2.3.4　企业文化的诊断和评估

1992 年，Roger Harrison 和 Herb Stokes 出版了《诊断企业文化——量表和训练者手册》，他们确定了大部分组织共同具有的四种文化，在此基础上，针对不同企业进行相应的变化，这种诊断可用于团队建设、组织发展、提高产量等。1998 年，Kim S. Cameraon 和 Robert E. Quinn 出版了《诊断和改变企业文化：基于竞争价值理论模型》，这部专著为诊断组织文化和管理能力提供了有效的测量工具，为理解企业文化提供了理论框架，同时也为改变组织文化和个人行为方式提供了系统的策略和方法。

1999 年 7 月 18—21 日，在美国波士顿召开了企业文化大会，这是一次企业文化研究专家与企业管理人员共同探讨的会议，其主要议题有：Terrence E. Deal 的“理解现存文化的类型：确定你的组织的优势和缺陷”，Jerry Greenfield 的“增加 Ben 和 Jerry 公司员工与顾客的忠诚”，Gary Bosak 的“塑造和维持 Sears 公司的文化”。2000 年 7 月 3—7 日，埃德加 · 沙因在美国的 Cape Cod 2000 论坛举办为期一周的讲座，其主题为“过程咨询、对话和组织文化”。

从国外企业文化现象的发现到企业文化研究 30 余年的迅猛发展来看，他们走的是一条理论研究与应用研究相结合、定性研究与定量研究相结合的道路。人们在对企业文化的概念和结构进行探讨之后，转入了对企业文化产生作用的内在机制，以及企业文化与企业领导、组织气氛、人力资源、企业环境、企业策略等企业管理过程的关系的研究，进而对企业文化与企业经营业绩的关系进行量化的追踪研究。定量化研究是在企业文化理论研究的基础上，提出用于企业文化测量、诊断和评估的模型，进而开发出一系列量表，对企业文化进行可操作化的、定量化的深入研究。企业文化研究随着形势的发展也在发生变化，在基础理论及衍生研究、应用研究及测评方面将会呈现跨文化研究、领导力和竞争力的关系研究、基于民族文化的本土化研究、虚拟企业文化研究等趋势。[1]

---

〔1〕 赵曙明，裴宇晶. 企业文化研究脉络梳理与趋势展望[J]. 外国经济与管理，2011(10)：1—8.

第3章 企业社会责任的演变与行为选择

3.1 企业社会责任的争论与演化

企业社会责任(Corporate Social Responsibility,CSR)概念滥觞于20世纪初美国关于企业对其所有利益相关者负责的观念。20世纪60年代以来,由于时代的变化和企业社会责任涵盖问题的广泛,持续吸引了不同学科领域和具有不同价值取向的学者参与讨论,有关企业社会责任的理论探讨和实践也逐步走向深入,并形成了社会责任国际标准。

3.1.1 企业社会责任的争论

企业管理者的地位和责任成为理论界讨论的问题,缘自人们对现代企业中管理者权限急剧膨胀的关注。20世纪以来,曾带动资本主义经济快速发展的企业在创造财富的同时也附带生产出负产品——社会利益损害。随着这种负产品对社会的影响越来越突出,企业对社会应否和应负担什么责任的问题由此产生。英国学者欧利文·谢尔顿(Oliver Sheldon)最早于1924年在对美国企业考察后提出了这一概念。[1]但对这一问题的讨论是从美国兴起的,在美国商业界和公司法学界,"企业社会责任"概念的使用频率很高。一般认为,美国学者博文(H. R. Bowen)是现代企业社会责任研究领域的开拓者。[2]他于1953年在其著作《商人的社会责任》中提出"商人应该为社会承担什么责任"的问题后,给出了商人社会责任的最初定义:"商人有义务按照社会所期望的目标和价值,来制定政策、进行决策或采取某些行动。"这个定义正式提出了企业及其经营者必须承担社会责任的观点,从此开创了企业社会责任研究的领域,他因此被誉为"企业社会责任之父"。

---

〔1〕 沈洪涛,沈艺峰.公司社会责任思想的起源与演变[M].上海人民出版社,2007:28—32.

〔2〕 郑若娟.西方企业社会责任理论研究进展——基于概念演进的视角[J].国外社会科学,2006(2):34—39.

事实上，早在 20 世纪 30 年代，美国哈佛大学法学院教授伯利(Adolf A. Berle)与多德(E. Merrick Dodd)就引发了著名的论战，后人称之为“哈佛论战”。伯利代表了传统的企业理论观点，他于 1931 年在“作为信托中权力的公司权力”一文中，较为全面地表述了他在公司权力问题上的传统观念。他认为，企业乃营利性经济组织，一切企业权力都是为股东的利益而委托的权力，企业管理者是只受股东委托、唯求股东利益而管理和控制企业的；法律的功能亦在于保护股东利益，防止管理层放弃追求利润动机的任何可能性。伯利的上述认识，立即引起了多德的激烈回应。多德认为，伯利提出的工商企业的唯一目的在于为股东赚取利润、企业管理者只是股东的受托人的观点，是不合时宜的，也是不可取的。在对日益高涨的企业社会责任的呼声、不断壮大的企业社会责任运动以及初见端倪的相应法律观念变革进行全面考察之后，多德进而认为，企业财产的运用是深受公共利益影响的，除股东利益外，法律和舆论在一定程度上正迫使企业同时承认和尊重其他人的利益；企业管理者应因此树立起对雇员、消费者和广大公众的社会责任观。有趣的是，这场论战经过 20 多年后，伯利在 1954 年毫不隐讳地承认：“这场争论明显地以多德教授的观点获胜而告终。”从此，伯利成为一个坚定的承认“企业应负社会责任”者。

但争论并未就此结束，20 世纪 60 年代及其以后，大量学者围绕企业社会责任的正当性有无以及其他相关问题各抒己见，从而使企业社会责任的研究呈现出前所未有的繁荣局面。这些争论可概括为两类：“古典纯经济观”和“社会经济观”。

古典纯经济观认为，管理当局唯一的社会责任就是利润最大化，这种观点最重要的支持者是诺贝尔经济学奖获得者米尔顿·弗里德曼(Milton Friedman)。弗里德曼的许多著述都有反对企业在利润最大化之外尚负有其他社会责任的思想，但有关这方面的系统观点更集中地体现在他的《资本主义与自由》一书以及《企业的社会责任是增加其利润》一文中。弗里德曼认为，在自由企业和财产私有体制下，股东是企业的所有人，企业管理者则是股东的雇员，或者说是拥有企业的那些个人的代理人。股东与企业管理者的这种关系，一方面意味着股东对企业的利润享有所有权，不得以企业负有社会责任为借口而加以剥夺；另一方面，则意味着企业管理者对股东负有直接责任。此种责任通常都是依股东的期望，在遵守法律和伦理习俗基本准则的前提下努力经营企业，以尽可能多地为股东赚钱。

根据弗里德曼的观点，当经理将组织资源用于“社会产品”时，就会破坏市场机制的基础。企业承担社会责任，实际上是一种资产的再分配，有人必须为这种再分配付出代价。如果企业社会责任行为降低了利润和股息，那么股东将遭受损失；如果通过降低工资来消化企业社会责任行为的成本，那么雇员将受损失；如果用提价来补偿社会责任行为，那么消费者将受到损失；如果市场不接受更高的价格，销售额下降，那么企业也许就不能生存。结果，企业的全部组成要素都将遭受损失。弗里德曼进一步指出，当职业管理者追求利润以外的目标时，他们实际上是将自己置于非选举产生的政策制定者的地位，而企业经理并不具有制定公共政策的专长。[1]

另一位诺贝尔经济学奖得主哈耶克(Friedrich A. von Hayek)在其著作《致命的自负》中，更是把企业的"社会责任"和"社会义务"之类的用语归入"被毒化的语言"之列而大加批驳，他认为，对利润最大化目标的任何偏离都将危及公司的生存，并使董事获得追求社会目标的难以控制的权力。[2]当代最负盛名的法经济学家波斯纳还特别强调，长期为了利润之外的任何其他目标而经营将导致企业萎缩，企业承担社会责任将增加消费者的成本，并最终有可能被逐出市场。[3]

与古典纯经济观不同，以 P. 弗兰奇、罗宾斯、斯坦纳、格里芬、德鲁克等一大批学者为代表的社会经济观明确主张企业应自觉地承担起社会责任。如斯蒂纳(F. A. Steiner)提出，企业除了必须遵循基本的经济原则外，还有责任帮助社会实现基本目标。企业越大，社会责任也越大，而且企业承担社会责任能够带来短期利益和长期利益。彼得·德鲁克认为，"企业的目的必须在企业本身之外，事实上，企业的目的必须在社会之中，因为工商企业是社会的一种器官"[4]。

这些倡导和支持企业社会责任的学者认为，管理当局的社会责任不只是创造利润，还包括保护和增进社会福利。这一立场是基于社会对企业的期望已经发生了变化这样一种信念。时代变了，社会对企业的预期在变，企业也日益依赖于社会，而不只是对股东负责的独立经济实体，因而必须承担更大的社会责任。此外，社会经济观的倡导者认为，企业组织不仅仅是经济机构，管理者应该关心长期的资本收益最大化。为了实现这一目标，他们必须承担社会义务以及由此产生的成本，必须以合乎伦理的经营来增进社会福利，必

〔1〕 转引自赵德志. 现代西方企业伦理理论[M]. 经济管理出版社，2002:12.
〔2〕 F. A. 哈耶克. 致命的自负[M]. 中国社会科学出版社，2000:132—133.
〔3〕 A. 波斯纳. 法律的经济分析[M]. 中国大百科全书出版社，1997:544—547.
〔4〕 彼得·德鲁克. 管理:任务、责任、实践[M]. 中国社会科学出版社，1987:81—82.

须对企业所在的社区负责，资助慈善事业，在促进社会进步方面发挥积极作用。[1]

总体来看，在企业社会责任问题上的深入研究，引发了利润学派与伦理学派的论战，加深了管理伦理的理论基础。以M.弗里德曼为代表的利润学派认为，利润先于伦理，企业的社会责任就是增加利润，企业作为一种经济实体对社会只具有经济责任，其他任何责任都必须服从于经济责任或包含在经济责任中。以P.弗兰奇为代表的伦理学派则认为，伦理先于利润，企业具有法人地位的同时意味着它具有道德人格，其社会责任应是指经济责任以外的责任，如企业对环境的责任、对政府和公众的责任等。以S.塞迪为代表的调和派认为，企业的社会责任就是指企业在一个动态的系统中所应具有的权利和义务，它不是被片面归结为经济或伦理方面的责任，企业的利润目标和伦理目标都同样是企业在社会活动中所具有的权利范畴和义务范畴。这些讨论成果集中反映在托马斯·唐纳德森和帕特里夏·沃翰合著的《企业中的伦理问题：一种哲学的探讨》之中。

3.1.2 企业社会责任的界定

对企业社会责任的界定主要有以下几种代表性的观点：

第一种是以外延的方法对企业社会责任进行界定。依此种界定方法，企业社会责任这一概念被具体化为企业对社会负责的一系列行为或任务，通过直接罗列一些可视为履行企业社会责任的行动，以此勾画"企业社会责任"的语义轮廓，而不刻意追求其内涵的确定性。以外延式方法界定企业社会责任的著名范例是美国经济发展委员会(CED)对企业社会责任的表达。

在1971年发表的《工商企业的社会责任》报告中，美国经济发展委员会列举了为数众多的(达58种)旨在促进社会进步的行为，并要求公司付诸实施。这些行为涉及十个方面的领域，它们是：(1) 经济增长与效率；(2) 教育；(3) 用工与培训；(4) 公民权与机会均等；(5) 城市改建与开发；(6) 污染防治；(7) 资源保护与再生；(8) 文化与艺术；(9) 医疗服务；(10) 对政府的支持。概括而言，可称之为"三个中心圈"的定义：内圈代表企业的基本责任，即为社会提供产品、工作机会并促进经济增长的经济职能；中间圈是指企业在实施经济职能时，对其行为可能影响的社会和环境变化要承担责任，如保护环境、合理对待雇员、回应顾客期望等；外圈则包含企业更大范围地促进社会进步的其他无形责任，即企业必须保证越来越多地参与到改善社会环境的活

---

[1] 斯蒂芬·P.罗宾斯，玛丽·库尔特.管理学(第7版)[M].中国人民大学出版社，2004：115—119.

动中来。该定义属于操作层面的定义。

第二种是在“企业责任”这一概念下进行界定。依此种思路探讨企业社会责任含义的学者认为,企业社会责任可划分为四种,即企业经济责任、企业法律责任、企业道德责任和企业社会责任。企业经济责任乃企业传统的和固有的责任,它主要以企业股东的利益为关注对象。企业法律责任被界定为法律所明定的义务。作为企业责任组成部分的“企业道德责任”,在既往的理论中并无直接的界说,大多是从探究企业道德责任的构成来把握其基本意义的。综观各家之说,关于企业负担道德责任的条件主要有四点:① 当事人对行为的性质具有充分的理解能力;② 行为对人类福利具有重大影响;③ 当事人有能力对行为及其后果加以控制;④ 社会对行为的标准有一定的要求,若当事人的行为低于社会给定的标准,或者在其行为中引起有害性后果,则应受到指责甚至惩罚。企业社会责任体现和强调的是更为广泛的社会公众的利益和愿望。

第三种是把企业社会责任看做是与企业责任相等同的概念。在持这种观点的学者中,又以美国佐治亚大学管理学教授阿奇 · B. 卡罗尔(Archie B. Carroll)提出的金字塔模型最为著名,如图 3-1 所示。

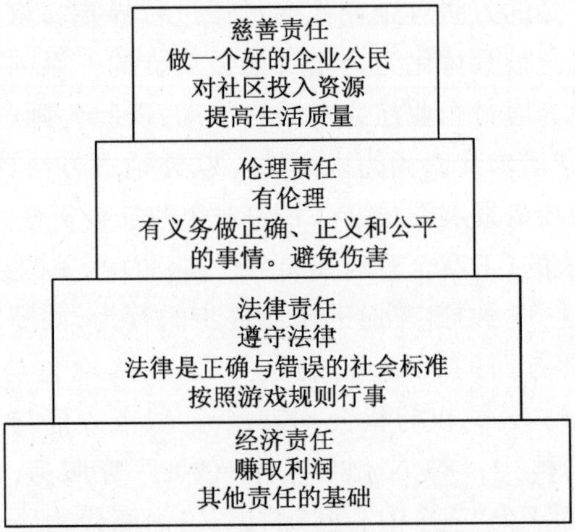

图 3-1 卡罗尔企业社会责任金字塔模型

资料来源:Carroll. Archie B. The Pyramid of Corporate Social Responsibility: toward the Moral Management of Organizational Stakeholders [J]. Business Horizons. 1991, 34 (4): 39-48. P42.

卡罗尔认为,企业社会责任乃社会寄希望于企业履行的义务;社会不仅要求企业实现其经济上的使命,而且期望其能够遵法度、重伦理、行公益,因此,完整的企业社会责任包括企业的经济责任、法律责任、伦理责任和慈善责任。[1]卡罗尔指出，经济责任反映了企业作为经济结构的本质属性；法律责任反映着社会的“条文化伦理”，体现出由立法者确定的对公平进行企业活动的基本看法，遵从这些法律是企业的社会责任；伦理责任是社会需要的某些道德观点和有原则性的表现，它还没有说得很清楚或尚未写进法律条文。它包含着广泛的企业行为规范和标准，这些行为规范和标准体现了对消费者、雇员、股东和社区心目中的公平或正义价值观的全面关注，同时也能尊重或保护利益相关者的道德权利。至于企业的慈善责任，则是指企业自愿的，也就是说，是非强制性的，并非由法律要求的，也不是寄予企业一般伦理方面期望的社会活动。总之，在卡罗尔看来，企业负有的上述四种责任尽管含义有别，但都是社会希望企业付诸履行的义务，因而都是企业社会责任的组成部分；只有力争牟利、遵守法律、重视伦理并乐善好施的企业，方堪称为真正对社会负责的企业。

卡罗尔对企业社会责任进行经典概括的金字塔模型对企业社会责任的研究影响深远，此后很多学者都在此理论框架下提出众多的理论及方法。

第四种是“三重底线”的概念。这是英国学者约翰·埃尔金顿(John Elkington)于 1995 年提出的。该理论认为，企业的行为不仅要考虑经济底线，还应当考虑社会底线和环境底线。这意味着企业要考虑所有责任对象的需求，股东、客户、雇员、商业合作伙伴、政府、当地社区以及公众。从经济学角度来说，“底线”指的是在投资或经济资本上的回报，“三重底线”可以定义为“沿着资金、环境和社会三个维度来评价和衡量对资本投资的回报”[2]。从企业角度来说，“三重底线”是企业谋求可持续发展的一种战略管理模式，可持续性应该是基于这三个资本来源而能产生一个积极和平衡的回报。

第五种是“企业公民”的概念。20 世纪 90 年代末开始，企业公民(Corporate Citizenship)的概念得到进一步的发展。它是指一个公司将社会基本价值与日常商业实践、运作和政策相整合的行为方式。其核心观点是认为公司的成功与社会的健康发展密切相关。2002 年 1 月在纽约举办的全球经济论坛上，由 34 家全球最大的跨国公司签署的联合声明——《全球企业公民——对 CEO 和董事领导的挑战》，不仅强调企业对所处社区的责任，而且强调在全球化背景下，企业必须承担一种全球性的社会责任，这进一步彰显了社会公民的当代意义。

---

[1] 阿奇·B.卡罗尔，安·K.巴克霍尔茨.企业与社会：伦理与利益相关者管理[M].机械工业出版社，2004：23—27.

[2] 彭华岗.企业社会责任基础教材[M].经济管理出版社，2013：8—9.

世界经济论坛认为,企业公民包括四个方面:一是好的公司治理和道德价值,主要包括遵守法律、现存规则以及国际标准,防范腐败贿赂,包括道德行为准则问题以及商业原则问题。二是对人的责任,主要包括员工安全计划、就业机会均等、反对歧视、薪酬公平等。三是对环境的责任,主要包括维护环境质量,使用清洁能源,共同应对气候变化和保护生物多样性等。四是对社会发展的广义贡献,主要是指广义的对社会和经济福利的贡献,比如传播国际标准、向贫困社区提供要素产品和服务,如水、能源、医药、教育和信息技术等。这些贡献在某些行业可能成为企业核心战略的一部分,成为企业社会投资、慈善或者社区服务行动的一部分。

2010 年 11 月 1 日,国际标准化组织(ISO)在瑞士日内瓦国际会议中心举办了社会责任指南标准(ISO26000)的发布仪式,该标准正式出台。这是首个国际社会责任标准,第一次在全球范围内统一了社会责任的定义并阐明了社会责任的特征属性。ISO26000 对社会责任作了如下定义:

"组织的决策和活动对社会、环境产生影响并应负有责任,可采取如下透明的、道德的行为:促进可持续发展,包括社会的健康和福利;考虑利益相关方的期望;遵守相应法律并符合国际行为规范;将责任融入组织并落实到组织关系中。"

由上述定义可以看出,ISO26000 将企业社会责任(CSR)概念拓展为社会责任(SR)。社会责任适用于所有以不同形式存在的组织,七项原则(组织管理、人权、劳工实践、环境、公平运营、消费者权益、社区参与和发展)不仅适用于私人部门,同样适用于公共部门。ISO26000 的社会责任概念适用于所有私立、公立和非营利部门的组织,这将对社会责任产生更为广泛的影响。

3.2 企业社会责任的动因

行为科学理论研究表明,人的行为从方向上可分为良好行为与不良行为。人的行为有四个层次,依次为被动性行为、自发性行为、自觉性行为和自动性行为。这四个层次是依次递进的,养成良好的习惯就是行为的最高层次。企业是由人组成的,企业社会责任行为是在一系列社会经济文化因素的共同作用下产生的,它主要取决于社会文化价值观的正确指引和对管理文明的追求。

本书将企业社会责任行为发生的动因概括为内生型和外推型。内生型动因主要是指社会文化价值观对企业中的个体和群体行为以及企业作为一个整体所产生的社会责任行为;外推型动因主要是指社会制度和各种利益相关者向企业施加影响而产生的社会责任行为,主要包括社会利益集团发展与组织状况以及社会公众对企业社会经济功能的预期等方面。

企业社会责任行为过程如图 3-2 所示。

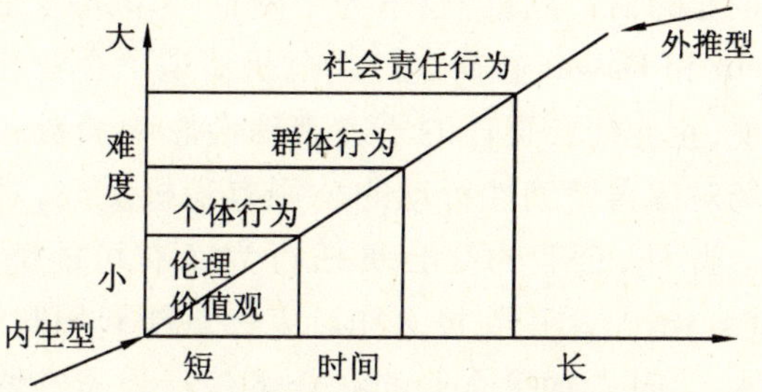

图 3-2　企业社会责任行为过程

3.2.1　企业社会责任的内生型动因

企业内部的利益相关者主要包括雇员和股东，他们的自身利益与企业利益密切相关，是企业最为重要的利益相关群体。拥有和保持对内部利益相关群体的持续吸引力，满足其需求，成为企业经营追求的目标之一。

(1) 雇员。在知识经济和创新组织发展的今天，吸引和保留优秀人才是企业获得持续竞争优势的保障。企业社会责任的重要表现之一是注重员工的安全、薪酬、职业生涯规划、福利和失业保障，雇员出于其自身利益的驱动会督促企业履行社会责任。此外，雇员对企业价值观的认同还会影响其工作态度。社会认同理论认为，人们对自己所属社会范畴的认识可能基于多种因素，如他们工作的企业、他们参加的社团、他们所在的社区等，这些社会范畴内的成员关系会影响个人的自我概念。因此，如果企业的使命、愿景和价值观能够得到员工的认同，将在一定程度上影响员工的工作绩效。已有实证研究证明，企业的社会责任活动能够影响现有雇员的满意度和忠诚度。

还有研究指出，企业的社会责任活动能够树立更加积极的企业形象，从而吸引高素质的员工以获得竞争优势。特本(Turban)和格雷宁(Greening)对前人的实证研究结论进行了回顾，总结出良好的企业社会表现比提供待遇条件更能吸引求职者，潜在求职者的意向与其感知的企业形象相关，具有环保立场的雇主企业更有吸引力，同时证实了在社会责任表现上得分高的企业拥有更为积极的声誉，进而表现出对潜在求职者的吸引力。所以，企业社会责任可以影响现有雇员的忠诚，并通过影响企业的形象和声誉来影响潜在求职者的求职意向，增加企业选择员工的主动权，进而达到提高企业绩效的目的。企业绩效得到提升又会促使企业实施新的社会责任行为，形成一个良性的循环。

(2) 股东。股东视角的社会责任观由来已久，事实上，企业社会责任的早期研究对象便是商人(Business Man)。弗里德曼认为,履行社会责任会使企业降低效率和收益,造成竞争者之间的成本差异。但是,由于损害公众利益的行为更会引发企业的信任危机,股东为了降低环境风险便会推动企业的社会责任行为。Klein 和 Dawar 在研究产品危机情境下企业社会责任对消费者归因的评价时发现,企业社会责任的不良表现会影响消费者的品牌评价和购买意愿。金融市场对赢得赞助性行动的公司有积极反应,对有歧视行为的公司则有消极反应。此外,企业的社会责任行为还有可能降低成本,Berry 和 Rondinelli 的研究就指出,采用新技术和对废物重新利用既能够节约资源,又可以降低企业成本。所以,如果企业的社会责任行为能够增加企业的利润和股东的利益,使社会责任行为的收益高于其所需付出的成本,那么出于其自身利益的考虑,企业家和股东也会促使企业主动承担社会责任,当然企业家个人的价值观和对社会责任的态度也会影响其履行社会责任。

3.2.2 企业社会责任的外推型动因

企业外部最重要的利益相关者就是消费者,因为当且仅当消费者发生购买行为时,企业才能实现其价值;其次,企业还必须考虑与企业经营活动关系密切的政府、非政府组织以及企业所在社区的利益主张;最后是与企业生产经营密切相关的供应商与竞争者。这些外部的利益相关者同样对企业的社会责任行为具有驱动作用,甚至比内部利益相关者的诉求更为强烈,他们共同构成企业社会责任的外部驱动因素。

(1) 消费者。20 世纪 90 年代以来,一些学者开始关注对企业财务绩效影响最大的利益相关者群体——消费者对企业社会责任的态度和响应。早期研究多采用实验法推断企业社会责任与消费者响应的因果关系,到 21 世纪初,田野调查和问卷调研等方法也在该领域开始广泛运用。研究证明,积极履行社会责任可以增加企业消费者的满意度和信任度,影响消费者对企业的评价和购买意愿,而产品的契合度、消费者的介入度、企业能力(创新能力和产品质量)等则对上述影响具有调节作用。因此,企业的社会责任活动通过增加消费者满意、信任与认同,影响消费者的购买意向和产品感知质量,进而通过消费者的购买行为和口碑传播,实现了经济绩效的增长。这种利益的获得又反作用于企业,促使其继续履行社会责任。

(2) 政府、非政府组织(NGO)与社区(Community)。政府、非政府组织和社区在企业履行社会责任的实践中起着重要的驱动作用,这种驱动作用不同于消费者通过经济绩效和口碑等间接因素的影响,而是通过制度规则直接作用于企业,使企业不得不承担相应的社会责任。

政府作为公共利益的代理人,有必要将企业约束在有利于整个社会的框架下运作。20 世纪中期开始，政府便通过立法、建立规制等方式加强对企业行为的管制，通过制度压力驱动企业履行社会责任。虽然，这些规制起源于对企业不负责任的行为进行控制，但如果能够加以利用，则可使企业从中获益。如 Segerson 和 Miceli 的研究发现，如果企业能够主动承担相应的社会责任，走在政府出台规制之前，可以降低更为严格的立法威胁。同时，严格的规制还有利于提高行业的进入壁垒，减轻企业面对的来自潜在竞争者的威胁。因此，政府对企业社会责任的驱动作用主要体现在建立相应的法律法规上，通过强制性压力促使企业履行社会责任；而企业主动履行社会责任的行为还可以反作用于政府，放弃出台更为严格的制度约束，从而为企业的经营管理赢得主动权。

非政府组织(Non—Governmental Organizations，简称 NGO)是独立于企业和政府之外的非营利的、具有社会公益性的、实现会员共同意愿、按章程开展活动的一种社会组织形式。社区一般泛指企业能够影响到的地域和空间，对于企业的生存和发展而言，与社区建立良好和谐的关系具有积极意义。非政府组织和社区在企业社会责任政策的制定和实施方面扮演了重要的角色。这些团体通过两种方式对企业的社会责任活动产生影响：一是通过制定软性规则或行业制度直接约束企业的社会责任活动，或通过投票、选举、填写公民法案等方式对企业施加压力，违背这类规定也许不会像违背法律一样受到制裁，却使企业失去了在某一行业或地区生存的基础；二是通过对政府和社会舆论施加压力，促使其出台强制性政策，间接推动企业社会责任的发展。

(3) 供应商与竞争者。除了消费者、政府、非政府组织以及社区的影响外，企业的社会责任行为还受到来自其主要供应商和竞争对手的制约。供应商作为制造企业的原材料提供者，其产品与企业的最终产品密切相关。如果制造企业陷入社会责任事件，尤其是对其产品质量的质疑，将使供应商面临同样的风险，所以，供应商倾向于成为积极履行社会责任企业的长期合作伙伴。而竞争者的社会表现能够影响消费者的态度和购买行为，如果本企业的社会表现不佳，就可能导致消费者流失。

综上所述，各利益相关者共同驱动企业社会责任行为。政府、非政府组织、社区和供应商通过对企业施加压力，推动企业积极地履行社会责任；雇员和消费者则通过提升企业的经济绩效，使企业家和股东意识到承担社会责任对企业长期利益的促进作用，而乐于积极地履行社会责任；企业的主要竞争对手通过自身的社会责任行动影响消费者，因消费者流失而造成的损失使企业不得不承担不低于竞争对手的社会责任，来保持其竞争地位。总之，政府、非政府组织、社区、供应商和竞争者通过不同途径对企业的社会责任行为起到了推动作用,而雇员和消费者则通过促进企业提高经济绩效对企业履行社会责任起到了拉动作用。在上述与企业生存发展密切相关的利益相关者推动和拉动的共同作用下,企业为了获得可持续发展,应该倾向于积极履行社会责任。

当然,要使企业主动履行社会责任,必须具备两个关键环节:一是通过提高员工忠诚度所实现的企业效率;另一是通过消费者忠诚所实现的企业经济绩效。正是这两个核心利益相关者对企业承担社会责任的诉求,驱动了企业家和股东主动地履行社会责任,最终实现社会整体利益的提高。

3.3　企业社会责任行为的选择

尽管一直存在企业是否应该承担经济以外责任的争论,但事实上,企业已经成为地球上最强大的机构。人们越来越一致的看法是,在任何社会,有实力和能力的机构都需要为整个社会履行责任。企业所作的每个决定、进行的每个行为都必须放在这种责任的视角中考虑。因此,作为企业,有义务回报社会和承担社会责任,这也经常称为责任铁律(The Iron Law of Responsibility)。责任铁律是指那些不承担社会责任而滥用权力的人最终将失去权利。在21世纪开始,社会责任已成为全世界对企业的期望。

既然企业对人类、对社会能产生巨大的影响,理当对社会负责,那么,企业如何承担社会责任呢?从企业社会责任的基础性问题来看,必须回答四个问题:(1)由谁负责;(2)对谁负责;(3)负责什么?(4)负责到什么程度。[1]对这些基础性问题的回答,企业需要做三件重要事情:第一,企业认识到,其经营活动对其所处的社会将产生很大影响,而社会发展同样也会影响公司追求企业成功的能力;第二,作为响应,企业积极管理其世界范围内的经营活动在经济、社会、环境和人权方面的影响,不仅使其为公司的业务运作和企业声誉带来好处,而且还使其造福于企业所在地区的社会团体;第三,企业通过与其他群体和组织、地方团体、社会和政府部门进行密切合作,来实现这些利益。

就社会责任的形式而言,往往需要通过企业的社会活动来支持公益事业。科特勒认为,"企业的社会活动是一家企业为支持社会公益事业、实现其对企业社会责任的承诺而采取的重大活动"[2]。企业的社会责任可以表现为很多形式,包括现金捐助、拨款、付费广告、宣传、赞助、提供技术性的专门知识、非现金捐助(如捐赠设备或物资等)、员工志愿者以及分销渠道的使用

[1] 周祖城. 走出企业社会责任定义的丛林[J]. 伦理学研究,2011(5):52-58.
[2] 菲利普. 科特勒,南希·李. 企业的社会责任[M]. 机械工业出版社,2006:3.

权。企业可以独自发起这些活动,也可以与其他组织合作。

从实现企业社会责任的途径来看,可归纳为以下几类:

3.3.1　公益事业宣传

在公益事业宣传中,企业提供资金、非现金捐助或其他企业资源,以促进公众对某项社会公益事业的了解和关心,或者为某项公益事业的募捐活动、参与或志愿者招募提供支持。这家企业可以主动发起和管理这种宣传,如美体小铺公司宣传一项禁止把动物用于化妆品测试的法令;也可以是活动中的一个主要合作伙伴,如爱乐扶资助关节炎基金会的竞走募捐活动;还可以是几家赞助商中的一家,如在 2003 年,环保组织"让美国永远美丽"举办"美国大清理"活动时,赞助商就包括了来舒(Lysol)、百事可乐(PepsiCo)、凡世通轮胎及服务中心(Firestone Tire & Service Centers)以及别的企业。

说服性沟通是这类活动的中心,目的是唤起人们对某项社会公益事业的了解和关心,或者说服潜在的捐赠者和志愿者,让他们为此项公益事业做出贡献或参与支持此项事业的活动。成功的活动利用有效的沟通原则,设计出激励性的广告语,建立有说服力的执行要素,选择有效的媒体渠道。活动计划的成功依赖于目标受众的清楚定义、沟通的目标和目的、对所承诺利益的支持、恰当的沟通渠道以及理想的定位。总之,就其本质而言,公益事业宣传活动都有沟通这样一个共同的主题。它们都利用宣传、印刷材料、特殊集会、网站或广告,在其中展示企业的以及代表公益事业的标识和关键信息。

3.3.2　事业关联营销

在事业关联营销(cause related marketing)活动中,企业承诺基于产品销售额来捐助某项特定的公益事业或向其捐献一定比例的营业收入。最常见的情况是,这种活动有一个预先声明的时间段,针对某种特定的产品并面向某个特定的慈善机构。在这种情况下,一家企业最常与某个非营利组织合作,建立一种互利的关系,旨在增加某种特定产品的销售并为该公益机构创造财务支持。事业关联营销这一术语是由美国快递公司(American Express Company)创造的,用于对始于 1983 年的一项方案进行描述。该方案同意每次使用公司发行的某一信用卡购买商品,公司就会捐出 1 便士用于自由女神像的修复。这个方案为自由女神像的修复捐赠了 170 万美元,并且促使美国快递公司信用卡使用的大幅度增长。

这类活动与其他社会活动的主要区别在于:企业的捐款水平与企业的产品销售额挂钩,换句话说,它取决于某种消费者行为;企业需要与慈善机构签署更正式的协议并建立评价和追踪系统;这类活动最有可能由营销部门来资助和管理。

3.3.3 企业社会营销

企业的社会营销是一种手段,企业通过它来支持一项行为改善活动的策划和实施,目的是改善公共健康、安全、环境或社区福利。这种活动的一个显著特征是以行为改善(Behavior Change)为中心,这使它有别于公益事业宣传——后者注重支持某项公益事业的宣传、筹款和志愿者招募。因此,行为改善始终是此类活动的中心和预期的结果。

企业的社会营销活动所推动的行为,大多是针对特定的主题,如健康主题、伤害预防主题、环保主题、社区参与主题等。企业社会营销活动取得成功的几个关键因素是:选择一个与企业核心业务、员工以及当前的营销策略相关的主题;专注于一项对长期承诺具有潜在影响力的活动;赢得管理层的支持;与能够提供专门知识、信誉和社区影响力的公共机构和非营利组织建立伙伴关系;预先制订可靠的计划,落实明确的资金来源、可测量的目标以及清楚的职责和责任。最后,就像任何战略性的营销努力一样,一个连续的计划制订过程是必不可少的,并且将涉及受众研究和各种关键营销工具的运用。

从获取更多社会资本的角度出发,企业社会责任应该是倡导社会公益与企业经营绩效实现双赢的企业社会责任实践,而企业社会营销是实现企业社会责任和社会公益事业双赢互动的关键战略选择。[1]

3.3.4 企业慈善行为

企业的慈善行为是企业直接捐助某个慈善机构或某项公益事业,最常见的形式是现金拨款、捐款或非现金的服务。在所有的企业社会活动中,它或许是最传统的,而且对社区健康和公共事业机构、教育、艺术及负有环保使命的组织来说,企业的慈善行为始终是一个主要的资助来源。慈善行为专家罗伯特·培顿(Robert Payton)认为,慈善行为可定义为三种相互关联的活动:为了公共目的的自愿服务、自愿联合和自愿捐赠。他指出,慈善行为包括“提高生活质量、保证将来更好的社区行为”。如今有越来越多的企业承受着内部和外部的压力,不得不转向一种更加具有战略性的方式,选择一个重点并把慈善活动与企业的经营目标联系起来。吉拉德·杰德尔(Gerald S. Gendell)列举了有效的战略捐赠计划的特征:

(1) 建立在公司较长期的、战略利益基础之上;

(2) 具有描述清晰的战略,且该战略得到高层管理者的同意;

(3) 具有明确的指导方针;

(4) 是有计划的;

---

〔1〕 徐尚昆.从企业社会责任到企业社会营销[J].经济体制改革,2011(3):105—108.

(5) 建立在能被所有相关各方理解的客观标准之上;

(6) 受到有效的管理并对结果进行评估;

(7) 聚焦于方案,而不是资金或捐赠物;

(8) 被认为是完整的公共事务过程中的一项职能或工具,而不仅仅作为对公司良心的一种衡量。[1]

早期的企业慈善事实上是企业家个人在宗教教义影响下的爱心;在20世纪,企业行善成为在外在压力下践履社会责任;而进入21世纪,对企业的公民身份开始形成共识,企业慈善是公民积极改善社会环境的行为。[2]

3.3.5 社区志愿者

社区志愿者活动是企业支持和鼓励自己的员工、零售合作伙伴或特许经营成员,志愿奉献他们的时间来支持当地的社区组织和公益事业。这种活动可以是独立的努力(比如,一家高技术公司的员工在中学里帮学生辅导计算机技能),也可以是由企业与非营利组织合作来完成,如壳牌(Shell)与海洋保护组织(The Ocean Conservancy)合作开展一次海滩清理活动。志愿者的活动可以由公司来组织,或者员工们也可以自己选择活动,并通过带薪休假和志愿者数据库匹配计划来得到公司的支持。

科特勒认为,在下列情况下,企业应考虑加强对员工志愿者活动的支持:当现有的社会活动可以从志愿者活动要素中受益时;当一群员工表达了他们对某项特定公益事业的兴趣时;当一种社区需求出现时;当科技进步让企业可以更容易地把员工与志愿者机会匹配起来时;当一家有影响的社区组织来向企业寻求支持时;当一项志愿者活动可能打开一个新的市场或支持新产品的开发时。得到加强的活动将从战略计划中受益,而这些计划要求:制定指导方针;确定员工支持的类型和水平;为内部沟通、员工表彰、外部沟通以及追踪和评价制订计划。[3]

3.3.6 对社会负责的商业实践

在对社会负责的商业实践中,企业采纳并实施自主的商业实践和投资,来支持社会公益事业以改善社区福利和保护环境。这些活动可以由企业来策划和实施,也可以由企业与其他组织合作来完成。这类活动与其他活动类别的关键区别为:强调活动的自主性;对社区有了更广泛的解释,包括企业的员工、供应商、经销商、非营利组织和公共机构合作伙伴以及普通公众的成

---

[1] 转引自周祖城.企业伦理学[M].清华大学出版社,2005:57.

[2] 赵如.企业慈善行为动机历史演进研究[J].社会科学研究,2012(4):102—106.

[3] 菲利普·科特勒,南希·李.企业的社会责任[M].机械工业出版社,2006:168.

员;社区福利可以是指健康和安全,也可以是指心理和情感需求。

总体而言,企业社会责任行为是在特定的制度安排下,企业追求在预期存续期内最大限度地增进社会福利的意愿、行为和绩效。[1]

企业社会责任实践不仅仅是企业行为,而应由企业、社会和政府"三位一体"协同推行。企业社会责任实践机制的实现,一方面需要依靠企业作为责任主体的切实行动,另一方面需要全社会提供有效的制度安排,企业和社会都应该去践行科学的企业社会责任观。

〔1〕 李伟阳,肖红军.企业社会责任的逻辑[J].中国工业经济,2011(10):87—97.

第 4 章　企业社会责任治理

4.1　社会责任投资及其趋势

4.1.1　社会责任投资的概念

社会责任投资(Socially Responsible Investing,简称 SRI)是一种特别的投资理念,是指在传统的财务指标之外,以预期稳定利润分配的持续性、遵守法律、雇佣习惯、尊重人权、消费者问题、社会贡献程度和对环境问题的关注等社会伦理性标准为基础,评价并选择企业所进行的投资。此外,SRI 还包含以社会公义、地区贡献、行使股东权利等为目的的资金投入行为。

社会责任投资起源于 20 世纪六七十年代,而后接连发生的工业灾害、核电站泄漏、油轮泄油以及日益严重的环境问题,促使越来越多的投资者把社会责任融入到投资决策中,是近年在全球发展较快的一种新型投资产品,它是将投资决策与经济、社会、环境相统一的一种投资模式,是一种具有三重考量的投资。投资者不只对传统的金钱回报感兴趣,还应考虑到社会公义、经济发展、世界和平与环境保护等,这样才能实现可持续发展。社会责任投资是一种特别的投资取向,投资过程中会通过投资者对社会、经济发展和环境健康的关心,再加上传统财务的考虑,使经济和社会都能得益。从广义上看,社会责任投资者包括个人、企业、学校、医院、基金会、养老退休基金、宗教团体及非营利组织机构等,希望在获取财务目标的同时,又可以创造一个更美好、公平及可持续发展的经济社会。

4.1.2　社会责任投资的主要策略

社会责任投资包括三种投资策略:筛选(Screening)、股东主张(Shareholder Advocacy)和社区投资(Community Investing),其中,筛选是最重要的投资方法。早些时间,主要是运用规避筛选法,规避那些具有较差劳工和人权问题,或者在内战、恐怖主义、流行疾病频繁的商业环境中运作的公司。如今，新的积极筛选法陆续涌现。运用积极筛选原则，投资者可以积极地寻求社会、环境记录较好，治理优良的公司。

筛选策略分为正面筛选和负面筛选两种。正面筛选是指社会责任投资者在选择基金产品时，希望该基金只投资于对社会有正面贡献的公司，如该基金只购买重视劳工关系、环境保护、产品安全品质及人权的公司的股票。负面筛选则是该基金避免投资于对社会造成伤害的公司，如烟草公司、从事赌博事业的公司、生产大规模杀伤性武器的公司等。以美国为例，最常被基金筛选掉的公司前五类包括烟草公司、生产酒类的公司、不重视劳工关系的公司、不重视环保的公司及从事赌博行业的公司等。而重视人权、平等雇用机会、重视环保的公司，往往受到青睐。近年来，由于公司丑闻事件层出不穷，公司治理、董事会组成及信息的揭露度也逐渐成为新的筛选标准。这些从事社会责任投资的基金，又称为伦理基金（Ethical Funds），可分为两种：一种是私募性质的，是由私人或投资机构，按照自身设定的社会环境筛选标准所成立的基金，其投资人包括宗教团体、政府机构、工会、基金会等；另一种是公募基金，投资对象为一般大众及机构投资人。

股东主张是指参与社会责任投资的投资者充分发挥其股东的权利，与公司交涉谈判，必要时采取行动，影响并纠正公司的行为，以达成公司治理、社会责任更完善的成果。公司治理方面是着重在公司的信任投票、董事会组成、董监事酬劳、遣散费用、股票选择权激励机制、公司重组等。而公司社会责任包括公司重要信息揭露，公司环保、劳工、种族、健康与安全等政策对社会的责任。从目前来看，股东主张包括股东对话（Shareholder Dialogue）、股东决议（Shareholder Resolution）和代理投票（Proxy Voting）三种主要形式。投资者可以采取与其所投资公司的管理层对话、信件沟通、提起股东决议案，乃至用搜购委托书表决的方式，来改变公司的决策。与社会筛选方法不同，在股票买入之后，股东主张并不会对股票组合产生什么影响。但是，资产管理者却扮演了与企业进行对话的团队角色，可以与企业就一些具体或有选择性的问题，如企业发展战略、企业经营表现、不公正导致难以遵守企业守则、不适当的报酬水平和企业对待企业社会责任态度等进行对话。近年来，股东主张有同时重视公司治理及公司社会责任的双目标趋势，“可持续发展的公司治理”越来越成为新的股东主张的焦点。另外，基金、基金会及银行等社会投资机构投资人，在股东主张方面扮演越来越活跃的角色。

社区投资是指来自社会责任投资的资金主要投资于传统金融服务难以覆盖的社区。例如，提供金融服务给低收入户，提供资金给中小企业，给重要的社区服务，如孩童照料、平价住房及医疗照顾等。资金基本上投资以下四种社区发展机构:社区发展银行、社区发展贷款基金、社区发展信用合作社及社区发展风险投资基金。投资者可以购买特别专注投资此类社区发展机构的社会投资基金,来达成其社会责任的目的。

4.1.3 社会责任投资的发展趋势

企业社会责任投资 20 世纪 60 年代末期逐渐兴起,至今,社会责任投资已经在欧美投资市场占有一席之地,虽然目前还没有占据主流地位,但有成为主流投资的趋势。社会责任投资在欧美国家发展最为成熟,其他一些亚非国家或地区,诸如南非、日本、马来西亚、中国台湾、中国香港、中国大陆等也在 20 世纪末和 21 世纪初开始推动社会责任投资且发展迅速。由于国外机构投资很发达,普通投资者一般选择基金管理其投资组合,投资者进而要求基金在进行投资组合时必须尊重他们的价值观,在这样的历史背景下,欧美各国的社会责任投资基金应运而生。[1]

社会责任投资基金发展的关键是“社会指数”的发布,这些指数由在社会和环境方面表现优秀、处于领导地位的一些公司作为成分组成,使投资者可以比较这些股票与股票市场的总体表现。在国际上较有影响力的有:道·琼斯可持续指数(Dow Jones Sustainabiltty Index)、多米尼社会指数(Domini Social Index)、伦敦金融时报社会指数(富时指数,FTSE4 Good Index)、伊斯贝尔(ESI)可持续指数(Ethibel Sustainable Index)。

截至 2010 年,全球社会责任投资资产总额约 7.6 万亿欧元,其中美国约 3.1 万亿美元(折合 2.14 万亿欧元),占比约 28%;欧洲约 5 万亿欧元,占比约 66%。欧美市场共计约 7.14 万亿欧元,占比约 94%。[2] 欧美社会责任投资主导了全球社会责任投资市场。以美国近 10 年社会责任投资发展状况为例,截至 2010 年,美国的社会责任投资表现出了比传统投资更快的增长速度,社会责任投资理念下管理的资产总额约为 3.07 万亿美元,相对于 1995 年的 0.64万亿美元,增长了 380%。然而,在过去 15 年间,美国传统投资理念下管理的资产总额由 7 万亿美元增加到 25.2 万亿美元,增长率为 260%,远远落后于社会责任投资资产的增长率。即使在 2008—2010 年的全球金融危机阶段,在传统投资资产总额增长停滞不前的情况下,社会责任投资也保持了快速发展。在这 3 年中,当 S&P 500 指数大幅回落的时候,传统投资资产总额增长不到 1%,社会责任投资理念下管理的资产总额却增长了超过 13%。

社会责任投资的目的在于实现经济效益和社会效益的双赢,因此,社会

---

〔1〕 刘波,郭文娜. 社会责任投资:观念的演化及界定[J]. 软科学,2009(12):45—49.
〔2〕 宋蓓蓓. 社会责任投资易获超额收益[J]. 证券市场周刊,2012(12).

责任投资具有双重目标,即同时获取经济收益和社会收益。社会收益更多需要定性描述而不易定量化,同时,社会收益在一般情况下是独立于经济收益的,也就是说,无论社会责任投资行为是否获取预期的经济收益,只要按照社会责任投资的理念和方式做出的投资行为,都将带来社会收益,只是这种社会收益有时候在短期内并不是非常明显,或者不易计量。虽然理论研究和欧美责任投资实践表明,长期看来社会责任投资会获取超过市场平均水平的投资回报,但现有及潜在的社会责任投资者应能容忍社会责任投资的相对低回报,至少短期内应该是这样。因此,社会责任投资需要解决好经济效益和社会效益平衡的问题,即利与益怎样更好地协调。

投资者提高企业社会责任和改善经济机会已经成为全球社会责任投资清晰的趋势。主要有:第一,在社会责任投资基金的数量上,有显著的增长,同时也有多种多样的审查方法;第二,股东建议者们正在日益进入和公司的直接对话,而不只是文件上的决议;第三,市场经济国家越来越多地通过社区投资和微观金融与社会责任投资联系起来;第四,全球性的对社会责任投资的增长的认识,并且对能促进世界市场的发展起到帮助作用的信息和资源的要求也不断增长。

4.2 社会责任治理模式

就宏观而言,企业社会责任治理可依次划分为市场治理、国家治理和社会治理三种模式。[1]从微观来看,越来越多的企业认识到,只有处理好与各利益相关者的关系,企业才能取得可持续发展,因而在公司治理模式中,融入了企业社会责任,代表性的有董事会决策模式和经理层决策模式。

4.2.1 董事会决策模式

董事会决策模式的特征是,在董事会层面设立专门的委员会负责企业社会责任事项。在《财富》杂志评选的“十佳企业社会责任”公司中,有四家公司采用的是这种模式,它们分别是:国际纸业、加拿大铝业、美国铝业和雪佛龙石油公司。在“十佳超级大型银行”中也有四家银行采用这种模式,它们分别是:花旗集团、汇丰控股、摩根大通和瑞银集团。

下面以国际纸业和汇丰集团为例,详细介绍“董事会决策模式”。

国际纸业成立于1898年,是目前全球最大的纸业和森林制品公司,也是全美仅有的四家拥有百年历史的上市公司之一,其全球总部位于美国田纳西州孟菲斯市。国际纸业公司全球年销售额超过260亿美元,其中亚太地区的

---

〔1〕 杨春方.企业社会责任的治理模式:自三个维度观察[J].改革,2012(5):120-123.

销售额超过 15 亿美元。公司拥有 1 830 万吨的年生产能力，主要业务包括纸、包装和林木产品。该公司董事会下设审计与财务委员会、薪酬委员会、治理委员会、执行委员会以及公共政策与环境委员会。这里所称的“公共政策与环境委员会”就相当于我们说的“企业社会责任委员会”。

根据委员会章程，公共政策与环境委员会对于与公司相关的公共政策、法律、健康、安全以及环境等事项负有评估和提出相关建议的责任。该委员会由至少三名独立董事组成，其成员由董事会确定。委员会定期召开会议，会议的主要内容包括：评估公司的愿景、目标是否与做一个优秀的企业公民相一致；评估公司的技术与流程以确定公司的公共事务政策；评估公司在环境、安全以及员工健康方面的政策、计划与表现；评估慈善和政治捐款并提出合理化建议；评估法律事项以及公司对法律、法规及道德守则的遵守情况；评估在诉讼案件中对董事和公司员工进行的赔偿，并提出建议；评估该委员会自身的工作绩效。2009 年，国际纸业公司的公共政策与环境委员会有 4 名成员(均是独立董事)，他们就上述议题共召开了 4 次会议进行讨论。

总部设于伦敦的汇丰集团是全球规模最大的银行及金融机构之一。汇丰集团在欧洲、亚太地区、美洲、中东及非洲 77 个国家和地区拥有超过 9 800 个分支机构。汇丰在伦敦、香港、纽约、巴黎及百慕大等证券交易所上市，全球股东约有 20 万，分布于 100 余个国家和地区，集团拥有雇员 232 000 名。汇丰银行在全球拥有超过 1.1 亿名顾客，汇丰集团提供广泛的银行及金融服务，包括个人金融服务、消费融资、工商业务、企业银行、投资银行及资本市场以及其他业务。汇丰集团的董事会下设社会责任委员会，至少由 2 名独立非执行董事组成，其成员由董事会决定，董事会可以随时批准额外的独立非执行董事或其他董事会认为具有独立性的人员加入委员会。该委员会负责监管公司的与社会责任有关的政策，主要包括环境、社会以及道德事务，并对董事会、下属专门委员会及管理层就此类事项提出建议。社会责任委员会每年至少召开两次会议。2009 年，汇丰集团的社会责任委员会共有 7 名成员，其中包括 4 名非执行董事和 3 名科学、教育界人士。

4.2.2　经理层决策模式

经理层决策模式的特征是：在董事会的职能中明确董事会要承担企业社会责任，但是在操作上授权给公司的管理层负责相关事项。在《财富杂志》评选的“十佳企业社会责任”公司中有 6 家公司采用这种模式，在“十佳超级大型银行”中有 5 家银行采用这种模式，分别是美洲银行、富国银行、英国巴克莱银行、苏格兰皇家银行以及荷兰银行控股公司。

下面以特易购(TESCO)公司为例具体介绍“经理层决策模式”。

特易购公司是英国最大的食品零售公司，它在《财富》杂志的“企业社会责任”单项排行榜中排名第一。该公司董事会下设提名委员会、薪酬委员会、审计委员会与执行委员会。在执行委员会下设三个委员会：企业社会责任委员会、财务委员会和遵循委员会，以确保公司的行为在社会、财务、法律三方面都能够符合利益相关方的需求。

特易购公司社会责任委员会由公司的内部执行董事——法律事务总裁兼公司秘书担任负责人，成员包括公司各个部门的高级管理人员，企业社会责任委员会负责支持、提出以及监控公司在社会、伦理、环境等方面的政策。企业社会责任委员会主席必须定期向董事会下设的执行委员会汇报企业的社会责任事项，且每年至少有一次机会在董事会上讨论企业社会责任委员会的工作情况。

企业社会责任委员会的职责主要包括以下几个方面：

(1) 评估公司关于社会、伦理和环境方面的政策，以此作为风险管理程序的一部分。

(2) 识别在社会责任方面有可能帮助公司改善效率、盈利水平和商业前景的机会。

(3) 选取企业社会责任的关键业绩指标(KPIs)，监控并报告这些指标。

(4) 在整个集团内改进对于“最佳实践”的理解。

(5) 增进公司内部对于企业社会责任的认识。

(6) 改善公司利益相关者的沟通及参与计划。

从董事会的层面来看，公司董事会在每次会议上都会讨论公司面临的战略上的风险。其中，每年至少会讨论一次企业社会责任战略。在执行委员会的季度会议上，执行委员会的董事们会对公司管理层提交的企业社会责任季度报告进行审议，并对公司未来的风险与机会进行评估，进而提出公司在社会责任方面的战略规划。

从运营管理的层面来看，公司社会责任委员会每年至少举行四次会议，委员会主席定期向执行委员会汇报企业的与社会责任有关的事项，而且每年至少有一次在董事会上讨论该委员会的工作情况。

特易购公司使用一种称为“方向盘”的管理工具来保证公司的平衡健康发展。“方向盘”分为四个方面——顾客、运营、人和财务。在这四个方面又分出更多的项目，每一项都与一系列的关键业绩指标相关联，这些指标分别对应着一系列需要不懈努力才能达到的目标。每个季度，公司管理层都要向董事会递交这四个方面的业绩报告，并且整理一份摘要发送给公司的 2 000 余名管理者，再传递给更多的员工阅读。同时，“方向盘”的关键业绩指标还与公司管理层的薪酬及奖金挂钩。特易购公司的企业社会责任通过“方向盘”中“运营”部分里面的细分项目“负责任而且安全”对应的关键业绩指标来衡量。通过这种方式，企业社会责任工作就能与公司日常运作紧密结合在一起。企业社会责任委员会按季度监控这些关键业绩指标的达成情况，并对这些指标的业绩每年进行一次评估。

4.3　企业社会责任报告

4.3.1　企业社会责任报告的含义和内容

企业社会责任报告是指企业对其履行社会责任的理念、内容、方式和绩效所进行的系统信息披露，是企业将其经营活动对经济、环境、社会等领域造成的直接和间接影响，取得的成绩及不足等信息进行系统的梳理和总结，并向利益相关方进行披露的一种方式。企业社会责任报告是企业非财务信息披露的重要载体，是企业与利益相关方沟通的重要过程和载体。企业社会责任报告是为了综合反映企业对社会所承担的责任，因此，需要回答以下五个基本问题：

4.3.1.1　企业社会责任的内容(What)

企业社会责任报告对企业社会责任内容的披露通常包括三类：

一是从角色定位出发确定的责任或义务。企业在经济社会乃至全球发展中扮演的角色和可能发挥的作用，决定了企业应该和必须担负的使命和责任。例如，通用公司认为，由于公司在商业领域和全社会都扮演着极为重要的角色，因此公司有责任发挥极少数公司才拥有的强大影响力，改进人们的生活和工作方式；法电集团认为，由于法电在法国经济社会发展中扮演着十分重要的角色，是法国国家竞争力的重要组成部分，肩负着重要而广泛的社会责任，因此必须考虑国家的整体利益，满足经济社会发展和人民生活的需要，促进可持续发展。

二是对利益相关方的具体责任。报告一般要分别披露对股东、用户、雇员、供应商、社区等利益相关方所担负的具体责任。

三是按不同性质划分的具体责任，如经济责任、法律责任、道德责任等。例如，GE认为，作为全球社会的优秀企业公民，必须做到履行好经济责任，持续保持优秀的业绩水平；必须履行好法律责任，严格遵守会计准则和依法经营；努力履行好道德和慈善责任，做到超越遵纪守法，实践高尚的商业道德行为。

4.3.1.2　履行社会责任的动力(Why)

企业履行社会责任，既是政府和社会对企业的期望、要求与约束，也是企业提升核心竞争力、实现持续健康发展的内在需要。企业社会责任报告一般会从企业价值观和追求企业成功的角度对企业积极履行社会责任的动力作出回答。

一是企业价值取向的推动。例如,法电集团认为,积极履行社会责任是法电集团的根本使命。法电集团认为,电力和能源是重要的生存资源,是经济和社会发展的基本条件。发电、输电、配电和经营电力需要有高度的责任感并切实落实到涵盖该领域活动的所有企业和全体雇员。法电集团的价值观注重全面履行社会责任,强调尊重人、尊重环境、平衡绩效、团结、正直。

二是企业成功的客观需要。比如,拜耳公司可持续发展报告提出,拜耳公司对成功的定义是实现商业效益、生态效率与社会责任的和谐。拜耳公司坚信唯有以可持续发展方式运营的公司才能取得成功,企业有责任利用技术与业务专长为人类谋福利,信守社会责任承诺,为实现环境的可持续发展做出长期积极的贡献。国家电网公司提出,企业认真了解利益相关各方的期望和要求的过程,就是对企业定位和使命的认识不断深化、丰富和完善的过程;全面关注企业运营对社会和环境的影响与作用的过程,就是企业分析发展环境、把握机遇、应对挑战、明确战略发展方向的过程;积极回应利益相关方需求、充分考虑对社会和环境影响的过程,就是推动企业不断学习创新、持续提高管理能力和服务水平、改进绩效、培养核心竞争优势的过程。

4.3.1.3 履行社会责任的方式(How)

履行社会责任要求企业在战略上和日常运营中要认真了解与回应利益相关各方的期望,充分考虑企业发展对社会和环境的影响,统筹兼顾社会可接受性与可持续发展要求,实现经济、社会和环境价值的综合平衡。履行社会责任的方式是企业社会责任报告信息披露的最重要内容,一般包括企业价值观与企业文化的保障、企业战略保障、企业治理机制、利益相关方参与机制、企业社会责任指标和业绩考核等。例如,法电集团履行社会责任的方式包括公开承诺、建设利益相关方对话和参与机制、健全公司治理机制、强化社会责任全员培训、系统开发和应用社会责任管理工具等。国家电网公司认为,要更好地履行社会责任必须努力做到坚持科学发展、实施卓越管理、推进自主创新、坚持共同发展、加强沟通交流、树立全球视野。

4.3.1.4 履行社会责任的绩效(Performance)

企业社会责任绩效,反映企业实现社会责任目标和履行社会责任职责的程度,既反映了企业履行社会责任的结果的有效性,也反映了企业履行社会责任的行为、过程的有效性,是利益相关方考核企业社会责任工作成效的重要依据。企业社会责任业绩有助于形成有效的履行社会责任的激励和约束机制，调动全员履行社会责任的积极性，推动企业社会责任工作融入企业的日常管理和经营中，实现企业社会责任绩效的持续改进，促进员工行为与公司责任目标相一致，促进公司责任目标符合利益相关方的期望与要求。

通常情况下，企业履行社会责任的业绩表现在经济、社会和环境三个方面，既可以定性描述，也可以定量描述，但业绩的披露要有利于利益相关方对企业履行社会责任的情况进行纵向和横向的对比，即报告期间的业绩与企业过去表现的可比性，报告期间企业的业绩与其他企业或行业标杆的可比性。

4.3.1.5 履行社会责任的未来计划(PLAN)

企业社会责任报告除了披露报告期间企业履行社会责任的行动、过程和结果外，还要在此基础上，提出未来的行动目标和方案。

一个带有中长期企业社会责任发展计划，并配之以可测性目标的企业社会责任年度计划以及实施情况的报告，能较好地体现企业履行社会责任的程度。它能较综合地反映出企业将社会责任融入其战略、组织、绩效管理及日常运营的水平和程度。在这一点上，许多日本企业的报告显示出独到的特色。

综上所述，企业社会责任报告既要充分反映企业的社会责任理念，又要全面总结企业的社会责任实践；既要反映企业社会责任实践良好的一面，也要反映企业运营对社会和环境的消极影响及企业社会责任实践不足的一面；既要体现企业的经济价值，又要体现企业的社会价值和环境价值，是从责任角度对企业与社会关系的全面反映。

4.3.2 企业社会责任报告的编写

企业履行社会责任，如同向股东披露财务报告一样，必须及时准确地向利益相关方披露履行社会责任的信息。定期发布社会责任报告，已日益成为越来越多的企业深化履行社会责任、积极与利益相关方沟通的载体和渠道，这对于企业充分阐释社会责任理念，展现社会责任形象，体现社会责任价值具有重要的意义。截至 2012 年 6 月，全球共有 9 153 家公司发布了 41 246 份社会责任报告。近年来，随着我国企业社会责任的全面推进，编制和发布社会责任报告也成为一种趋势。据统计，从 2006 年到 2011 年，我国发布社会责任报告的企业从 32 家增至 771 家，呈现十分可喜的发展局面。[1]

同时，也应看到，由于我国企业履行社会责任整体尚处于初级阶段，企业在发布社会责任报告、进行社会责任信息披露中还存在不少问题，报告过于简单、主线模糊、框架不清、内容随意等，信息披露的时效性、客观性、平衡性、可读性也有待改进。有鉴于此，2009 年 12 月，中国社会科学院发布了《中国

---

〔1〕 彭华岗.企业社会责任基础教材[M].经济管理出版社，2013：200—202.

企业社会责任报告编制指南(CASS－CSR 1.0)》(《指南 1.0》)。现在已有中国石化、国家电网、中国移动、南方电网、宝钢集团等数十家大型企业在编写社会责任报告时参考了该指南。《指南 1.0》作为国内社会责任理论研究的一项重要成果,对企业社会责任的发展起到了促进作用。

为适应新时期新形势的要求,进一步增强指南的国际性、行业性和工具性,中国社会科学院对《指南 1.0》进行了修订,编制了《指南 2.0》。此次修订坚持开放性、合作性原则,邀请了德国国际合作机构(GIZ)、中国企业联合会、中国石油和化工联合会、中国轻工业联合会、WTO 经济导刊、中国企业公民委员会等机构参与,还设立了专家委员会,共有 100 多位各行业的专家对指南提出了意见和建议。总体而言,与国内外其他社会责任倡议相比,《指南 2.0》具有以下特点:[1]

一是提出了"四位一体"社会责任模型。在传统的"三重底线"和利益相关方理论的基础上,《指南 2.0》构建了一个以责任管理为核心、以市场责任为基石、以社会责任和环境责任为两翼的"四位一体"模型。模型打破了国际上通行的经济责任、社会责任和环境责任的初始划分,将客户责任、股东责任和伙伴责任重新组合为市场责任,结构更加平衡。

二是突出了责任管理的重要作用。有效的责任管理是企业履行社会责任的基石,没有健全的责任管理体系,企业的履责之路不会长久。《指南 2.0》根据我国企业发展的实际,提出了 6 个方面、18 项责任管理指标,有助于引导企业建立责任管理体系。

三是突出了行业性特征。《指南 2.0》充分考虑到行业性质对企业履行社会责任的重大影响,除通用指标体系外,还包含了 46 个行业的补充指标体系,有助于充分反映不同行业企业履行社会责任的情况和特点。

四是更加强调实用性。《指南 2.0》单列了报告编制流程、报告质量提升方法,还在关键指标后面加入"指标解读"与"示例",提升了可读性和可操作性。

一般而言,企业编制企业社会责任报告要经过四个阶段:准备阶段、资料采集阶段、报告撰写阶段以及发布阶段。

由于企业社会责任报告的资料采集涉及众多部门,因此在准备阶段,最重要的事情就是要建立起一个明确的组织管理体系。企业可以成立专门的企业社会责任部门,也可以选择设立企业社会责任报告项目小组的方式来从

〔1〕 参见彭华岗,等. 中国企业社会责任报告编制指南(CASS－CSR 2.0)[M]. 经济管理出版社,2011.

事此项工作，但必须确保各部门全力参与和配合。在明确组织管理体系后，企业可选择聘请专业人员对企业进行内部培训，通过培训，一方面进一步明确企业社会责任战略和目标，另一方面也确保项目团队了解工作流程，按时保质地完成资料的收集和加工工作。

资料采集主要通过对企业内部管理过程和业务流程的梳理，以及对利益相关方的访谈来获得报告所需的资料和关键性指标。利益相关方访谈是这一阶段的重点。访谈对象一般包括企业中高层管理者、企业基层员工、供应商、债权人、消费者、媒体和非政府组织。访谈的作用除了采集资料外，还在于可以全面了解企业社会责任现状和问题，了解利益相关方的期待并做出回应，这是确保企业社会责任报告发挥沟通作用的重要环节。

资料采集完成之后，就进入了报告撰写的阶段。这一阶段的重点在于报告内容的选择，既要注意信息披露的完整性和全面性，又要充分结合行业特点和企业自身的特点，抓住重点，突出亮点。报告初稿完成后，邀请企业高管、重要利益相关方和报告编制专家诊断报告初稿，吸取有益建议并进一步修改，经过多次修改后最终定稿。

最后一个环节就是报告的发布。目前仍有不少企业将企业社会责任报告与年报一起发布，但独立的 CSR 报告是发展的趋势。企业可以考虑将企业社会责任报告的发布和其他 CSR 行动结合起来，以达到沟通及宣传效果的最大化。

第 5 章　企业利益相关者管理

5.1　利益相关者及其演变

据考证，《牛津词典》是最早记载“利益相关者”(Stakeholder)一词的工具书，它于 1708 年就收入了“利益相关者”这一词条，用来表示人们在某一项活动或某企业中“下注”(Have a Stake)，在活动进行或企业运营的过程中抽头或赔本。然而，西方学者真正提出利益相关者的概念是在 20 世纪 60 年代。一般认为，利益相关者是泛指企业中拥有一种或多种权益的个人或团体。[1]

在传统的企业理论中，有关企业投资收益分配问题，占统治地位的一直是以企业的所有权和控制权两权分离理论为基础的所谓股东利益至上理论。该理论认为，由于资本的投入者就是企业的所有者，企业是权益资本投入者的企业，所以企业经营以股东利益最大化为目标来进行运作。与此相对应的企业治理制度就是“股东治理”结构模式。与股东利益至上观点的不同之处在于，利益相关者理论观点在扬弃股东至上主义的基础上，强调以为企业利益相关者服务为根本目标。其根据是，作为以不同的契约形式而相联结的企业，是各个合作所有者的资源通过合约而形成的相关集合。因此，任何一个企业毫无例外地在考虑所有者权益问题时不能仅仅关注股东的利益。凡是与企业产生关系，从而与企业发生双向影响的个人或团体，都是企业的利益相关者。利益相关者的提出，相应地要求企业治理结构必须以不同的方式和途径为企业利益相关者参与分配企业剩余服务来进行设计。两者争议的焦点在于企业到底应该为股东还是为利益相关者的利益而经营。

利益相关者理论的发展是一个从利益相关者影响到利益相关者参与的过程。按照对利益相关者概念不同的理解及研究侧重点的不同，可将利益相

---

〔1〕 阿奇·B.卡罗尔，安·K.巴克霍尔茨.企业与社会：伦理与利益相关者管理［M］.机械工业出版社，2004：45.

关者理论的研究分为三个阶段：[1]

5.1.1　利益相关者理论的“企业依存观”

20 世纪 60 年代，强调企业和利益相关者之间的“依存性”。斯坦福大学研究小组给出的利益相关者的定义是：对企业来说存在这样一些利益群体，如果没有他们的支持，企业就无法生存。人们开始认识到，企业存在的目的并非仅为股东服务，在企业的周围还存在许多关系到企业生存的利益群体。早期利益相关者理论研究者瑞安曼(Rhenman)认为，利益相关者不仅依靠企业来实现其个人目标，而且企业也是依靠他们来维持生存的，强调了利益相关者与企业之间的依存性。最早正式将“利益相关者”一词引入管理学和经济学研究的是美国学者安索夫，他认为，“要制定出一个理想的企业目标，必须综合平衡考虑企业的诸多利益相关者之间相互冲突的索取权，他们可能包括管理人员、工人、股东、供应商以及分销商”(Ansoff，1965)。在 20 世纪 70 年代，利益相关者理论开始逐步被西方学术界和企业界所接受，随后宾夕法尼亚的沃顿学院，1977 年开设了“利益相关者管理”的课程，旨在将利益相关者的概念应用于企业的战略管理之中，并形成了一个初步的分析框架。

5.1.2　利益相关者理论的“战略管理观”

学术界一般把 R. 爱德华 · 弗里曼(R. Edward Freeman，1984)的《战略管理：利益相关者方法》一书的出版作为利益相关者理论正式产生的标志。弗里曼为利益相关者下的定义成为一个经典定义：“利益相关者是指能够影响组织目标实现或受到组织目标实现过程影响的所有个体和群体。”[2]它包括雇员、顾客、供应商、股东、银行、政府，以及能够帮助或损害公司的其他团体。这个定义提出了一个普遍的利益相关者概念，不仅将影响企业目标的个人和群体视为利益相关者，同时还将企业目标实现过程中受影响的个人和群体也看作利益相关者，正式将社区、政府、环境保护主义者等实体纳入利益相关者管理的研究范畴，大大扩展了利益相关者的内涵。弗里曼的基本观点是，在企业战略决策时必须考虑利益相关者的影响，进行利益相关者分析，关键利益相关者的利益必须融合到企业战略目标中去，企业战略的实施也需要利益相关者的积极参与。为了实现“利益相关者授权法则”，即企业应该为其利益相关者的利益而经营这一目标，弗里曼又提出了“董事责任法则”和“利益相关者求偿法则”。前者要求公司董事负有谨慎运行商业判断的责任，以保持

---

〔1〕 参见王唤明，江若尘．利益相关者理论综述研究[J]．经济问题探索，2007(4)：11－14；李善民，等．利益相关者理论的新进展[J]．经济理论与经济管理，2008(12)：32－36；高展，金润圭．企业社会责任理论研究与拓展[J]．企业经济，2012(9)：39－41．

〔2〕 R.爱德华 · 弗里曼．战略管理：利益相关者方法[M]．上海译文出版社，2006：2．

并引导企业事务与利益相关者授权法则的一致性;后者则赋予了利益相关者对不能履行其谨慎职责的董事提起诉讼的权利。但是,反对的观点指出,弗里曼明确将利益相关者限定为管理层、社区、消费者、雇员、供应商和股东,具有"刚性"的缺陷。组织环境在不断变化,如果组织与利益相关者的利害关系发生了改变,则董事可能无需按照"利益相关者授权法则"对其负责,利益相关者也无法行使"求偿"的权利。

5.1.3 利益相关者理论的"动态演化观"

20 世纪 90 年代中期以后,以布莱尔为代表,提出了利益相关者理论的"动态演化"观。动态演化的观点认为,企业和利益相关者的利害关系是不断变化的,随着企业考虑战略问题的改变而改变,因而应该动态看待利益相关者。作为一名经济学家和法学家,美国的玛格丽特·布莱尔(Magarete M. Blair)着重从法律的角度来剖析现代公众公司"所有权"的经济学含义。她认为:"说股东是大公司的所有者是一种误导;股东并没有像理论所假定的那样承担全部风险,其他参与者也没有像理论假定的那样脱离风险。"布莱尔对利益相关者定义进一步变化为:是所有那些向企业贡献了专用性资产,以及作为既成结果已经处于风险投资状况的人或集团。利益相关者是企业专用性资产的投入者,只有他们对其专用性资产拥有完整的产权,才能相互签约组成企业。专用性资产的多少以及资产所承担风险的大小正是利益相关者团体参与企业控制的依据,可以说资产越多,承担的风险越大,他们所得到的企业剩余索取权和剩余控制权就越大,那么他们拥有的企业所有权就应该越大,这也为利益相关者参与企业所有权分配提供了可参考的衡量方法。

在此阶段,学者们普遍认识到不同类型的利益相关者对于企业决策的影响以及被企业影响的程度是不同的,必须从利益相关者与企业关系的不同特征入手,从多个角度对利益相关者进行细分。由于 20 世纪 90 年代是利益相关者理论发展最为迅速的时期,许多学者从不同的角度分别给出了关于企业利益相关者的定义,因此,要想对"谁是企业的利益相关者"这一问题给出明确的答案绝非易事。

在此后的 20 多年间,利益相关者研究的文献大量出现,利益相关者理论在经济学、管理学、伦理学、社会学、政治学和公共管理学等领域获得了长足发展。国内关于利益相关者的研究非常丰富,主要集中在企业理论和公司治理、战略管理、企业伦理等领域。但是,无论是狭义的还是广义的利益相关者概念,至今还没有形成一个统一的定义。造成这种状况的原因主要与主张利益相关者观点的学者各自的学术研究背景不同有关。与此相联系的就是利益相关者研究的方法论问题,即是采用实证主义的方法、工具主义的方法,还是规范主义的方法，抑或兼而有之的"一体化"的方法等。此外，与利益相关者理论有密切联系的一个研究领域就是企业社会责任和利益相关者理论的融合问题，这类研究的出发点是考虑如何通过两种原来相对独立的理论之间的结合，使彼此原有的概念更为清晰化，并尝试在研究方法上能够相互借鉴。面对企业社会责任的发展，传统的企业理论受到了激烈的挑战，而利益相关者理论则有了用武之地。把利益相关者理论与企业社会责任研究相结合，无论对企业社会责任研究还是对利益相关者理论发展都是一个历史性的突破。[1]

5.2　利益相关者管理

利益相关者管理理论认为，企业的生存和发展取决于它能否有效地处理与各种利益相关者的关系。所谓利益相关者管理，是指企业的经营管理者为综合平衡各个利益相关者的利益要求而进行的管理活动。一般来说，股东的利益要求是追求利润并实现战略目标；企业管理者追求更高的薪酬、在职消费以及职业声誉；雇员追求工资收入、各种福利和晋升机会；债权人则关心自己投入到企业中的本金和利息能否顺利回收；供应商和经销商可能关心自己在与企业的交易中是否能够保持持久的关系；消费者追求购买安全稳定的产品，并获取更多的消费者剩余；政府往往希望企业提供更多的税收；而特殊利益团体和社区一般都希望企业能够为改善周边的环境尽更多的力量。尽管这里所列举的各种利益相关者的利益要求只是一种一般性的描述，但很显然，这些利益相关者的利益要求都源于他们与企业之间所存在的综合性社会契约。企业在经营管理活动中需要清楚地了解其利益相关者利益要求的内容，这样才能合理地运用企业资源来满足其中某些或全部的合理要求，从而更好地履行"综合性社会契约"[2]。

5.2.1　企业与政府关系管理

企业在与政府关系方面，同样面对着复杂的挑战，管理者必须有一种高度的政治敏感性，以便在公共问题出现时有所察觉并知道如何做出反应。

(1) 公共问题的演进。在政府关系管理方面，最核心的问题是了解公共问题的演变，以及为解决公共问题政府如何设计和实施政策。公共问题的演变和政府政策的设计与实施分为不同的阶段，并且，在不同国家，由于不同的

---

〔1〕 张兆国，等. 利益相关者视角下企业社会责任问题研究[J]. 中国软科学，2012(2)：139－146.

〔2〕 托马斯·唐纳森，托马斯·邓菲. 有约束力的关系：对企业伦理学的一种社会契约论的研究[M]. 上海社会科学院出版社，2001：26.

文化、政治和体制，其过程也不同。管理者对此必须有所了解，以便清楚在什么时候做出什么样的反应。在美国和许多国家，一个广泛的信念是：政府的存在就是为公民的需要和利益服务，这一深深根植于历史的原则，意味着个人、群体和组织有权利要求政府对已察觉到的问题必须做出反应。当公众压力形成时，政府的注意力就会转到公民的关切和需要，从而产生公共问题。一种公共问题的产生，意味着在利益相关者的期望与企业和政府机构的实际行动之间存在差距，这时，公众会要求政府采取行动，对他们关切的问题做出反应。

公共问题的演变会经历一系列阶段，而且是一种自然演变，其演变的过程称为公共问题生命周期。波斯特指出，通过了解问题演变的模型，以及察觉问题的早期警示征兆，管理者可以事先预防问题的发生，或在陷入危机之前就将问题解决。公共问题的生命周期大体经历四个阶段：利益相关者期望的变化、政治行动、立法行动和法律实施。

(2) 政府关系的战略管理。关于企业是否应该卷入政府的行政过程，有赞成和反对两种意见，争论包括企业是否应该卷入以及在多大范围内参与政治过程。一些人认为，企业应置身于政治之外，但事实上，在所有的国家，企业与政治越来越多地交织在一起。企业的领导者也逐渐认识到企业的生存和发展与国家的政治决策密切相关。因此，波斯特指出，虽然企业的政治卷入会遭到批评，但管理者们都会发现，当政治领导人就经济和商业做出长远性决策时，企业置身于政治世界之外，既不实际也不明智。企业参与政府政策制定的技术与其他利益集团十分相似。在美国，许多大公司都有派驻首都的代表和工作人员，追踪政府影响公司的各种政策的变化。同时，也对国会成员和其他官员施加影响。公司的代理人在市政府和州政府也很活跃。还有许多公司加入各种贸易协会或商业委员会，以争取自身的利益。波斯特认为，所有这些都是企业参与政治的可借鉴的有效方式。

总之，为了企业的发展，经理人员必须决定在一个适度的层面上参与政治，如以支持贸易协会和政治行动委员会的方式从财经层面参与，以游说的方式从组织层面参与，等等。同时，为了取得成功，一个企业还必须有关于目标机遇的战略性思考，其政治参与既要考虑企业的直接利益，又要考虑企业的间接利益。

5.2.2 企业与股东关系管理

企业的投资者主要有两类：一是政府投资。这是国家以财政拨款的方式拨给企业使用的资金，也是国家以投资者身份对企业进行的投入。我国国有企业得到的政府拨款主要有基本建设拨款、流动资金拨款和专项资金拨款三种。二是其他投资者投入。这是企业向社会上其他企业、单位、个人发售股票或债券而筹集到的资金。

在众多的投资者中最为典型的就是股东,这里主要介绍公司与股东之间的关系。波斯特指出:“股东就是公司的法定所有者。”他们通过购买作为公司股份的股票,成为公司所有者的一部分。由于这一原因,股票持有者——所有者与公司状况具有重大的利害关系。依一般惯例,股东在类别上分为个体投资者和机构投资者。在美国,各个职业团体的人们都拥有股票,包括教授、管理者、公务员、工人、农民、退休人员,甚至失业者。除众多的直接拥有公司股份的个人之外,还有成千上万人通过储蓄和保险公司及各种基金投资而成为间接的股东。这些机构以购买公司股份的方式将基金用于投资,它们成为直接股东或企业的所有者,而个体储蓄者成了间接所有者。因此,成千上万人都与公司有着直接或间接的利害关系。股东拥有各种法定的、可以对公司的行为产生影响的权利。因此,股东关系管理首先就是对这些权利的重视和维护。这里,仅就一些有关股东关系管理的新问题和新趋势进行简要讨论。

(1) 股东诉讼问题。随着社会经济的发展,企业组织形式也在不断变化。从自然人企业到法人企业,从个人作坊式企业到合伙制企业,再到目前比较成熟的现代股份制企业,企业制度在不断创新。现代股份企业制是一种典型的所有权与经营权相分离的企业组织形式,经营权独立于所有权之后,必然会产生如何平衡所有者和经营者的权责问题,即如何设计其治理结构的问题。在现实生活中,由于每个人的个人偏好不同,因此其效用函数也不相同,那么我们要使经营者利益最大化的同时,也使企业的利益(全体股东的共同利益)最大化,就需要设计一个合理的企业治理结构。处理不好经营者与所有者的权责平衡问题,就有可能产生“内部人控制”问题。

所谓“内部人控制”,是指在所有权与经营权分离的现代股份企业里,经理人员事实上或法律上掌握了公司的控制权,从而使自己的利益得到更多的体现,却不顾股东利益的一种现象。这种控制往往是通过经营人员与公司的共谋来实现的。现代企业组织理论认为,因为企业内部人(经营者与职工)和外部人(股东)之间存在信息不对称,内部人对企业实际经营情况的了解要比股东多得多,以及因此引起的对内部人监督的困难而使内部人获得了公司的实际控制权。为了解决内部人控制的问题,企业治理结构纷纷进行制度创新,股东诉讼制度也就应运而生。

如果股东认为,他们或他们的公司受到经营者行为的损害,他们将有权向法院提起诉讼,这被称为“股东诉讼”。股东诉讼是各国在制约公司控制者滥权、保护公司和少数股东权益方面普遍设定的终极防线。[1]股东诉讼分为两类:一类是股东个人诉讼,具体指股东受到公司经营者行为直接的私人性的损害,从而可以向法院控告以挽回损失。这种个体股东诉讼意在要求对股东个人给予直接的赔偿。另一类是衍生诉讼,损失的补偿被判给公司。在这一类诉讼案中,不满的股东试图保护公司的财产而不仅仅是他们自己的投资。股东诉讼有助于约束许多权力滥用的情况。

(2) 信息披露问题。对于透明度、信息披露和审计,经济合作与发展组织指出,公司治理框架应确保完整、及时和详细的信息披露,包括企业的财务状况、绩效、所有权结构和公司的治理状况,内部审计委员会制度的建立。透明度包括披露如下信息:财务结果、所有权结构、董事和高级管理人员、雇员和其他利益相关者、治理结构和政策、公司目标和政策、非经常性的复杂交易、衍生金融产品的交易和风险水平。这些信息的披露可以确保投资者知悉企业主要方面的重要信息。经济合作与发展组织在它的名为《公司治理:增强竞争力和在全球化的资本市场中获取资本》的报告中,强调了透明度和信息披露对于良好公司治理的价值。报告指出:"公司契约和治理结构的披露有助于减少投资者的不确定性,通过减少相关的风险年金有助于资本成本的降低。此类的透明度也会有助于对一个共同'游戏规则'的理解,提供雇员信息可以有助于减少劳工摩擦。"公司治理体系的完善也有助于恢复那些经历过金融危机的投资者的信心。尽管认识到"对于公司治理而言,没有单一的全球公司治理模型,或者每个国家或企业应该效仿的、静态的、终结的结构的存在"这一点是重要的,但是,客观地讲,透明度和完善的信息披露机制是任何一个良好公司治理模式的关键特征。许多对投资者进行的意见调查都反映了在一个良好公司治理系统中透明度和信息披露的重要性。向股东提供更多、更准确的信息是保证股东利益安全的最好方式之一,也是股东关系管理的一个重要方面。依据法律,股东有权知道其所拥有股份的公司的事务。过去,管理者倾向于向股东提供最少的信息,但现在,情况已大为改观,公司不仅被要求披露更多的情况,而且被要求披露更多的细节,包括如何选举董事,他们的报酬和利益冲突,他们制定政策时与管理者争执的理由,等等。一些新的规则还要求公司公开管理者的报酬、社会责任、环境信息管理等方面的信息。

(3) 股东关系管理的几个新趋势。主要有:

---

〔1〕 王志鹏,傅穹.股东诉讼路径下的上市公司控制权滥用规制[J].社会科学家,2012(4):102—105.

一是“关系投资”。这是20世纪90年代股东关系管理的一种新趋势。早些时候,机构投资者就开始扩大其股票投资,并从90年代开始稳定地使其成员获益。后来,机构投资者开始与公司建立起更长期的合作关系。通常,机构所有者购买一个公司的大量股份,并要求在董事会中有一席之地,或至少与管理者有经常性的接触,此种投资称为“关系投资”。关系投资的好处是公司从主要投资者那里获得一种长期性合约,而主要投资者在管理方面则拥有更多的发言权。

二是“社会责任的股东决定”。美国证券交易委员会允许股东在公司举行的代理人报告会上就有关适宜的社会问题,如烟草广告问题、环境责任问题等做出决议。这些规则反映了一种信息,这就是股东应被允许就社会问题,包括关系到公司经营的经济问题进行投票表决。由于股东决议不能为管理当局所满意,提案极少被通过采纳。因此,一些公司便采取折中办法,在召开年会时,提供一个供股东讨论社会问题的场所,使股东有机会提出社会问题并对公司是如何回应的提出质询。为了避免矛盾扩大,越来越多的公司在年会之前就与有异议的团体接触,在一些问题上自觉自愿地采取行动。

三是“员工股份所有制”。这种趋势的全称为“员工股份所有制计划”。在这一计划中,员工购买自己公司的股份,并交给公司托管。这意味着企业在付给员工薪酬之外,还给予员工直接的股份收益。这种计划的倡导者声称,计划有利于公司。因为它能够提高工人的生产率,降低缺勤率,将管理者和员工凝聚到一起共谋企业的成功。

总之,20世纪90年代以来是公司管理急剧变动的时代,波斯特指出,对“谁管理着公司”这一问题的回答,正在变成对“哪些人和哪些团体管理着公司”问题的回答。管理者的权力越来越多地经受着来自各方面的监督。这些监督者,既有强有力的机构投资团体和具有新权威的董事会,也有积极活跃的股东和员工所有者。公司的管理过程正在发生剧变,而这种变化的一个重要结果,就是公司内部权力的极大分化。

5.3.3 企业与消费者关系管理

在向消费者提供他们所需要的商品和服务的同时保证他们安全,是企业基本的社会责任之一。现代的消费者越来越意识到自身的影响力,这种影响力有环境、营养和健康要求方面的,更有儿童、妇女和种族等特殊群体要求方面的。对这些影响力的认识及由此产生的各种问题的处理,构成了消费者关系管理的主要内容。消费者关系管理的最核心内容是消费者权利的保护。

(1) 消费者权利保护运动出现的主要原因。消费者权利运动之所以发生,是因为消费者要求在市场上能够被公平、诚实地对待。除此而外,消费者权利保护运动的出现还有如下原因:一是复杂的商品使消费者在购物时难以做出选择。许多商品,如计算机、电视机功能过于复杂,使得消费者没有办法对其质量保证和安全性马上判断。对商品的许多性能消费者并不是很明了,即使消费者有使用这些性能的技能,他们也不知道怎么去做。也就是说,今天的消费者在商品质量判断方面较之以前更依赖于商家。二是一些商品或服务变得越来越专门化和难以判断。例如,在选择律师、牙医、大学或医院的时候,大多数消费者很难评价他们是好是坏,而只能听信别人的传言,然而这些信息可能不完全真实。另外,消费者在购物时,还面临着两个具有关联性的选择:即该商品是好的那一种吗?售后服务怎么样?信息不完全的消费者通常难以与居于优越地位的商家争胜。三是商品的性能或用途被人为扭曲。当商家通过广告推销其商品和服务时,所说的内容许多都被夸大,只在于调动人们的购买欲而很少与产品的用途有关。四是商品的安全性严重被忽视。长时期以来,越来越多的消费者对食品添加剂、保鲜剂和残留在水果、蔬菜上的杀虫剂感到担心,公众期望商家对消费者说明这些危险,以保护他们的健康。此外,还有其他因素,如高消费的生态影响、对营养和安全的关切以及商品外观价值等因素也是导致消费者权利保护运动出现的重要因素。

(2) 消费者的权利。企业向消费者提供产品和服务的同时,有权要求消费者按交易合同如期如数交付货款及有关费用。消费者在付出了一定的货币或实物代价后,要求获得价值相当的产品和服务,与此同时,消费者要求享有以下权利:安全权,消费者有权要求企业提供安全的、不会对人身造成伤害的产品;知情权,消费者有权要求企业对产品的生产日期、保质期、使用注意事项等情况做出明示;选择权,法律应当保护消费者自由选择购买产品种类的权利,国家应当通过《反不正当竞争法》等法律法规切实保障消费者在购买同一种产品时有选择的可能性;表达意见权,消费者在买到不满意产品时有权向企业(制造商和零售商)投诉,要求退赔;环境保护的要求,人们意识到,企业生产提供有用物品的同时附带产生的污染极有可能是不可挽回的伤害。这种对环境的破坏直接影响和降低了人们的生活质量。例如,城市的噪音、废水和废气对日常生活的影响。基于对现在和未来负责的态度,人们已经认识到环境保护的重要性,企业在公众的压力下也开始自觉或被迫做出响应。

(3) 企业对消费者的责任。为保护消费者权益,许多国家的政府纷纷采取措施,其中主要是建立保护消费者的各种法律和规章,建立保护消费者的有关机构。除政府外,公司对消费者保护应承担更多的责任。针对长时间以来消费者权利保护运动内容的变化,企业必须更加注重企业与消费者关系的管理,更加积极主动地对消费者的要求做出回应。这种积极回应可采取以下几种方式：

其一，全面质量管理。20 世纪六七十年代，美国许多企业采纳一种被称为"全面质量管理"的管理哲学，它强调的是争取高品质和通过团队工作以持续改进企业的产品与服务来赢得消费者满意。其所寻求的，是给予消费者以喜悦或乐趣。全面质量管理是对来自消费者行为和企业向消费者的需要做出承诺所形成的压力的反应，是管理中的一种相互作用的战略和预先反应战略，是消费者关系管理中可选择的一种最主要的方式。

其二，建立消费者事务管理部门。从 20 世纪 80 年代开始，许多大企业都成立了消费者事务管理部门，并由一名副总裁负责。这些部门负责掌握并处理消费者对企业产品和服务的需要与要求，以及消费者与地方经销商难以解决的特殊性个案。一些企业还安装了消费者热线电话，使不满意的消费者可以直接与企业联系。这种由消费者事务管理部门直接接收消费者要求信息的方式，比顾客走法律途径或通过媒体传播信息速度更快、成本更低、风险更少，并且是企业的第二次表现机会，能在消费者心中形成较好的印象。因此，这应成为消费者关系管理中的首选方式。

其三，进行仲裁和公开解答。在对待消费者要求的问题上，有的企业建立了内部和外部两个程序。一些企业建立仲裁机制，授权解决消费者和企业之间的纷争。通用汽车、福特汽车等一些大公司都建立了一种地方仲裁系统，在地方经销商未能使消费者获得满意的赔偿时，处理涉及产品、服务及销售的一些问题。

其四，产品召回。"产品召回"即召回具有危害性或有缺陷的产品，成为一些企业一种经常性的处理消费者不满问题的方式。"产品召回"有以下两种情况：或者是企业自觉自愿去做，或者是企业与政府机构达成协议后才去做。有时，有缺陷的产品已售给消费者，有时产品还在批发商或零售商手中。无论在哪个销售环节上，企业都应该尽力通知使用者，告知产品的缺陷，并将产品召回。对被召回的产品，要根据情况，或者进行维修，或者进行调换，或者作销毁处理。

其五，减少污染。最大限度地减少污染，最大限度地在企业内消化因减少污染带来的成本上升。

消费者权益维护问题实质上就是关于消费者权益的维护问题。目前，解决消费者问题的途径主要是司法途径与行政途径。现实中，司法救济制度并不完善，而行政措施又存在一定的局限性，因此应该遵循完善消费者行政规制、强化个别民法规制、注重自主规制之思路，企业、消费者、行政部门协同一

致,采用合理、有效的共同规制手段切实解决消费者问题。〔1〕

5.3 基于利益相关者利益的伦理决策

既然企业伦理和社会责任已成为全球关注的重大问题之一,那么,企业如何处理与利益相关者的关系,就构成了现实中的企业伦理决策问题。

5.3.1 企业目标:从股东至上主义到利益相关者

在企业理论的研究领域中,关于企业所有者和企业目标问题的认识可以归纳为两大理论,即股东至上主义理论和利益相关者理论。前者认为,股东拥有企业,企业的行为应以利润最大化为目标;后者则认为,包括股东在内的所有的利益相关者都拥有企业所有权,因而企业在其经营决策和治理结构中必须要考虑利益相关者的利益。在 20 世纪 80 年代以前,"股东利益至上"似乎是天经地义的逻辑。然而,随着西方资本市场中兼并接管和公司社会责任的强化,引发了人们对利益相关者问题的关注,传统的股东至上逻辑受到了越来越多的挑战,利益相关者理论的研究也大量涌现。

尽管早期利益相关者理论的研究者强调了利益相关者与企业之间的依存性,但利益相关者理论的发展应归功于弗里曼的《战略管理:利益相关者的分析方法》。弗里曼在该书中强调利益相关者在企业战略分析、规划和实施中的作用,并认为在公司战略决策时必须考虑利益相关者的影响,进行利益相关者分析,关键利益相关者的利益必须融合到公司战略目标中去,公司战略的实施也需要利益相关者的积极参与。其后,利益相关者理论的研究及其影响迅速扩大。

诸多学者的研究表明,"股东至上主义"的企业决策模式使经理人员始终处于严重的短期目标的压力之中,往往无暇顾及企业的长远发展,最终却损害了股东的利益。而日本、德国实行的是内部监控型公司治理模式,企业的经营决策活动注重的是公司利益相关者的利益要求和公司的长远利益,并充分融合了人本主义的管理思想。在这种现实反差面前,西方学术界不得不开始反思英美企业制度安排的合理性,企业界也开始从"追求卓越"转变为"学习日本"。

由此可见,两种理论在对企业目标的认识上存在较大差异。股东至上理论认为,企业的目标是追求股东利润最大化,而利益相关者理论认为,企业的目标是为所有的利益相关者和社会有效地创造财富。由于股东至上理论和利益相关者理论在企业经营目标上存在根本的区别,因而导致二者分析得出

---

〔1〕 高重迎. 消费者权益维护问题解决途径 [J]. 法学杂志,2013(3):60-66.

的结论和提出的决策建议也存在着差别。那么,利益相关者理论为什么认为企业需要为所有的利益相关者服务,而不仅仅是追求股东利益最大化呢?其根本原因在于,随着时代的变化,现代企业的生存和发展并不只是股东的资本投入的贡献最大,也并非股东承担了企业经营的全部风险。事实上,离开了利益相关者的持续性投入,企业的经营活动就可能停止。因此,越来越多的学者和企业管理者倾向于在企业的经营决策活动中,应考虑利益相关者的利益,以实现利益相关者的共同利益最大化。

这些利益相关者包括各种不同的个人和群体利益集团,甚至还包括自然环境、人类后代、非人物种等受到企业经营活动直接或间接影响的客体。卡罗尔和巴克霍尔茨认为,最显在的利益相关者群体是股东、雇员、顾客。在高度多元化的社会中,除了这三类利益相关者群体外,竞争者、供应商、社区、特殊利益群体、媒体,乃至整个社会或全体公众,也都是利益相关者。在利益相关者理论看来,这些个人或群体能够影响企业的行动、决策、政策、做法或目标,因此,企业必须站在伦理的高度进行决策,才能促使企业持续发展。

5.3.2 伦理决策:利益相关者的利益要求

决策管理学派认为,决策是管理的核心,企业最终经营结果的好坏,很大程度上取决于决策机制的好与坏。在现代企业制度下,企业的决策机制除了要满足发掘企业内在动力,激发企业决策机制的生机和增强协调功能,提高企业决策机制的效率等方面的要求外,还应该对企业肩负的社会责任有清楚的了解,并以此为基础在决策内容上引入伦理的因素进行决策。这就要求企业除了要考虑决策可能带来的经济利益以外,还得考虑对环境、对消费者等利益相关者可能带来的道德方面的问题。

任何企业都不可能存在于真空之中,企业的所有经营决策行为都是社会行为,它的一举一动都会影响利益相关者。既然道德规范是社会成员相互合作与生存的指针,是解决冲突的依据和手段,那么,企业在处理利益关系冲突时,就应恪守道德规范。企业在经营决策中存在的利益关系总体表现为内部关系和外部关系两大类。企业从事经营活动,需要内部各层次、各部门员工的共同努力;同时,企业是一个开放系统,它与外界也存在着各种联系。这些内部和外部利益相关者的利益关系使企业与他们紧密联系在一起,企业离不开所有者、员工、顾客、供应者、社区、政府、公众的合作与支持,甚至也离不开竞争者的存在,利益相关者也希望从与企业的合作中得到好处。企业的任何决策、任何行为都会对或多或少的利益相关者产生或多或少的影响。因此,企业在决策时除了要进行传统的技术经济分析外,可设置道德委员会,就是否符合社会伦理规范、是否符合长远利益和社会利益、能否为利益相关者所接受等问题进行伦理评价和决策。

就利益相关者利益要求的根源而言，企业事实上是与其利益相关者签订了一份被唐纳森和邓菲所称为的“综合性社会契约”。他们认为，企业对利益相关者的利益要求必须做出反应，这是因为企业是社会系统中不可分割的一部分，是利益相关者显性契约和隐性契约的载体。倘若企业对其利益相关者的合理利益要求不作慎重考虑且尽量满足的话，那么这种企业就很难长久生存和持续发展。因此，无论是从“工具性”还是“规范性”的角度来看，企业都应该切实履行好这份契约。

很显然，各种利益相关者的利益要求都源于他们与企业之间所存在的综合性社会契约。企业在经营管理活动中需要清楚地了解其利益相关者利益要求的内容，这样才能合理地运用企业资源来满足其中某些或全部的合理要求，从而担负起应有的经济责任和社会责任，更好地履行其综合性社会契约。

从本质上看，任何企业组织的伦理决策都无法脱离其行为主体而独立存在。这里，行为主体的范围是相当宽泛的，不同行为主体的道德水准在相当程度上影响了企业的伦理决策，因此企业进行实际决策时需要综合考虑政治、法律、经济、文化、外部环境、个人价值观等多方面因素。在大多数情况下，企业对不同利益相关者的关注往往依据其对企业经济利益的影响程度而有所不同。决策者通常根据利益相关者对企业的影响程度和影响性质的差别决定自身的态度。〔1〕

需要指出的是，尽管不同的利益相关者的利益要求之间存在差异甚至冲突，但企业的利润追求与利益相关者的利益要求并不矛盾，而是具有内在的一致性。股东本身是利益相关者的一部分而不是全部，股东虽然要追求高额利润回报，但更需要稳定和长期的发展。特别是在企业伦理与企业战略管理的影响下，企业利润追求与伦理要求之间的和谐统一得到了更多学者和企业的赞同。正如施泰因曼和勒尔所指出的：“一般而言，隐藏在把企业伦理思考与企业战略结合起来这一思想背后的，是这样一种易于被理解的认识，即企业行为中的伦理问题并不在于赢利原则本身，而是在于用哪种手段实现赢利。”〔2〕按照施泰因曼和勒尔的观点，把企业伦理决策与企业战略结合起来包括两个层面：一是伦理决策与企业战略的制定；二是伦理决策与企业战略的实施，即企业推行管理的过程。其中前者涉及企业对外关系上的冲突，后

〔1〕 于惊涛，肖贵蓉.商业伦理：理论与案例[M].清华大学出版社，2012：95.

〔2〕 霍尔斯特·施泰因曼，阿尔伯特·勒尔.企业伦理学基础[M].上海社会科学院出版社，2001：88.

者则涉及企业内部关系上的冲突。而无论是企业对外关系还是对内关系上的伦理决策,都会促进企业实现自己的经济目标。至于企业战略中心命题所涉及的对“做什么、如何做、由谁做”问题的回答,总会或多或少地涉及伦理价值判断。因而企业战略决策实际上也就是人们外显或内隐的伦理价值观选择的结果。

5.3.3 企业伦理决策中的利益相关者管理

既然利益相关者的利益要求关系到企业的长远生存与发展,而且他们的利益要求之间存在差异甚至冲突,那么,在企业治理结构中就有必要纳入利益相关者管理。从一定意义上讲,利益相关者管理问题就是一个协调和平衡的问题。因为企业的资源总是有限的,当它面对利益相关者的不同利益要求时,如主要的利益相关者的利益要求、次要的利益相关者的利益要求等,企业不可能使他们都得到满足,而只会根据企业自身的经营状况来进行某种形式的协调和平衡。

在日益激烈的市场竞争环境中,针对不断变化的企业经营目标,利益相关者群体中各个利益主体所占据的地位也不同。对于一个制造型企业来说,供应商和销售商可能占有比较重要的地位;而对于一个知识型企业而言,知识工人和管理人员就占有更为重要的地位。可见,对于利益相关者的纳入问题,不是一个简单的一次性决策问题,而应是一个复杂的、重复博弈的周期性决策问题。因此,怎样设计一个结构合理、能够有效平衡各种利益相关者利益的公司治理结构就显得尤为重要。

迄今为止,几乎世界各国的公司法都认定,股东是公司的所有者,且是唯一的所有者,拥有至高无上的权力。他们可以亲自参加公司经营,也可以委托他人代理经营;他们拥有选举权——选举董事会及公司其他高级官员的权力;也拥有被选举权——被推选为董事会成员或其他高级官员的权力;他们可以就公司重大事项进行表决,并检查、监督公司经营活动,包括查阅账簿等,还可以弹劾或起诉不称职或违法的公司领导人;他们既拥有初始所有权,又拥有剩余控制权。然而,理论和现实的发展多多少少超出了法律制定者们当初的预料。一方面,所有者的范围扩大了:公司的所有者不仅包括物质资本所有者——股东和债权人,而且包括人力资本所有者——劳动者,并且随着知识经济的发展和科学技术的进步,人力资本的作用越来越重要;另一方面,公司的责任增加了:公司运营不仅影响到公司各种专用性或通用性投资的所有者的利益,而且影响到其他利益相关者的利益。除股东外,来自于其他利益相关者的制衡对公司经营者正在产生愈来愈大的影响。

因此,公司治理结构并不仅仅是为物质资本所有者实现其利益要求而设计的一套制度安排，从根本上来理解，公司治理制度就是一种利益冲突的协调机制，它通过运用多种手段和方式，整合企业内外部资源，来协调企业所面对的多种利益相关者利益要求之间的冲突。也就是说，公司治理不仅关注股东的利益，也不仅关注股东大会、董事会、监事会、高级管理人员之间的相互平衡，而且更要关注企业各利益相关者利益要求的实际情况，并协调所发生的利益冲突。对此，卡罗尔和巴克霍尔茨指出了企业伦理决策中利益相关者管理的五个关键问题：(1) 谁是我们的利益相关者？(2) 我们的利益相关者拥有哪些权益？(3) 我们的利益相关者给企业带来了哪些机会？提出了哪些挑战？(4) 企业对其利益相关者负有哪些责任(经济、法律、伦理以及慈善的责任)？(5) 企业应采取什么战略或举措以最好地应对利益相关者方面的挑战和机会？〔1〕西方管理学者的研究为我们跳出单纯从产权角度研究公司治理的藩篱提供了有益的启示，有助于我们从更广阔的利益相关者的视角来进行伦理决策。

根据利益相关者管理的内容及其逻辑顺序，其伦理决策步骤为：第一步是企业利益相关者的识别；第二步是利益相关者的属性与优先度分析；第三步是企业战略目标设计，即根据各利益相关者的权益主张及其优先度，确定企业战略目标；第四步是企业与优先度高的利益相关者之间的依存关系与交换特征分析；第五步是合作方式选择与治理机制设计，即根据依存关系和交换特征，确定企业与主要利益相关者之间的合作方式与治理机制，以实现企业与利益相关者的合作目标。〔2〕

总之，基于利益相关者的利益要求，现代企业应以利益相关者共同利益最大化为其伦理决策目标，并在公司治理结构中纳入利益相关者管理，以实现利益相关者的利益协调和平衡治理。

---

〔1〕 阿奇·B.卡罗尔，安·K.巴克霍尔茨.企业与社会：伦理与利益相关者管理[M].机械工业出版社，2004：51.

〔2〕 江若玫，靳运汇.企业利益相关者理论与应用研究[M].北京大学出版社，2009：43—44.

第 6 章　企业文化的层次和要素

6.1　企业文化及其功能

6.1.1　企业文化的内涵

正如文化具有广义和狭义的理解一样,企业文化同样有广义和狭义两种理解。从广义上讲,企业文化是社会文化的一个子系统,是一种“亚文化”或“次文化”,是指企业在创业和发展过程中形成的共同价值观、企业目标、管理制度、行为规范和物质表征的总和。从狭义上讲,企业文化特指企业在长期的经营活动中形成的并具有本企业特色的思想信念、价值观念和行为准则,其核心是企业价值观。

在国外学者的相关著作中,企业文化的代表性定义有:威廉·大内认为,企业文化是“进取、守势、灵活性——即确定活动、意见和行为模式的价值观”;特伦斯·迪尔和阿伦·肯尼迪认为,企业文化是价值观、英雄人物、习俗仪式、文化网络、企业环境;约翰·科特和詹姆斯·赫斯克特认为,企业文化是指一个企业中各个部门,至少是企业高层管理者们所共同拥有的那些企业价值观念和经营实践,是指企业中一个分部的各个职能部门或地处不同地理环境的部门所拥有的那种共同的文化现象;埃德加·沙因认为,企业文化是由一些基本假设所构成的模式,这些假设是企业在探索解决对外部环境的适应和内部的结合问题的过程中创造和形成的。

综观学者对企业文化的定义,虽然在观点和表述上存在一定的差异,但也存在基本的共识,他们大多将企业文化的核心定义为价值观或相关表述(见表 6-1)。

表 6-1 国外学者代表性的企业文化定义

学者(年代)	企业文化定义
霍夫斯泰德(1980)	组织的心智程序
迪尔和肯尼迪(1982)	组织所信奉的主要价值观
彼得斯和沃特曼(1982)	所有员工共同遵守的价值观念
丹尼森(1984)	价值、信念及行为准则,一个组织的核心认同
戴尔(1985)	组织内成员所共有的人为产物、观点、价值及假设
沙因(1985)	一组成员们共同享有的基本假设
马丁(1985)	企业成员共同拥有的,指导其行为的态度、价值和信念组合
海能(1988)	企业的价值观和行为准则,它们是组织成员共同的思想体系
河野丰弘(1990)	企业成员共有的价值观、共同想法、意见决定的方式以及共同的行为模式
科特和赫斯克特(1997)	共同拥有的企业价值观念和经营实践,共同的文化现象
罗宾斯(2005)	成员共有的一套意义共享的体系,使之区别于其他组织

总之,任何企业都是有文化的,不存在没有文化的组织,只有不同文化的组织。文化是企业的头脑,一个企业没有文化就等于没有灵魂。

6.1.2 企业文化的功能

企业管理从"经验管理(人治)"到"科学管理(法治)"再到"文化管理(文治)"的演进过程说明,企业文化对企业的生存和发展的作用越来越大,成为企业竞争力的基石和决定企业兴衰的关键因素。

可以说,企业文化理论自诞生之日起,对其功能的探讨就一直没有停止过,因为企业文化的功能与它的定义和内容一样属于企业文化最基本的部分。我们注意到,国内外大多数论著在谈到企业文化的功能时,都不约而同地列举了它的积极功能,如激励、教化、凝聚、协调等,这是笼统的、欠全面的。其实企业文化既有积极功能,也有消极功能,企业文化是发挥积极功能还是发挥消极功能,那要看它是什么样的企业文化,是优良的企业文化还是不良的企业文化,优良企业文化发挥的是积极功能,可称为正功能;不良企业文化发挥的是消极功能,可称为负功能或反功能。因此,考察企业文化的功能应认识到它的两重性,否则就会失之偏颇。

文化功能的两重性充分表明了文化的相对性。企业文化传统的优良性是有时间、条件和地点限制的,不存在永恒的、完美无缺的企业文化。因而在企业文化建设、文化管理、文化变革等方面,都必须考虑到企业文化功能的两重性和文化的相对性。这里主要分析企业文化的正功能。

企业文化的正功能从整体上来说就是全面优化企业管理,合理配置生产力要素,提高企业的竞争能力,促进企业的持续、稳定、发展。具体地讲,企业文化的正功能主要有以下几个方面:

6.1.2.1　导向功能

企业文化规定着企业发展的战略方向,企业在选择经营领域和经营目标时,做什么,不做什么,以及怎么做,都是由企业文化决定的。也可以说是由企业信奉的价值观和遵循的经营宗旨决定的。同时,企业文化也可以引导企业领导者和员工的价值观、行为、人际关系、品格、工作效率、能力等,是企业发展的主要力量源泉。

6.1.2.2　凝聚功能

美国学者凯兹·卡恩认为,在社会系统中,将个体凝聚起来的主要是一种心理力量,而非生物的力量。社会系统的基础是人类的态度、知觉、信念、动机、习惯及期望等。企业文化具有这样一种极强的心理凝聚力量,当一种文化得到认同后,就会形成一种黏合作用,把企业员工凝聚起来。当员工把自己的命运同企业的命运紧紧联系在一起的时候,就充分体现了企业的凝聚力。同时,在企业氛围的影响下,使企业员工通过自身的感受,产生对工作的自豪感、使命感和责任心,增强对本企业的"认同感"、"归属感",从而使员工在潜意识中形成一种对企业强烈的向心力。

6.1.2.3　激励功能

优秀的企业文化是企业成长的动力源,它创造着企业的活力,也激发着员工的工作热情,使他们的积极性和潜能得到最大限度的发挥。这种功能往往可以起到放大作用,使行为主体产生更强烈的愿望、更大的干劲,使其行为产生更剧烈、更明显的效果。企业文化的这种激励功能来自于企业文化本身的精神力量。俗话说,精神的力量是无穷的,一个企业有了优秀的企业文化就有了取之不尽的精神力量。这就是为什么一些有远见的企业家孜孜以求企业文化之道的原因。

6.1.2.4　约束功能

企业经营活动的现实告诉我们,企业中员工的个人目标与企业的组织目标不可能完全相同,个人的价值观与企业的整体价值观也不可能绝对一致,这就决定了员工的实际行为与组织要求的行为之间必然存在着一定的差距,只不过优秀企业中的差距小些,非优秀企业中的差距大些。如果不能很好地解决这个问题,企业的发展就会受到不同程度的影响。为了解决这一问题,企业就必须建立一整套包括规章制度在内的约束机制来保证控制职能的实现,这当然会有一定的效果,但是,应当指出,这种外在的约束所起的作用是很有限的,它会因为使员工觉得不被信任而大打折扣。企业文化的建立就可以弥补这种硬性约束的不足。企业文化因为将企业的目标、价值观和行为方式最大限度地内化为员工自己的目标、价值观和行为方式,使对员工的外在约束变成了员工的自我约束,从而达到管理的最高境界——无为而治。

6.1.2.5 协调功能

协调功能也称为维系功能。企业文化的协调功能表现为对外协调和对内协调两个方面。它对外协调企业和社会的关系,使企业的发展目标、方向和行为与社会的发展方向和要求和谐一致,尽可能地从社会中获取企业发展所需要的各种资源和支持,为企业的发展服务,并承担着对外树立企业形象的使命。当然,企业文化的对外功能不仅仅是被动的适应,优良的企业文化在对外关系中除了适应外部环境外,还表现为主动进取和积极协调的功能。企业文化对内可以协调各分支机构、各部门以及员工之间的关系,使企业内部的资源——物质资源、时间资源、精神资源等得到最有效的配置。企业规模越大,企业文化的内协作用就越明显,如一些著名的跨国公司与分散在世界各地的无数分公司就是通过对企业价值观和经营理念的认同而保持方向的一致。

随着对企业文化功能的深入理解,人们越来越认识到在企业经营管理活动中的企业文化力的重要作用。从这个意义上讲,企业文化力,是企业致胜的关键要素。所谓企业文化力,是指区别于企业物质生产力的一种精神生产能力和功能,以价值、理念、领导魅力、创意、风格等形态出现,表现为企业的经营宗旨、凝聚效应、人事氛围与目标导向;以文化积累、观念创新、信息引导等为途径而呈现出来的一种柔性生产能力。企业文化运作的根本目的,在于构筑企业文化力,从而完成企业作为制度力、科技力、市场力和文化力的统一,在整体上提高企业竞争力。

对此,一些学者把自己的研究领域设定在企业文化与企业经营业绩的关联关系上。其中,较为著名的就是美国哈佛商学院的约翰·科特(John P. Kotter)教授和詹姆斯·赫斯克特(James L. Heskett)教授。他们用了十余年的时间对企业文化与企业经营业绩之间的关联关系展开了研究,"目的在于确定企业文化与企业长期经营业绩之间是否存在真正的联系,查明这种联系的本质特征及其成因,进而揭示这种联系是否可能提高企业经营业绩,以什么方式来提高企业经营业绩"[1]。通过研究他们发现,企业文化对企业经营业绩的确有着重大的作用,并且在今后一段相当长时间内很可能成为决定企

〔1〕 约翰·科特,詹姆斯·赫斯克特.企业文化与经营业绩[M].华夏出版社,1997:11.

业兴衰的关键因素。

6.2　企业文化的层次

6.2.1　沙因的三层次文化模型

沙因提出一个著名的组织文化三个层次的“荷花模型”：水面上的花和叶是文化的外显形式，包括组织的架构和各种制度、程序；中间是荷花的枝和梗，是各种公开倡导的价值观，包括使命、目的、行为规范等；最下面是荷花的根，是各种视为当然的、下意识的信念、观念和知觉。他认为，一个组织的文化是由其显露在表层的人工制品、其价值和潜藏于无意识中的基本假设构成的，如图 6-1 所示。[1]

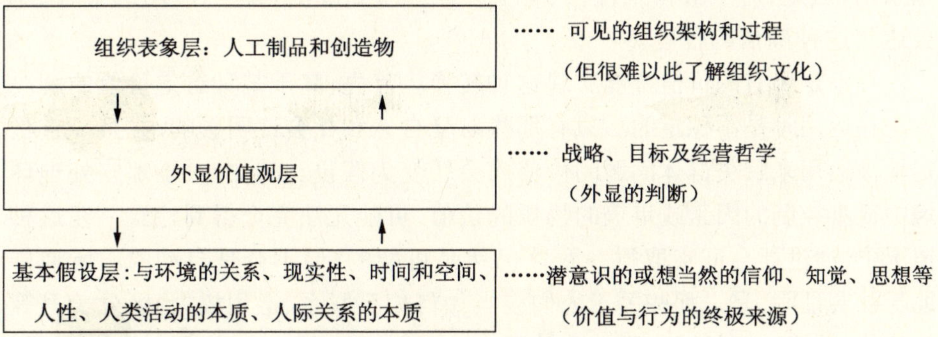

图 6-1　组织文化层次模型

组织文化的第一个层次是人工制品和创造物，它们构成了物质的和社会的环境。在这一层次上，人们可以看到物理空间、群体输出的技术、书面的和口头的语言、艺术作品和组织成员公开的行为。群体生活的每一个方面都会生产出人工制品，从而产生了分类问题。在文化描述的读物上，人们常常可以注意到不同的观察者总是挑选不同种类的报告，从而导致不可比性。虽然人类学家已经建立起分类系统，但是，由于这一分类过于庞杂和过于繁琐而使人很难确定组织文化的本质。

沙因认为，真正的困难在于，人们需要弄清楚：人工制品有什么意义？它们之间是如何联系的？它们反映了何种更深层的模式？可以用一种称为“符号学”的方法来对文化加以分析。这种方法在分析这类人造品的意义时，注意收集足够多的有关人们在交往时怎样才能使别人理解的资料，再从内部知

---

〔1〕 Edgar H. Schein. The Corporate Culture Survival Guide: Sense and Nonsense about Culture Change. San Francisco: Jossey-Bass publishers, 1999:16.

情人那里弄清楚附着在可见行为上的意义。如果人类学家在文化环境中生活足够长的时间，人工制品的意义就会逐渐搞清楚。如果我们想更快地对这一文化层次进行理解，可以尝试去分析提供日常运作准则的核心价值，文化成员正是借助于这些运作准则来指导他们的行为的。

组织文化的第二层次是价值观。在某种意义上，所有的文化知识最终都反映了某些人的基本价值观。当一个群体面对新的任务、争论和问题时，首先要提出来解决的只能是价值的重要地位，因为这时还不存在决定什么是事实和真实的共同基础。群体中的某个人——通常是缔造者，他对真实性和如何处理群体面临的问题具有确信，且会依据这种确信提出解决的办法。这时作为个体，可能会确信已提出的解决办法是一种基于事实的信念和原则，但是，对于群体来说，只有当共同分享到解决问题的成功结果时，才会达到这种确信的程度。

并不是所有的价值都能实现这种转换。首先，基于某种给定价值的解决方法在运用时是不稳定的。只有那些易受自然和社会证明影响、并且一直稳定地被运用来解决群体问题的价值才会转变为假设。其次，对于那些处理环境中很难控制的因素或审美的物质的价值，可能无法完全得到检验。在这种情况下，通过社会证实取得一致性仍然是可能的，但不会是自动的。所谓借助于社会证明，是说那些关于人们应当如何相互联系、运用权力、区分美丑等的价值，是能够通过减少不确定性的实验来得到证明的。懂得掌握一定的信条和假设作为基础，对于保持群体来说是必要的。

组织文化的第三个层次是基本假设。当解决问题的方法被反复运用后，就会成为理所当然的。当初仅仅为一种价值所支持的假设，后来就渐渐被当做是真实的。我们也逐渐相信事情本来就是如此的。在某种意义上，基本的假设与一些人类学家所说的“占统治地位的价值”是不同的。那些占统治地位的价值所反映的是若干基本选择中人们所愿意选择的解决方案，但是，这些选择在文化中仍旧是可见的，组织中的成员能够不时地依据那些占统治地位的价值去行动。但是，沙因指出，在一定意义上他想界定的、并且已经变成理所当然的基本假设，在一个文化单位中是不变动的。事实上，一种基本假设如果被一个群体所牢牢地掌握，群体成员就会发现，他们的行为要依据其他的前提是不可思议的。

沙因指出，无意识的基本假设常常涉及文化的一些基本方面。但是，这类基本假设是非常难以确定的。如果我们能非常细心地审查一个组织的人造品和它的价值，我们就能够猜测出基本的假设。有时，通过两个人交谈将两种文化模型连接起来，基本假设通常就会被带到表层来。做这项工作时，应当特别地细心,因为,不是人们不愿将他们的基本假设带到表层来,而是他们把这些假设看成是理所当然的。当我们将基本假设表层化,文化的模型突然变得清楚时,我们就会开始感到我们真的理解了我们一直在做什么和我们为什么那样做。因此,组织文化在其文化基本假设和价值层面才是真正的文化。

需要强调的是,沙因组织文化模型的一个重要条件,即一个给定的群体,必须有:(1) 一群人在一起,有足够长的时间“分享”各种“显著”的问题。(2) 他们有机会解决这些问题,并观察这些解决方案的效果。(3) 他们已经吸收过新成员。除非有一群“共有”一段历史的人,否则,一个群体的文化就不可能被“确知”。

总之,如何适应组织内部和外部环境的变化是企业组织经营过程中永远重要的课题,特别是近年来环境变化的速度越来越快,适应环境变化的重要性也越来越高。为了适应变化,企业需要具有新的思考方式和行为方式,可是这种新的方式却很难产生或很难生存。沙因对组织文化的研究为我们认识自己文化的深层本质提供了有效的工具。

6.2.2　企业文化的四层次结构

尽管沙因对企业文化层次提出了经典的观点,但仍存在不同看法。[1]国内较为流行的一种划分方法是将企业文化划分为物质文化、行为文化、制度文化和精神文化四个层次,即表层文化、浅层文化、中层文化和核心层文化。这四个层次的文化构成了企业文化的一个整体结构。

6.2.2.1　物质文化

物质文化也称为器物层文化,是企业文化在物质上的体现,是企业创造的看得见、摸得着的直观物质文化,反映出企业的大众传播形象。它包括企业外貌,产品特色、式样、外观、包装,技术工艺设备特性,企业象征物,企业标志,员工服饰,企业广告等。主要以符号的形式体现。

VI(Visual Identity)是以标志、标准字、标准色为核心展开的完整的、系统的视觉表达体系,是将企业理念、文化特质、服务内容、企业规范等抽象语意转换为具体符号,塑造出独特的企业形象。视觉识别系统分为基本要素系统和应用要素系统两方面。基本要素系统主要包括:企业名称、企业标志、标准字、标准色、象征图案、宣传口语、市场营销报告书等。应用要素系统主要包括:办公事务用品、生产设备、建筑环境、产品包装、广告媒体、交通工具、衣着制服、旗帜、招牌、标识牌、橱窗、陈列展示等。

---

[1] 代兴军. 关于企业文化层次的研究[J]. 东岳论丛,2012(12):163—167.

企业物质文化是组织文化的表层部分，它是组织创造的物质文化，是一种以物质形态为主要研究对象的表层组织文化，是形成组织文化精神层和制度层的条件。优秀的组织文化是通过重视产品的开发、服务的质量、产品的信誉和组织生产环境、生活环境、文化设施等物质现象来体现的。

6.2.2.2 行为文化

企业行为文化是指企业员工在企业经营、教育宣传、人际关系活动、文娱体育活动中产生的文化现象。它是企业经营作风、精神风貌、人际关系的动态体现，也是企业精神、企业价值观的折射。企业行为文化建设的好坏，直接关系到企业职工工作积极性的发挥，关系到企业经营生产活动的开展，关系到整个企业未来的发展方向。企业行为文化集中反映了企业的经营作风、经营目标、员工文化素质、员工的精神面貌等文化特征，它直接影响着企业经营业务的开展和经营活动的成效。

从人员结构上划分，企业行为中又包括企业家的行为和企业员工的行为两个部分。企业的经营决策方式和决策行为主要来自企业家，企业家是企业经营的主角；企业员工是企业的主体，企业员工的群体行为决定企业整体的精神风貌和企业文明的程度。

在一个具有优秀企业文化的企业中，最受人敬重的是那些集中体现了企业价值观的模范人物，使企业的价值观“人格化”。他们是企业员工学习的榜样，他们的行为常常被企业员工仿效。

6.2.2.3 制度文化

企业的制度文化是由企业的法律形态、组织形态和管理形态构成的外显文化，它是企业文化的中坚和桥梁，把企业文化中的物质文化和精神文化有机地结合成一个整体。主要包括企业法规、领导体制、组织管理模式、经营制度和管理体系等，也包括企业内部长期形成的企业风俗，反映出特定企业组织的“游戏规则”。

在企业中，企业制度文化是人与物、人与企业运营制度的结合部分，它既是人的意识与观念形态的反映，又是由一定物的形式所构成的。同时，企业制度文化的中介性，还表现在它是精神和物质的中介。制度文化既是适应物质文化的固定形式，又是塑造精神文化的主要机制和载体。正是由于制度文化的这种中介的固定、传递功能，它对企业文化的建设具有重要作用。

6.2.2.4 精神文化

企业精神文化也称为理念层文化，是用以指导企业开展生产经营活动的各种行为规范、群体意识和价值观念，是以企业精神为核心的价值体系，是企业之“魂”。它集中体现在企业独特的、鲜明的经营思想和个性风格，反映着企业的信念和追求，是企业群体意识的集中体现。企业精神文化代表着企业广大员工工作财富最大化方面的共同追求，因而同样可以具有激发员工工作动机的激励功能，包括企业哲学、企业精神、企业经营宗旨、企业价值观、企业经营理念、企业作风、企业伦理准则等内容，是企业意识形态的总和。

企业精神文化是形成企业文化的物质层和制度层的基础和原因，是企业价值观的集中表现，有的企业也将其所有的理念统称为“企业哲学”。有没有精神文化，是衡量一个企业是否形成自己企业文化的主要标志。

总体而言，企业文化的精神层、制度层、行为层、物质层共同形成一个完整的体系，四个层面的内容对企业的运营缺一不可。一般而言，企业文化建设的物质层内容相对容易解决，行为层和制度层的工作明显难度较大，而精神层的构造和改变则最为不易。

在有关企业文化的研究中，常常会用洋葱图表示企业文化层次的“同心圆”结构，它比较形象和深刻地演绎了企业文化的精神层、制度层、行为层、物质层四个层面的系统辩证关系。

6.3 企业文化的要素

组织（企业）文化是一个丰富的、系统的体系，这个体系是由许多相互联系、相互渗透、相互制约的要素构成的。然而对于组织（企业）文化究竟由哪些要素构成，学者们提出了不同的看法。代表性的观点有以下几种：

德鲁克认为，构成组织文化的要素是价值观、信仰、工具和语言四个方面。

肯尼迪和迪尔认为，构成组织文化的要素有环境条件、价值观念、英雄人物、习俗礼仪和文化网络五个方面。

帕斯卡尔和阿索斯尔认为，构成组织文化的要素有七个方面，其中包括经营战略、组织结构、管理风格、工作制度、工作人员、技术能力和共同价值观等，并把这七个要素称为“麦肯锡7S框架”。

卡尔·佩格尔斯在1984年出版的《日本与西方管理比较》一书中认为，组织文化包括以文化为中心的11个要素，又称为“11C”模式。这11个要素是信息联系、观念、关心、竞争、协作、协商一致、结合、集中、控制、小组和文化。

克尔·英克森等四位新西兰学者在他们提出的K理论中，认为企业取得成功的普遍性要素有8个，即全体职工、企业目标、顾客意识、外界联系、简化控制、不断创新、公司文化、核心人物，简称“8K”模式。

上述各种关于组织文化构成要素的观点，为我们全面理解组织文化、把握组织文化的本质提供了一定的认识基础。尽管组织文化包含的内容有许多方面，但是，如果把组织文化众多的构成要素概括起来，则可以归纳为三个层次、五种形态和八个要素，由此构成一个具有内在联系的复合性网络结构体系。如图 6-2 所示。

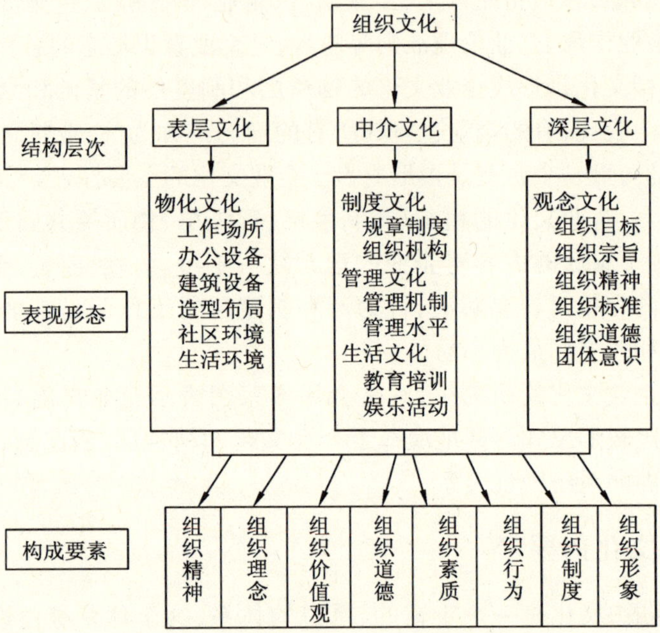

图 6-2　组织文化的结构、形态和要素

如果从系统论的观点来看，组织文化的结构可以分为表层文化、中介文化和深层文化三个层次。

组织文化的表现形态有物化文化、制度文化、管理文化、生活文化和观念文化五种形态。

组织文化的构成要素主要可以概括为组织精神、组织理念、组织价值观、组织道德、组织素质、组织行为、组织制度和组织形象八个要素。以下对这八个要素作简要介绍。

6.3.1　组织精神

组织文化的精神要素又称为组织精神文化，相对于组织物化文化和行为文化来说，组织精神文化是一种更深层次的文化现象，在整个组织文化系统中，它处于核心地位。

从企业组织来看，组织精神是组织在经营管理过程中占统治地位的思想观念、立场观点、精神成果和文化观念。它是组织文化的高度浓缩，是组织文化的灵魂，也是组织全体成员的精神支柱和力量源泉。

组织精神是组织员工群体意识的升华，是组织价值观的精髓，它不可能自发地产生，也不能由外界强加，它需要一个由分散到系统、从现象到本质，不断概括、升华的提炼过程。一般来说，组织精神的表达应遵循准确而深刻、富有个性特色、简洁而生动的原则。

6.3.2　组织理念

组织理念是指组织管理活动中用理性科学的思维而形成的具有战略指导意义的观念。通俗地讲，组织理念就是组织的意识或组织的思想。任何一个组织都是在一定的思想指导下从事自己的管理实践活动的。这种思想体现着组织的理想、追求、价值、风格等。组织理念既是由组织性质、定位以及管理活动所决定的，反过来又对组织的管理活动以有力的推动。正像一个人的思想不可能和别人的思想完全类同一样，一个组织的理念总有它独特的地方，它既不是简单地照抄其他组织的，也不是可以随意提出的。

总体上看，组织理念是个复合概念，它是由一组各具特点但又互相联系、相互作用的概念组成的。组织理念包含组织价值观、组织精神、组织道德、组织使命、组织目标等。提炼组织理念应当包括以上内容，至少包括以上大部分内容。

6.3.3　组织价值观

西方学术界公认价值观是组织文化的核心。从哲学上说，价值观是关于对象对主体有用性的一种观念。而组织价值观是组织全体或多数员工一致赞同的关于组织意义的终极判断，它是指导人们有意识、有目的地选择某种行为去实现物质产品和精神产品的满足的思想体系。它主导和支配着组织文化的其他要素，如组织宗旨和信念、道德规范和行为准则等。

这里所说的价值是一种主观的、可选择的关系范畴。一事物是否具有价值，不仅取决于它对什么人有意义，而且还取决于谁在做判断。不同的人很可能做出完全不同的判断。如一个把创新作为本位价值的企业，当利润、效率与创新发生矛盾时，它会自然地选择后者，使利润、效率让位。同样，另一些企业可能认为企业的价值在于致富、企业的价值在于利润、企业的价值在于服务、企业的价值在于育人，那么，这些企业的价值观分别可称为“致富价值观”、“利润价值观”、“服务价值观”、“育人价值观”。

在西方企业发展过程中，企业价值观经历了多种形态的演变，其中最大利润价值观、经营管理价值观和社会互利价值观是比较典型的企业价值观，分别代表了三个不同历史时期西方企业的基本信念和价值取向：(1) 最大利润价值观，是指企业全部管理决策和行动都围绕如何获取最大利润这一标准来评价企业经营的好坏。(2) 经营管理价值观，是指企业在规模扩大、组织复杂、投资巨额而投资者分散的条件下，管理者受投资者的委托，从事经营管理而形成的价值观。一般地说，除了尽可能地为投资者获利以外，还非常注重企业人员自身价值的实现。(3) 企业社会互利价值观，是 20 世纪 80 年代兴起的一种企业价值观，它要求在确定企业利润水平的时候，把员工、企业、社会的利益统筹起来考虑，不能失之偏颇。

6.3.4 组织道德

组织道德是调整组织之间、员工之间关系的行为规范的总和。它是一种内在的价值观念，一种组织意识和行为规范。一方面，组织道德是组织管理理论与实践的一种必然产物；另一方面，从组织管理活动的特点来看，组织道德又是人们在实践中求生存、求发展的主体性的强烈表现。组织道德的一般本质是一种组织意识，而它的特殊本质则表现在它区别于其他组织意识的内在特质上。它是从伦理关系的角度，以善与恶、公与私、荣与辱、诚实与虚伪等道德范畴为标准来评价和规范企业，以社会舆论、传统习惯和内心信念来维持。

从组织文化的角度看，组织道德是一种规范性文化，反映的是组织环境对人们道德行为提出的客观要求，它从总体上规范人们能够做什么，不能够做什么。它的功能和机制是从伦理角度出发的，是组织的法规和制度的必要补充。组织道德是组织文化的基石，是组织文化运作的平台。组织道德水平的高低直接反映着组织文化水平的高低。很多组织提出了“小胜靠智，大胜在德”，说明了道德在组织中的重要性。道德是企业经营的底线，切不可破坏。一个缺乏组织道德的企业是不可能生存下去的。

由各种利益关系、契约关系和责任关系构成的企业主体，因为最基本的利益关系的影响，实际上是受一定道德意识、道德原则和规范支配，以利益互置的运动方式而存在的相对稳定的道德关系主体。所以，企业既是经济实体也是道德实体，企业行为无法离开道德的制约。企业道德决定商品的道德属性，商品的道德属性具有不可复制性。〔1〕

6.3.5 组织素质

组织素质是指在一定的社会条件下形成的，由组织内部的各种功能性要素构成的整体生存和发展能力的总和。它是一个质的概念而不是量的概念，因此对于一个组织而言，不能只看其规模，而是要注重其内在质量。同时，组织素质也是一个整体的概念，在分析组织素质时，不仅要分析组织各个部分的质量，更要注重各个要素之间的内在联系和相互整合。

从企业组织素质的内容来看，主要包括三个方面的内容，即企业的技术

---

〔1〕 胡凯，胡骄平. 企业道德与商品的道德属性[J]. 求索，2012(11)：165—166.

素质、企业的管理素质和企业的人员素质。企业的技术素质是企业素质的基础，它主要包括：劳动对象的素质，即原材料、半成品和产成品的质量及水平；劳动手段素质，即企业的设备、工具及工艺水平。企业管理素质是企业素质的主导，是技术素质得以发挥的保证，它包括：企业的领导体制、组织结构、企业基础管理水平及管理方法、管理手段、管理制度的水平，企业经营决策能力，企业文化及经营战略。企业的人员素质是企业素质的关键，它包括企业干部素质和企业职工素质。干部素质包括企业经理人员、科技人员的政治素质、文化素质、技术素质及身体素质，以及与各种工作结构的配套素质；职工队伍素质包括基本生产工人、辅助生产工人、生活后勤工人的政治思想素质、文化技术素质及身体素质等。另外，人员素质还包括企业人员的结构性素质，即各类人员的搭配状况，以及各部分工作人员的积极性、主动性的高低。

6.3.6　组织行为

组织文化的行为要素又称为组织的行为文化，是指组织员工在生产经营、学习娱乐中产生的活动文化。它包括组织经营、教育宣传、人际关系活动、文娱体育活动中产生的文化现象。它是组织经营作风、精神面貌、人际关系的动态体现，也是组织精神、组织价值观的折射。主要分为组织领导人行为、组织模范人物行为、组织成员行为。[1]

(1) 组织领导人行为。管理人员主要处理复杂问题，通过制订正式计划、设计规范的组织结构以及监督计划实施的结果而达到预先设定的目标。而领导主要处理变化的问题，通过开发未来的前景而确定前进的方向。领导是一种影响一个群体实现目标的能力。组织领导人是组织经营决策方式和决策行为的主要来源，是组织经营的主角，通常是企业的创始人或战略制定者。同时，组织领导人也是组织文化的塑造者。组织领导人或创始人的人生哲学是组织文化的基因，个性的组织文化往往表露领导者的个性类型，当一个领导者创造了一个组织的同时就创造了其文化。

从组织文化管理实践来看，组织领导人是组织文化的管理者、倡导者、变革者。只有组织领导人先明白了，成员才会认同；只要领导先做了，成员就会跟随。由此可见，组织领导者在组织文化建设中起着至关重要的作用。

(2) 组织模范人物行为。组织模范人物是组织精神的化身，是组织文化和组织精神在某方面的具体化。在具有优秀组织文化的组织中，最受人尊重的是那些模范人物。这些模范人物把组织的价值观人格化了。他们是组织精神的伟大实践者，为组织成员树立楷模，并成为组织成员效仿的对象；他们

---

〔1〕 石伟.组织文化[M].复旦大学出版社，2010：135—137.

是组织的象征,能够使消费者相信组织的每一个成员都是这样的;他们激励着组织成员奋发向上,也促进着组织绩效的提高;他们对组织目标高度认同,带领组织中的其他成员为了共同的目标奋斗。

组织模范人物的行为又可以分为组织模范个体的行为和组织模范群体的行为两类。组织模范个体的行为标准是,卓越地体现组织价值观和组织精神的某个方面,和组织的理想追求一致。在其卓越地体现组织精神等方面取得了比一般职工更多的实绩,具有先进性。他们的所作所为离常人并不遥远,可以成为其他成员仿效的对象。组织模范人物的行为总是在某一方面特别突出,就像一个球体在太阳底下只有一个闪光点一样,而不是在所有方面都领先。所以,不可能从模范身上学到所有的东西。[1]但是一个组织中所有模范人物的集合体必须是完整的组织精神的化身,是组织价值观的综合体现。组织模范群体的行为,是组织模范个体典型模范行为的提升,具有全面性。因此,在各方面它都应成为组织所有成员的行为规范。

(3) 组织成员行为。组织成员在任何一个组织当中都是组织的主体,组织成员作为一个群体,其思维方式和行为方式都是基于组织文化而形成的,这种文化的基础决定了组织成员对于一件事情会做出什么样的判断,进而做出什么样的行为。个体的行为具有个性化的特点,当个体的行为与群体的行为不一致时,会形成群体压力,并将这种压力传递到个体身上,个体迫于群体的压力会使自己的行为向群体行为趋同,最后达到一致。所以,组织成员群体行为体现组织的整体精神风貌和组织文化。

6.3.7 组织制度

制度是一种行为规范,它是任何一个社会及组织团体正常运转所必不可少的因素。它是为了达到某种目的,维护某种秩序而人为制定的程序化、标准化的行为模式和运行方式。组织文化的制度要素又称为组织的制度文化,主要是指管理组织时所制定的、起规范保证作用的管理制度、管理方法和管理政策以及由之构成的管理氛围。组织的制度文化是一种成文的规定,是硬性的约束,这种约束是严格而规范的,是与由价值观或组织精神而形成的不成文的软约束相对的。组织制度文化是组织文化的重要组成部分,制度文化是一定精神文化的产物,它必须从各方面体现精神文化的要求。而精神文化又是通过制度文化得到认可和固定,并以强制的方式在组织内传承下来的。人们总是在一定的价值观指导下去完善和改革组织各项制度的,组织机构如果不与组织目标的要求相适应,组织目标就无法实现。从组织制度文化的主

---

〔1〕 刘光明. 企业文化(第5版)[M]. 经济管理出版社,2006:175.

要内容来看，主要包括：组织规章制度、组织领导体制、组织架构和管理机构、组织民主制度等。

组织的制度文化也是组织行为文化得以贯彻的保证。制度文化的作用就是约束员工的行为，而制度文化又是精神文化的体现，也就是说，精神文化通过制度文化作用于员工的行为。

6.3.8 组织形象

组织形象是组织文化的外显形态，是组织哲学、价值观、精神、道德等的外在表现，是现代社会组织"文化资本积累"的价值体现，是组织文化表层结构的重要组成部分。组织形象是指社会公众和组织员工对组织的整体印象与评价。它包含三个要素：其一，组织形象是综合认识的成果，而绝非人们对组织个别因素认识的成果；其二，组织形象是留给人们的总体印象，因此组织形象具有主观表现性的特征；其三，组织形象的感受者主要是社会公众，因而必须针对不同的公众塑造不同的形象。

从企业形象来看，它主要包括：企业自身的厂区、厂房、车间的自然与人工环境给人的印象；企业产品的设计、商标、包装、外观，尤其是质量给顾客留下的整体印象与联想；企业员工的价值观、精神风貌、职业道德、服务态度、文化水平、仪表装束等言行举止给外界的整体印象；企业的宗旨、理念和目标，给企业员工和社会大众留下的印象；企业通过公共关系活动在顾客心目中或社会上树立起来的形象；企业的集体福利和不断改善的物质文化生活给企业员工和社会大众留下的印象；企业在社会公德和公益事业方面的作为给企业员工和社会大众留下的印象；等等。

总体而言，企业形象可分为理念形象、行为形象和视觉形象，相应地，在组织文化建设中，必须导入 CIS(Corporate Identity System，简称为 CIS)，即企业形象识别系统，其内容包括理念识别系统、行为识别系统和视觉识别系统。在市场上，组织形象表现为组织的品牌价值。树立和维护良好的组织形象，提高组织在社会公众心目中的知名度、美誉度，创造和提升组织的品牌价值，重视组织无形资产的积累，是组织文化精神财富的重要内容之一。

第7章 企业文化的冲突与整合

7.1 企业文化冲突及其表现形式

企业文化冲突是指不同特质的文化或文化要素之间相互对立、相互排斥的过程。企业文化冲突的产生主要是由不同类型、不同模式、不同区域、不同行业、不同历史阶段的组织文化的不同特质所构成的基本价值观之间的差异所造成的。它既表现为主文化与亚文化的冲突、群体文化与个体文化的冲突,也表现为民族文化差异所引起的文化冲突。

7.1.1 主文化与亚文化的冲突

组织作为一个系统,是由各种作为子系统的部门所组成的,各个子系统又是由单个的具有文化创造力的个体组成,一个文化共同体,只要它不是一个单一同构体的集合,只要它有多元文化体,那它就一定会形成主文化与亚文化共生和并存的格局,组织中也是同样如此。

组织的主文化,就是组织在一定时期内所形成的占主导地位的组织文化。主文化是一个组织的核心价值观的体现,受到大多数组织成员的认可,构成了组织文化的主流。亚文化是某一社会主流文化中一个较小的组成部分。组织的亚文化,可以有两种解释:其一是相当于组织的副文化,即公司在一定时期内形成的非主体、非主流的不占主导地位的组织文化;其二是相当于组织的亚群文化,即是组织文化的次级文化。因此,组织的亚文化可能是组织的补充文化、辅助文化,也可能是组织的对立文化、替代文化。

在组织成立的初期,可以说是处在一个文化的混沌时代,主文化和核心价值观尚未形成,每个子系统或每个具有创造性的个体对于文化都有自己的理解,这种最初的理解并不是完全统一的。在组织发展的过程中,经过市场规则的洗礼,逐渐形成自己的战略、目标、管理风格、价值判断标准及行为方式,从最初的多元价值观和文化中,找到最适于组织发展需要的、为大多数员工所认同的价值观和文化。之所以为大多数员工所认同,就是因为这样的文化经得起组织的检验,能够带动组织的健康发展,使组织生存并壮大。这样的文化最终成为了主文化,但是那些剩下的价值观并不会因此而消失,这一部分文化成为亚文化的一个来源。

组织的主文化虽然为大多数组织成员所认同,但是,它不能包括组织中所有的文化。因而,组织的主文化与亚文化的冲突可看成是组织居于核心地位的、正统的文化与组织处于非核心地位的、非正统的文化,以及组织整体文化与组织亚文化的冲突。这种文化冲突有两种性质或两种可能:一是价值观引起的正统与异端、新与旧之间的冲突和对立;二是整体和局部因利益、观念或其他原因所引起的文化冲突。

组织文化内部正统与异端、新与旧之间的文化冲突和对立,在企业中主要有以下几种情况:

(1) 企业主文化已变成病态文化,它或者是由于企业以往的主要领导者固执己见、刚愎自用,或者是由于企业文化环境系统发生变化造成的。在这种情况下,企业主文化就必然与企业自发出现或存在的代表着健全的、常态的甚至有可能是优良的企业亚文化发生冲突。企业主文化往往拼命地压制企业亚文化,阻止企业亚文化对企业主文化的可能的替代。对于这种企业文化冲突,解决的办法似乎很难依赖正常的文化沟通,历史上有以下几种方法:① 像美国福特公司的第三代亨利·福特二世对其祖父亨利·福特这位意志、信念都十分坚强的创始人突施“宫廷政变”那样,通过迫其“退位”,重建、重组企业文化传统,使企业亚文化转换为企业主文化。② 像日本三菱企业第二代继承人对极富个性的创始人岩崎弥太郎那样,首先允诺遵守他的有关由家族领袖掌握公司全权的规定,但等他去世后,则全面调整企业文化,重新确立企业主文化。③ 像德国西门子公司那样,在企业主要创始人死后和企业陷入某种危机后,靠来自银行或外界其他方面的压力,来完成企业主、亚文化的转换。

(2) 企业主文化已达到健全的、优秀的、高度成熟的状态,不过这种文化已经经过了企业文化成长的几个阶段,正慢慢地失去优势。同时,有可能代表企业未来价值观、未来文化范式的企业亚文化却在一步步地发展、壮大。这种新的企业亚文化的生长,不可避免地会受到仍旧具有强大统治力的企业主文化的压制、阻挠。这种文化上的冲突会通过主文化和亚文化代言人及其阶层的语言、思想、行为上的交锋而表现出来。这种冲突的具体解决方式,除采取上述第一种冲突的三种解决方式外,也可以采取并不那样剧烈的方式。例如,通过观念的矫正、心灵的沟通、领导层的和平调整、各种形式的对话等方式,来使企业主文化让位于企业亚文化。那些继承了企业文化传统,又在企业成长的关键时期适时地、大胆地发展了企业主文化，从而使企业文化一直保持着先进状态的企业，都发生过或多次发生过这种调整。

(3) 企业主文化已演变成为过时的、陈旧的、衰败的文化，企业亚文化在企业陷入深深危机的情况下仍旧没有适当的机会击败企业主文化，因为企业整个大权仍旧掌握在旧有企业文化信奉者的手中。这种情况下的企业文化冲突往往直接通过企业的低效、衰败的加速进行而表现出来。事实上，通过加速一种文化共同体的衰败和解体，以促进企业文化的大转折是不得已而为之的行之有效的办法。

7.1.2 群体文化与个体文化的冲突

良好的或健全的组织文化总是一种使组织群体行为与组织个体行为、组织群体意识与组织个体意识、组织群体道德与组织个体道德大体上保持和谐一致的组织文化。但这不等于说优势的组织文化从未有过组织群体文化与组织个体文化的冲突，也不等于说它们总是能够轻而易举地解决组织群体文化与组织个体文化间的冲突。事实上，无论是基于个人主义基础上的西方组织文化，还是基于家族主义基础上的东方组织文化，均不可避免地包含着组织群体文化与组织个体文化间的冲突。[1]

为什么会出现群体文化与个体文化的冲突呢？因为组织群体行为不是组织个体行为的简单集合，组织群体意识不是组织个体意识的简单集合，在组织个体文化被组织群体文化整合过程中，组织个体文化既存在着向组织群体文化趋近，放弃固有的不合群体规范的东西的倾向，同时又有保持旧有态势、继续发展个体特色文化的倾向，因而在任何情况下，两者之间都会有距离。因此，组织群体文化与组织个体文化的冲突是不可避免的。

组织群体文化与组织个体文化之间的冲突有两种情况：一是由于不同的文明发展程度，不同的文化历史传统和社会体制所造成的群体文化与个体文化的冲突；二是由于诸多其他原因所造成的企业群体文化和个体文化的冲突。除了因社会文化传统、社会制度与体制文化所造成的一些重大的、全面的组织群体与组织个体文化的矛盾与冲突之外，还存在着诸多其他原因引致的组织群体文化与组织个体文化的冲突。从企业来看，这些冲突主要有以下几种：

(1) 外来的文化个体在尚未熟悉企业文化、尚未被企业文化共同体认同时的文化冲突。一般来说，这种文化冲突只表现为外来文化行为个体心理上的冲击和失衡，通常的解决办法也只是个体对群体的趋近和适应。只有在下

〔1〕 王革非.东西方企业联姻中的文化冲突[J].企业改革与管理，2005(10)：49—51.

述情况下，冲突性质与解决方式才会不同。假若外来的行为个体代表更先进的、健全的文化，其个体文化与企业群体文化的冲突实际上是先进的、健全的文化与病态的、不良的企业文化的冲突，而且这个个体若是强有力并被授予足够的权力的活，他可以从根本上彻底改造旧有的企业群体文化。

(2) 在同一个企业文化共同体内，并非由于意识、观念所致，而是由于利益要求造成的企业个体文化与企业群体文化的冲突。这种文化冲突可能是由于群体文化规范过于忽视了个体利益所致，也可能是由于个体自我意识过强、极端的个人主义所致。若是前者，那么企业理应调整其群体文化规范，在企业文化体系中给个体发展创造足够的条件，赋予他们应有的权利；若是后者，企业或是可以通过工会、党团或其他正式组织和非正式组织积极沟通，通过令人满意的文化传播来解决这种冲突。或者干脆由个体重新选择(退职、改行)，甚至采取必要的惩罚措施，借以强化企业群体文化规范。

(3) 在同一个企业文化共同体内，并非由于利害关系、利益冲突，而是由于观念、认识原因造成的企业个体文化与企业群体文化的冲突。每个行为个体都有自己的认识角度、认识能力、认识水平，他们的知识储备、知识结构、情报来源、信息处理与变换能力与企业群体绝不会是完全一致的。由于这一认识上的差距，有可能导致两种文化的冲突。例如，从个体文化规范角度看，群体文化过于谨慎、保守，缺乏大刀阔斧、大胆开拓的创新精神。这种企业文化冲突应当通过尽可能的信息共享，增加企业决策透明度，加强企业决策参与和民主进程等方法加以解决。随着整个人口流动性的提高，随着员工个体自我意识，包括政治民主意识和经济民主意识的增长，企业内部的冲突无疑将大量出现，如何解决这些冲突是摆在每一位企业领导者面前的重大课题。

(4) 企业群体文化落后、保守、陈旧、过时，使企业群体文化已远远不能适应活跃的、先进的企业个体文化的需要。一般在社会剧烈变动和其后的一段时期里，会出现这种文化冲突。

(5) 企业个体文化完全基于个人意愿、偏好，无视企业整体利益、他人利益，从而形成与企业群体文化的对立与冲突。这种文化冲突与上述第二种、第三种企业文化冲突不一样，因为造成这种冲突的根本原因完全在于企业文化共同体内个别人的文化个性。

7.1.3 民族文化差异所引起的文化冲突

组织文化是在组织所在的大社会文化背景下产生的。不同社会文化的价值观、行为方式对组织文化的形成有着重要的影响，不同地区的组织文化也就具有不同的文化特征。哈贝(M. Habeck)等曾形象地把英美两国的文化差异比喻为“被相同语言隔开的两个文化”。尽管词汇通常一样，含义和隐含的假设却可能大不相同,从而导致了误解和混乱。[1]在涉及不同民族、种族、国家文化的组织之中,最主要以及最为显著的,往往是这种冲突,其中尤以跨国经营企业最为典型。跨国经营企业因其经营方式的特点,不可避免地要面对不同民族文化之间的相互差异乃至冲突问题,这往往是其经营管理的重点和难点问题。

跨国公司的组织文化与其他类型组织的文化相比,其最大的特点就是该种组织是处在两种大的文化体系的交界上,它作为一个多元文化的复合体,必然会面临来自不同文化体系的文化域的摩擦与碰撞,处在不同文化交汇与撞击的区域内。在这个区域中,不同的文化环境,还有不同的经济条件、社会和政治背景等因素,必然会形成较大的文化差异。由于文化的演变是一种漫长的过程,这种文化差异对组织来讲,在一段时间内是不会消失的,并可在一段时间内保持稳定。文化差异的客观存在,势必会在组织中造成文化之间的冲突,并使组织经理人员与员工在心理上形成"文化休克"的反应,这会给组织的经营管理活动带来十分重要的影响。因此,在跨国公司中,组织文化及其相关问题,如文化冲突、文化变革、跨文化管理沟通等,往往要受到较其他企业更高的重视。

如果从文化冲突产生的根源来看,文化冲突主要是在民族文化差异、组织文化差异和个体文化差异这三个层面上展开的。其中民族文化的差异是另外两种文化差异的根源所在,组织文化的差异和个体文化的差异不过是在此基础上更为复杂的演变。当然,这仍然体现了价值观差异对于其他层面的文化差异的影响。因为民族文化差异的内核就是价值观的差异,而组织文化和个体文化的差异则不过是其在经营管理理念和行为模式上的具体体现。

7.2 企业文化整合的原则和内容

企业文化冲突的结果,或是融合不同质的组织文化,使自身的组织文化得到丰富和发展,或是变更组织文化特质,使原有的组织文化完全被其他文化所取代。在跨国经营和企业并购过程中,过度的文化冲突意味着分歧与对抗,必然给组织和团体带来一系列问题,从而影响组织目标的实现。因此,当文化冲突发生时,如果不加以控制和影响的话,在两种或多种文化的冲突之中,原有的根深蒂固的文化,往往处在更为有利的地位,也更为容易存活下来,这是由文化的自我延续性所决定的,也是造成很多组织在故步自封中最终消亡的主要原因。这就必须要进行文化整合。

---

〔1〕 马克思·M.哈贝,等. 并购整合[M].机械工业出版社,2003:85.

事实上，文化冲突是一种客观现象，谁都无法回避也无法制止，但同时，文化冲突也促进着各种文化的发展，实现文化的交融，使人类不断取得进步。因此，从哲学的角度来讲，其负面效应远远小于正面效应。也可以说，文化冲突与文化整合是统一的，是不可分割的两个方面，文化整合是化解文化冲突的必然路径。

7.2.1　文化整合的内涵

所谓文化整合，就是指有意识地对组织内不同的文化倾向或文化因素通过有效的整理整顿，并将其结合为一个有机整体的过程，是文化理念、文化意识和文化实践一体化的过程。虽然完全自由放任的文化整合过程也是可以实现的，但是，这一过程的缓慢和持久，以及其整合方向的随意性，很难适应组织的发展，甚至不利于组织发展。也就是说，文化整合首先是对组织内部不同文化或文化因素的一体化整理和结合，形成统一的文化理念和文化体系。具体而言，文化整合包含以下几层含义：

其一，组织文化可以对某一种内生或外来特质的文化进行吸收、同化。当不同特质的组织文化共处于某一时空环境中，经过充满冲突与选择的传播过程，必然发生内容和形式上的变化，以原有的企业文化特质为基础，吸收异质文化，组成新的体系。文化整合实际上就是不同文化的重新组合或融合，如日本的公司在构建自身的企业文化时，就吸收了中国鞍钢宪法中的"两参一改三结合"精神，并在此基础上，创造出了充满活力的具有日本特色的民主管理文化。

其二，组织文化可以辐射和传播。一种优势的组织文化会以各种方式和渠道向其他组织或其他文化共同体进行传播和扩散。例如，企业质量管理文化产生于美国，后通过多种方式和渠道被传播到日本，日本企业又对其进行了发展和完善，还吸收了我国"大搞群众运动"的思想，形成了完整的全面质量管理的思想和理论体系，最后又在世界许多国家的企业包括美国的企业中得到广泛的传播和运用。

其三，文化冲突是文化整合的直接动因。当来自不同企业的文化在某一企业中集聚，出现激烈的文化冲突时，要使不同企业的文化相互协调，在统一的价值观和理念的作用下运行，可以通过融合、变革来重建和统一企业文化。文化整合的过程就是不同文化彼此协调、相互适应的过程，也就是组织内部异质文化经过一定时期的接触、交流、传播而不断调整、修正原来的性质、内容和模式的过程，这个过程是双向运动的。经过整合，占主导地位的组织文化从某些异质文化中吸取了某些有用的特质，融合为一种新的组织文化体系。

其四，文化整合既包括组织内部各个层次的、各个局部范围内的整合，也包括组织整体范围内的一体化。组织文化作为一个整体所具有的特质可以使它与其他组织或企业的文化相区别,即使在一个组织的内部也存在着相互区别的多种部门文化,这种组织文化的内部差异与组织不同的职能机构所拥有的职责权限、组织内部各部门所处的地理环境密切相关。要使这些部门文化服从和服务于组织文化总目标,同样需要进行组织内部的文化整合。

7.2.2 企业文化整合的原则

企业文化整合应根据组织发展的具体情况,从实际出发,制定文化整合的目标和措施,运用多种方法,对组织文化内容和文化因素进行系统化整理,建立以价值观为核心的文化体系,引导员工端正文化心态、思想观念、价值取向和行为方式,从而形成组织的向心力和凝聚力。并且,通过文化整合,解决组织文化中的文化混乱、文化冲突和文化建设的盲目性与滞后问题,使组织文化获得良性发展。因此,企业在进行组织文化整合时,必须遵循正确的原则。

(1) 文化宽容原则。在文化整合中保持宽容精神是进行文化整合的前提。只有这样,不同文化的人们之间才能相互尊重,才能相互对话、理解,达成共识并加以分享,从而实现可能的融合。不同文化间的宽容,需要企业个人间相互尊重,在人格上实现平等。人们常以"领导"、"上司"来形容管理者,这表明管理者与员工双方在心理上处于不同态势:管理者处于高势,员工处于低势。管理者应避免由于这种心理态势而带来的不良影响。应提倡一种相对自由的民主的态度。与消极管理的思想相反,这种态度是让员工有自己思考、选择、判断的自由,但管理者应适时地给予指导,以确保员工选择、判断的正确性。加强理解意识,即要求管理者与员工间达成认同,追求平等的对话。这首先强调管理者与员工在观念上要相互认同,从而才有可能使管理者与员工在具体工作过程中进行合作,使相互关系达到和谐的境界。因此,还需要强调管理者与员工间的"合作"精神。理解的实现,还需要注重管理者与员工间情感上的沟通。因此,可以通过加强管理者与员工的非正式交往,使管理者与员工实现内在体验的真实交流。在这种宽容精神的引导下,进行文化整合,才能收到应有的整合效果。

(2) 扬弃的原则。组织文化的整合是一个漫长的过程,绝不是一朝一夕的事情。每一个企业或组织都有自己不同的创业和发展轨迹,并形成了不同时期的特色文化。要认真调查分析组织变革与发展的历史和现状,认真分析比较组织传统文化与现代文化矛盾的焦点和特点,继承传统文化的精髓,抛弃其糟粕,注入现代先进文化的新鲜血液,铸就富于生命力、适应时代发展需要的组织文化。要对组织文化实态进行充分的分析和研究,究竟哪些文化因子是真正的本组织文化的实质性内核，这些内核中新的因子对组织发展起推动作用，还是起阻碍作用；或者哪些是起推动作用的文化因子，哪些是对组织发展起阻碍作用的因子。只有辨识清楚了这些，才能进行整顿整理，弘扬其优异成分，引入新鲜的文化要素，抛弃其糟粕的部分，并对文化体系进行建设性的构筑。组织文化的整合要注意以民族传统文化为基础，民族文化是一个国家或民族在其历史发展过程中所形成的价值观念、思维方式、制度等的总和。在组织文化整合时，要注意吸收中华民族文化中的优异成分，保持民族文化精华在组织文化中的运用和延伸，形成一种新型的、具有民族特色的、积极向上并符合组织发展的组织文化。同时，在吸收西方文化时，也不能完全照搬，同样应遵循扬弃原则。

(3) 共性与个性相结合的原则。我们注意到，在企业文化建设中，由于制度、文化传统等原因，我国企业普遍缺乏企业文化的个性建设，企业文化雷同的现象较为普遍，起码是在文化口号上的雷同，赶时髦、追潮流的现象比比皆是，而西方国家的企业则比较注重个性塑造，这也许是中西方文化背景的差别所致，同时也说明了我国企业文化发展的不成熟性。因此，文化整合时就必须正确处理共性和个性的关系，既要充分发挥传统，体现企业的行业性质和经营形态，又要注重企业个性化的设计和塑造，要在共性中突出个性。企业文化就是突出了企业的个性，即在产品的文化个性、员工精神面貌个性、环境形象个性等方面找到自己的文化精神所在。在现代社会里，企业的生产设备、机器厂房可能没有什么差别，现代化的管理工具和管理方法可能都具有共性色彩，但是，其经营风格、价值取向、企业精神、管理理念等，不同的企业有不同的个性。同时，文化整合过程中对员工的要求也要体现共性和个性的关系，既要强调员工对企业文化主张和价值观的共识，统一企业经营理念和企业目标，鼓励各尽其职，共创事业，又要充分尊重员工的个性，提供适合其个性的工作岗位，让其充分施展聪明才智。组织文化只有具有鲜明的个性，才能与竞争者形成差异，形成本组织的特色，充分发挥自身优势，才能被广大员工认同，才具有强大的生命力。

(4) 借鉴、融合与创新相结合的原则。当今世界是一个开放和交流的世界，人类文明是可以共享的。组织是开放的，管理思想和管理方法是可以共享的。文化整合不仅要体现组织自身的特色，还要吸纳世界文明，借鉴西方管理文化中的科学内容，学习发达国家的先进经营管理经验；借鉴其他企业，尤其是国内外知名企业的文化精华，甚至是竞争对手优异的经营思想，并加以吸收创新。所谓创新，就是在发扬传统文化的积极成分，剔除和摒弃那些过时的理念、内容和方法的同时，根据实际情况和形势变化，形成与时俱进的企业经营理念，整合梳理出具有本企业特色的、既具有时代气息又能保持其核心价值观的历史继承性的企业文化。由于每种文化都有其独特的思维方式，利用文化差异可以成为引发组织创新的重要资源，激发解决问题的新思路和新方法，提高企业的灵活应变能力。因此，在进行文化整合时，管理者应对来自不同组织的文化特质进行比较鉴别，从双方的文化中吸取精华，保留一些优良的文化传统，避免不良的文化倾向，以实现异质文化的兼容和融合，形成共同的价值观和目标愿景。

7.2.3 企业文化整合的内容

企业文化整合是组织在多层面上对本组织的文化进行梳理和同一化的过程，这一过程包括对内文化整合和对外文化整合两大整合过程。

(1) 对内整合。主要包括个体意识与群体意识的均一化，主文化和亚文化的彼此和谐相容，三个层次（表层文化、中介文化和深层文化）、五种形态（物化文化、制度文化、管理文化、生活文化和观念文化）和八个要素（组织精神、组织理念、组织价值观、组织道德、组织素质、组织行为、组织制度和组织形象）的贯穿一致与互动融合。

个体意识与群体意识均一化。在心理学上，意识一般是指人们自觉的心理活动，即人对客观现实的自觉反应。群体意识是一种组织意识，它是组织员工对组织目标的认定和实现目标所具有的信念和意识，以及对组织的情感和归属感。组织群体是一种人群结合，个体意识如何融入到群体意识中，需要一个整合的过程。群体意识是以共同价值观的认定和实现为核心内容，伴之以归属感等情感。组织群体意识是在平等互利、共同协商的基础上，各个员工个体意识之间共同作用的结果，组织员工的群体意识是不同层面的员工群体之间互动作用的结果。组织文化整合试图将组织中的个体意识与组织群体意识融为一体，形成一种组织意识，构建一种得到组织所有员工认可的核心价值观。从实践来看，每一个人进入组织员工群体后，都自觉或不自觉地受到群体意识的整合。所谓自觉，就是组织人力资源部在接受新员工加盟时，有意识地对新加盟者进行组织文化培训，让其首先接受组织文化，也即组织的群体意识。所谓不自觉，就是新加盟者在加盟以后，受组织员工群体意识的潜移默化、耳濡目染，不自觉地接受了这些意识。这两个过程都可以说是一个群体意识对个体意识的整合过程，只不过前者带有引导性、自觉性；后者是无引导、不自觉的整合。

主文化与亚文化相容整合。有意识地运用主文化去整合亚文化，使亚文化为主文化服务，这是组织文化有意识整合的重要内容和任务。在一个组织文化共同体里面，在非决策层、非管理层、普通员工之中总是孕育着一种自发的亚文化群体,组织的主文化对这类文化的宽容、容忍态度,吸收、同化及激励、开发程度,在很大程度上就成了衡量组织文化开明程度、合理和完善程度及组织文化共同体生命力和活力的问题。主文化对亚文化的整合,不是对亚文化的排斥、改变、消灭,而是对亚文化发展方向的关注、对亚文化功能的引导和利用,防止亚文化成为影响企业发展的不健康文化。对亚文化发展方向的关注,主要是防止组织中出现派别文化、内耗文化、拆台文化,也包括吹捧文化、谗言文化、看风使舵文化、迎合文化、欺上瞒下文化等。这些亚文化的存在、发展和蔓延,甚至成为组织文化的主潮流,将会不断侵蚀企业原来所倡导的主文化,最终将会腐蚀整个组织机体,致使组织走向消亡。因此,在组织文化整合过程中,一方面要防止亚文化朝着不健康的方向发展;另一方面就是要积极地去开发亚文化的正向功能,在保持亚文化健康的前提下,利用健康的亚文化之积极向上的功能,作为主文化的补充和丰富,两者的相容整合,使得企业文化丰富多彩。

至于组织文化的三个层次、五种形态和八个要素,本书在第六章已经进行了阐述,此处不再赘述。首先应梳理、整合、提炼组织精神和价值观等深层文化,然后用组织精神和价值观去整合其他层面的文化。

(2) 对外整合。主要包括对所购并企业的文化整合、对上下游企业的文化整合和对其他优秀企业的文化因子的吸纳整合。这里简要分析企业并购的文化整合。

在企业并购实践中,与企业并购同步而来的往往是两种企业文化的碰撞与融合,这就存在着文化不兼容风险。每一个企业均有其企业文化,并购中的文化冲突是难以避免的。企业并购不仅仅是两家企业之间的经济行为,更是一种文化行为。企业并购后,物质要素的整合如果不与组织文化整合相协调和融合,其结果会导致并购的失败。因此,并购企业文化冲突的规避对并购的成败至关重要。同时,对并购后的企业采取有力的文化整合管理措施,为企业并购工作提供协同效应,往往会使并购企业双方所具备的物质优势得到充分发挥。

Ghoshal 和 Hapeslagh 通过案例研究发现,如果在两个组织之间以及被并购企业内部创造一种积极气氛,就能够淡化组织文化差异的消极影响,促进能力的单向或双向转移。能力的单向和双向转移是协同效应实现的主要手段,也是整合的基本内容——运营整合。这里所说的创造一种积极气氛,就包含着较好地处理文化差异。由此可见,文化整合是运营整合的基础,文化整合得好有助于运营整合的顺利实现;反之,人与人、组织与组织之间的冲突和抑制会严重阻碍运营整合。Birkinshaw 和 Bresman 跟踪调查了瑞典三家公司的跨国并购长达五年之久,也证明了上述观点的正确性。特别是企业员工对共享的认识和正确把握,价值观的构建与文化营造,对于企业文化整合的成功至关重要。[1]

7.3 企业文化整合的过程与模式

7.3.1 企业文化整合的过程

组织文化整合是一项长期而复杂的工程。随着文化整合的逐步深入,一种文化向另一种文化的转变必然要经过从分拆到重建的过程。根据文化的特性,在企业并购过程中,文化整合可按以下四个阶段进行:

(1) 初始阶段。这是文化整合的准备阶段,是并购过程中并购企业系统全面地了解整合对象原有的文化特质、原有文化与并购企业的文化差异、可能产生的文化冲突,并根据调查的结果初步确定整合方案的时期。在这一阶段,并购意图已经明确,但尚未达成最后的交易。由于任何并购所导致的不同企业的文化冲突与生俱来,因此,潜在的冲突已经蕴涵。这时双方决策者不能忽视虽未发生但已经潜存的文化冲突,应积极地进行相互了解、沟通和评估,并努力寻找共同的文化基因。

由于企业价值观是一个企业的基本观念和信念体系,它是整个企业文化系统,乃至整个企业经营运作、调节、控制和实施日常操作的文化内核,因此应依据企业价值观来确定未来企业的发展目标、企业制度、道德规范和行为规范。具体操作方式是:① 对原企业的价值观进行分析和评价,分析哪些观念有利于并购后新企业的发展,哪些会妨碍新企业的发展。② 对原有企业价值观念中有利的因素果断地加以吸收,对不利的因素立即加以摒弃。③ 在融合提炼的基础上确立适应企业发展战略的统一价值观。

一般来说,根据企业文化对企业影响程度的大小,可以将企业文化分为强势文化和弱势文化。强势企业文化就是企业内部存在着占主导地位的价值观念、经营理念以及行为规范;弱势企业文化就是企业内部存在多种价值观念、经营理念和行为规范,而没有占主导地位的核心文化。企业文化的强弱程度主要表现为企业文化的一致程度,也就是有关企业的价值观念、经营理念和行为规范成为组织成员日常个人价值观、经营理念和行为规范的程度。企业成员对于企业文化所涉及问题持有的态度、认同程度能够反映出一个企业文化的强弱度。这样以价值观为核心的文化整合也可分为强弱整合、强强整合和弱弱整合三种形式。对于强弱文化整合,应该将强的企业文化注

---

〔1〕 刘冰峰.基于知识共享的企业文化整合与价值观构建[J].企业经济,2013(3):22—26.

入弱的企业文化一方。而对于弱弱文化整合,应由并购双方组织一定的力量进行协调和创新,在双方原有企业文化特性的基础上构建新的企业文化模式,然后引入企业。对于强强整合,应充分分析双方文化的兼容性,如果难以兼容,应放弃并购;如果兼容性很强,应逐步融合、吸收并形成更强有力的企业文化。

(2) 撞击阶段。这是文化整合开始进行的阶段,也就是文化整合思路和方案付诸实施的阶段。在这一阶段由于新文化的导入,常常伴随着较大的变革和震动,容易引起文化冲突。

在这个阶段中,应注意的问题主要有两个方面:一是加强对"障碍焦点"的监控。这里所说的"障碍焦点",就是在文化整合过程中可能起到重大障碍作用的关键因素,它可以是某一个人、一个利益组织的思想意识、原企业的一种制度、一种习惯的管理方式等。随着文化整合方案的落实,新旧文化直接接触或碰撞,"障碍焦点"可能随时出现,并引发文化冲突。二是循序渐进,灵活采用多种导入模式。

(3) 融合阶段。即两种文化逐渐融合、逐渐认同的阶段。在该阶段,员工的意识已经统一,新的经营理念、价值观念已经确立,新的制度和管理层的调整已经完成,接下来就是如何维护这种新制度并使之能够顺利地贯彻落实,在并购后的企业中发挥作用。但在这一阶段,如果融合不成功,也有可能产生更为激烈的文化冲突。因此,这一阶段需要注意以下问题:① 敏锐地判断文化整合的进展状况。根据文化整合重点实施的情况和文化各个要素的融合状况,来判断文化整合的进程,通过事先确定的目标与现实状况的比较,得出文化整合的速度是否达到预期目标的判断。② 加强员工文化适应性训练。即加强员工对不同企业文化、不同企业文化环境的反应和适应能力,促进不同企业文化背景下员工之间的沟通和理解。在具体操作上,可以将不同企业文化背景下的管理者、普通员工召集在一起,进行多种渠道、多种形式的培训;也可以采取岗位轮换、人员之间的组合、组织机构的调整等方式,改变原来分离的人际沟通环境和组织隔离状态;还可以通过演讲比赛、现场会、生产经营案例分析和集体讨论等形式,转换员工的角色定位,调整心态,消除员工可能产生的心理障碍,以达到每个员工对新文化环境都能适应的目的。③ 及时调整文化整合策略。针对消除文化差异性和不确定性的整合进程和出现的问题,及时调整文化整合策略。[1]

(4) 创新阶段。通过文化整合融合阶段,员工加强了对不同文化的适

〔1〕 杨洁. 企业并购整合研究[M]. 经济管理出版社,2005:202.

应性，在并购双方文化逐渐趋于融合的基础上，并购企业创新或整合产生新的文化。这一时期的开始点相对前面三个时期来说比较模糊，因为它没有一个具体的分界点，也可能文化撞击的过程就是创新文化的过程。这一过程的终结期是不可预期的，它将随着企业的发展而继续下去。当然，并购后的企业，无论原来的企业文化如何，都不是相互之间简单地适应和叠加，而必须是在此基础上产生新的企业文化，形成推动新企业向前发展的强大动力。

整合创新的文化除了具有企业文化的一般特征外，还具有特殊性：① 与双方原来的企业文化不同，新的企业文化不是双方原来的文化，而是在新的环境下发展起来的，既有共性又有个性的企业文化。其共性和个性所表现的范围和程度主要取决于企业面临的外部环境和并购后的内部条件。② 新企业文化应具有鲜明的时代性和理念上的超前性，以适应市场变化的需要。③ 新企业文化应比原有的企业文化更加注重价值观的内聚性和竞争性，更强调全体员工的合作性和创新性，充分发挥整体优势。

7.3.2 企业文化整合的模式

有效的企业文化整合不是简单地用一方文化改造另一方文化，或强加给另一方，而是要在两种文化中间找到互相兼容的切入点。通过切入点，不断强化两种文化在核心价值观和目标远景层面上的融合性和在非核心层面上的兼容性。所以，根据并购双方企业文化变化的程度以及并购方获得的企业控制权的深度，企业文化整合可以选择四种类型，如图 7-1 所示。

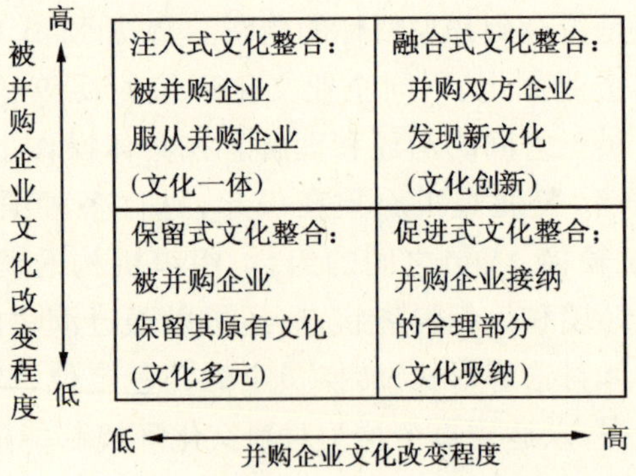

图 7-1 并购企业文化整合的类型

(1) 注入式文化整合。这是指并购企业将自身文化注入被并购企业中去。即在被并购企业中培育、植入并购企业的文化，以并购企业的文化改造被并购企业的文化。应该指出的是，一体化并不是一个强制的过程，一体化的前提是一方愿意接受另一方的文化。当一个企业不能有效运营,它的管理者和员工都感到自身的文化不仅无助于企业绩效的提高,而且还成为改善的障碍时,该企业的成员就会愿意接受和采纳他们认为优秀的、能使企业绩效得以改善的外部文化。对并购企业来讲,一体化是比较容易的一种文化整合模式,它自身的文化改变较少,也不必对结构做出大的调整;但对被并购企业来讲,一体化可能是最困难的一种整合模式,因为被并购企业为了与并购企业取得一致,必须放弃自己的文化特性,适应和接受并购企业的文化。即使并购是自愿的,一体化也有一定风险,因为被并购企业不可能对并购企业的文化有深度的了解。

(2) 融合式文化整合。这是指并购企业的文化与被并购企业的文化进行有机融合,形成一种新文化。它最重要的特征就是并购双方企业间会出现一些文化要素的相互渗透和共享。这大多发生在势均力敌的企业合并到一起的情况下,在强势企业与强势企业的文化整合过程中,每个企业都有独特而优秀的企业文化,双方通过交流和沟通,相互吸取对方文化的优势,在文化上相互同化,最终使两种不同的文化融合为一种更加优秀的新企业文化。虽然还能在新文化中找到原有各方文化的一些痕迹,但是,这种新文化与以往的文化已经截然不同。

(3) 促进式文化整合。这是指并购方在保持原有文化的同时吸收被并购方文化中的优秀成分。在企业并购中当一种强文化受到一种弱文化的冲击时,强文化能够保持基本模式不变,价值观念体系也相对稳定,但被并购企业虽然实力较弱,企业文化仍然具有一定的优势,并能对并购方文化产生良好的影响,这时并购企业的强文化在保持基本稳定的前提下,借鉴和吸收被并购企业文化的合理方面,使原有文化的功能更齐全、体系更完善、内容更科学。

(4) 保留式文化整合。这是指并购完成后,并购双方各自原有的文化基本不变动,仍然在文化上保持独立。运用这种模式的前提是并购双方都具有较强的优质文化,并购双方的员工不愿意或不接受文化有所改变;同时,并购双方接触机会不是很多,不会因为文化不同而产生大的矛盾和冲突。这种模式在那些鼓励其业务经营单位发展多元化经营时较为典型。成功的保留式文化整合的前提是,要限制来自总公司的干涉,保护子公司的“边界”(或自主权)。在这种模式下,并购企业难以对被并购企业进行最有效的控制,一旦被并购企业出现失误就可能使并购企业陷入困境,这种文化整合模式比较适合于跨国并购。因为不同国家、不同文化背景下的并购双方企业文化风格可能绝然不同,甚至相互对立和排斥,如果并购后文化整合的难度和代价都较大的话,通过沟通,保持彼此长时期形成的文化独立,避免过大的文化冲突,可能更有利于企业的长远发展。

此外还有一种模式，叫破坏式整合模式或消亡式整合模式。即被并购企业不接受并购企业的文化，又放弃了自己原有的文化，从而被并购企业可能不再作为一个文化和组织实体而存在，出现文化迷茫状态。这种模式有时是并购企业故意对被并购企业进行全面的文化破坏，其目的是造成目标企业的混乱，以便于对其进行控制，当然也可能是文化整合失败导致的结果。不过，在破坏模式下，风险是不对称的，风险几乎全部由被并购企业承担。当然出现这种情况，其前提都是因为被并购企业甚至是并购企业拥有很弱的劣质文化。

总之，企业在文化整合过程中，要通过对各种因素的分析，结合组织文化的各个层次、各种形态和各个要素，选择适合自身的文化整合模式。企业文化整合与组织文化特质的创造一样，是需要智慧、技巧的，是有条件的。从这个意义上讲，企业文化整合与任何管理一样，既是科学，又是艺术。

第 8 章 企业文化的测评与变革

8.1 企业文化测评及其研究概况

8.1.1 企业文化测评的基本概念

在企业文化测评研究的进程中，出现过不同的测评理念、方法和模式。它们对应着相应的测评概念，如企业文化测量、企业文化评价、企业文化评估等。

企业文化测量是该领域中一个常见的概念。测量(Measurement)的原意是指，通过实验的方法将被测量(未知量)与已知的标准量进行比较，以得到被测量大小的过程，是对被测量定量认识的过程。企业文化测量主要受到来自于起步较早的管理心理学和组织行为学领域的测量模式影响，它一般是通过开发的量表，测量目标企业现有企业文化的典型特征，而后通过与常模(Norm)进行比较，发现目标企业的企业文化优势与劣势，有些还会根据特征进一步确定企业文化的所属类型。

在企业文化测量中，常模主要是借鉴心理测验中的概念，原意是指用于比较和解释测验结果时的参照分数标准。它实质上是一种供比较的标准量数，由标准化样本测试结果计算而来，即某一标准化样本的平均数和标准差。在企业文化测量中，常模用来代表群体内(比如，属于某个行业或某一阶段的企业)差异情形的分数架构，可以作为解释个别分数的标准与依据。此外，在编制量表的过程中，需要注意的概念是作为编制测量题目依据的测量尺度(Scale)，作为保证测量结果可靠性与适合性的信度(Reliability)和效度(Validity)。在一般的数理统计和问卷设计中，这些概念也较为常用。

企业文化评价和企业文化评估是相近似的概念，有时可以混用。评价的原意是指通过详细的研究和评估，确定对象的意义、价值或者状态。评价的过程是一个对评价对象的判断过程，是一个运用标准对评价对象特定方面进行比较分析的过程。评估的本意则有评价和估量的意味。在企业文化测评领域,人们常常根据划分的企业文化层次结构,对相关要素进行评价,进而对企业文化形成一个总体的判断,这是一种综合评价企业文化的模式。这种模式中的评价,对应的英文表述是 Evaluate。此外,英文中关于评价和评估还有一个词叫做 Asscss。有学者指出,在英语体系中的"Assess",是搜集证据并对是否获得某种能力进行判断的过程。沙因历来主张文化应该深入到基本假设的层面加以探查,评价企业文化就应该首先识别企业的文化假设,进而才能解释这些假设与一些文化特征的关联。这属于探查式的评价或评估。

以上对企业文化测量、评价或评估等作了初步介绍,下面通过比较它们间的差异,对这些概念及其所反映的测评模式作进一步的阐释,见表 8-1。[1]

表 8-1 企业文化测量与企业文化评价研究比较

类别	对象	主要目的	典型方法	测评效果
企业文化测量	企业文化的特征	(1)判断企业文化的所属类型;(2)预测组织或员工的有效性;(3)揭示企业文化对经营绩效的贡献。	采用定量方法。借助量表设计问卷施测,并转化为数据指标,比照常模,确定文化的类型或特征。	(1)能够揭示组织文化的一些表象和表达的价值观;(2)方法相对简单,对操作者要求不高,有利于大规模测试和比较;(3)被测者所提供数据的客观性和科学性有时遭到质疑;(4)特定量表的局限性难以展现组织文化的全貌。
企业文化评价(评估)	企业文化的层次和要素	(1)了解和破译企业的文化;(2)评价特定企业文化的优劣。	定性方法、定量方法均有采用。(1)通过个人和小组面谈的过程来评测,探查企业的文化,特别是文化深层次的潜在假设;(2)选定评价要素集(指标体系),给定各要素(指标层)权重,确定评价等级,通常运用综合评价方法进行定量评价(给企业文化打分)。	(1)访谈研讨法:① 能探查企业文化的深层假设,描述企业文化的全貌;② 能结合企业特定问题或专题展开,提出配套的文化变革方案;③ 访谈效果对操作者的专业能力依赖性强,对操作者的要求较高,同时也不利于横向比较。(2)综合评价法:① 通过综合评价对总体打分,有利于评比和比较;② 受评价者主观感受影响,评价结果存在较大主观性;③ 虽然能形成整体性评判,但不利于系统提出诊断和改进方案。

〔1〕 陈春花,等. 企业文化[M]. 机械工业出版社,2011:196.

通过这种比较，可从三个方面对企业文化测评的特点加以总结：

(1) 测评对象。测评对象是企业文化。在特定的测评中，因视角不同，测评对象还会在企业文化的特征、层次和要素上有所差异和侧重。

(2) 测评目的。测评目的呈现多样性。这些不同的目的可以大体分为解析企业文化、评价企业文化优劣、判断企业文化类型、预测组织有效性、提供文化变革方案等。

(3) 测评效果。一般而言，测评效果能基本实现对企业文化的整体性评判(描述文化特征和评定综合分数)，但在把握文化本质和指标客观性两者之间难以平衡，在系统地提出诊断和改进方案方面也显得不足。

8.1.2　企业文化测量研究的发展概况

1975 年，哈里森(Harrison)首创针对“组织意识”(Organizational Ideology)的测量工具，将“组织意识”划分为四种类型：权力、角色、任务和自我。此后几年间，汉迪(Handy)、马杰里森(Margerison)等相继开发出系列企业文化测量工具。

在企业文化研究热潮兴起的 20 世纪 80 年代，测量研究成果丰硕，如格拉泽(Glaser)开发出的组织文化测量 OCS(Organizational Culture Survey, 1983)模型，基尔曼(Kilman)和萨克斯顿(Saxton)用来测量行为形式的文化差异测量 CGS(Culture Gap Survey,1983)模型，库克(Cooke)和拉弗蒂(Lafferty)用于测量行为特征的最常用工具组织文化量表 OCI (Organizational Culture Inventory,1986)，萨什金(Sashkin)和富姆(Fulmer)旨在测量组织价值观的组织信仰问卷 OBQ(Organizational Belief Questionnaire,1985)等。

进入 20 世纪 90 年代，企业文化测量研究得以深入，并开始呈现如下特征：借助各类量表和问卷进行定量化研究；对研究成果信度和效度的实证检验有较高要求；更加重视问卷测量的理论基础；研究面向实践应用，测量、评估和诊断之间的界限变得模糊，测量工具更趋简化和直观。其中比较著名的有：(1) 丹尼森组织文化测量模型；(2) 竞争价值观框架 CVF 及 OCAI 量表；(3) 双 S 立体模型；(4) 巴雷特的企业文化变革工具；(5) 多维度组织文化模型；(6) 中国企业文化综合测量体系；等等。

8.2　企业文化测量的工具

几种代表性的企业文化测量工具有：

8.2.1　竞争性价值模型(Competing Values Model，简称 CVM 模型)

奎恩(Quinn)等早期的研究发现，组织有效性的研究应从三个价值维度进行，即控制与柔性、内部与外部、手段与目的，进而建构出一个有效性标准的空间框架。后来,Quinn 等在此基础上开发出竞争性价值模型 CVM。该模型被从柔性到控制的纵轴和由内部导向到外部导向的横轴划分为 4 个象限,其中每个象限代表一种经典的组织理论。第 1 象限是开放系统模型,第 2 象限是理性目标模型,第 3 象限是内部过程模型,第 4 象限是人际关系模型。

从 20 世纪 90 年代起,在 CVM 基础上又衍生出文化契合性模型(Cameron & Freeman,1991)、组织文化类型模型(Deshpande,Farley & Webster,1993)、组织有效性的竞争价值模型(Zammuto,Gifford & Goodman,2000)等研究成果。其中更具代表性的是用于诊断和变革组织文化的 CVF 简化模型(Cameron & Quinn,1999)。在此模型中,两个成对的维度(柔性—稳定性和内部导向—外部导向)同样划分出 4 个象限,用于测量组织有效性的指标群分布在 4 个象限中,反映了员工对于组织表现的价值认同。每个象限以它最显著的特征命名:宗族型(Clan)、活力型(Adhocracy)、层级型(Hierarchy)和市场型(Market)。见图 8-1。

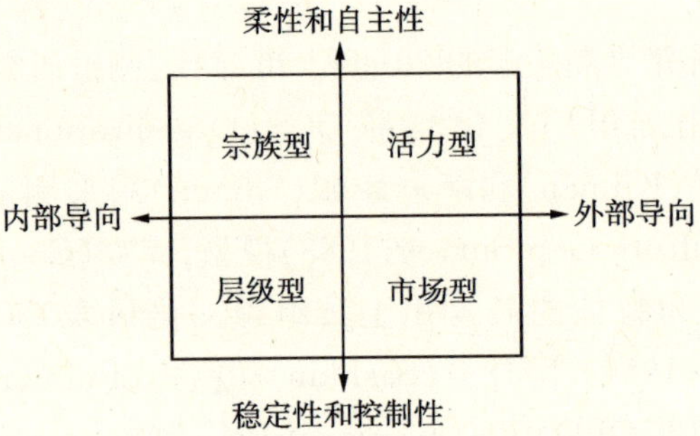

图 8-1 竞争性价值框架(CVF)简化模型

资料来源:Kim S. Camcrom, Robcrt E. Quinn. Diagnosing & Changing Organizational culturc: Based on the Compcting Valucs Framcwork. Addison-Wesley Press, 1998.

8.2.2 组织文化评价量表

卡梅隆(Cameron)和奎恩构建的组织文化评价量表 OCAI(Organizational Cultural Assessment Instrument),是在 CVM 模型基础上开发出的最具代表性的测量工具,对组织文化的诊断和变革,很具实用价值。OCAI 从组织绩效的影响因素中提炼出 6 个方面来评价组织文化:主导特征、领导风格、员工管理、组织凝聚(Organizational Glue)、战略重点和成功准则。每个方面下设 4 个选项,分别对应 4 种类型的组织文化,受测者按照选项陈述与组织文化的契合程度,给 4 个选项打分,4 项的总分为 100 分。对于特定组织来说,它在某一时点上的组织文化是 4 种类型文化的混合体,通过 OCAI 测量后形成一个剖面图,可以直观地用一个四边形表示。OCAI 在辨识组织文化的类型、强度和一致性等方面很有效，尤其在组织文化变革测量方面实用价值较大。

8.2.3　丹尼森组织文化测量模型

丹尼森(Denison)组织文化测量模型(Denison Organization Culture Survey，简称 DOCS 模型)，也是基于对立价值框架(CVF)开发出的代表性成果。不同于 OCAI，DOCS 是运用扎根理论研究方法对 5 家组织进行定性研究，揭示出 4 种文化特质和组织有效性的关系，从而建构一个能够描述有效组织的文化特质理论模型(Theoretical Model of Culture Traits)。而后，以 764 家组织的 CEO 为样本，进一步通过实证研究验证假设。

类似于 CVM，TMCT 被两个成对的维度(内部整合—外部适应和变化—稳定)划分为 4 个象限，分别对应 4 种文化特质：适应性(Adaptability)、使命感(Mission)、连续性(Consistency)和相容性(Involvement)。每种文化特质进一步对应三方面的指标，每方面的指标又由 5 个更加具体的条目来衡量。这样最终形成了以 4 种文化特质为核心，12 方面指标为中间环节，60 个具体条目为最终考察对象的测量体系。测量体系还根据 500 多家组织的调查结果建构常模，受测对象可对照常模得到百分位数，进一步转化为四分位数，因此受测对象组织文化的相对优势和不足可以很直观地反映在所形成的模型中。

研究表明，DOCS 的四种文化特质概念之间的相关性很高，说明各特质之间的区分效度还有待于进一步的检验；有的测量项目负荷值不高，说明还需要进一步改进。

8.2.4　多维度组织文化模型

荷兰学者霍夫斯泰德(Hofstede)于 20 世纪七八十年代首创文化影响工作场所价值观的研究，一举成为跨文化管理的学术权威。此后，以既有研究方法和成果等为基础，霍夫斯泰德从丹麦和荷兰的 10 个组织中选取 20 个分析单元作为研究对象，进行跨组织研究(Cross-Organizational Study)，最终于 1990 年发表了此项研究成果。

这项定性定量相结合的组织文化测量案例研究，采用访谈法和问卷调研法。研究的切入角度不是从组织有效性出发，而是选择组织文化的层次结构。Hofstede 认为，组织文化由价值观和惯例(Practices)两个层面组成，其中价值观层居于内核，而惯例层由表及里又可以分为象征(Symbols)、英雄(Heroes)和仪式(Rituals)。该研究发现，价值观层面主要由安全需要、关注工作和权力需求三个维度支撑，而惯例层面则由过程导向—结果导向、人际导向—工作导向、社区化(Parochial)—职业化、开放系统—封闭系统、松散控制—严密控制、重标准—重实效六个独立的成对维度构成。在此基础上，

Hofstede 提出了 MMOC(The Multidimensional Model of Organizational Cultures)模型。

研究表明,价值观更多的是受人口学指标(国籍、年龄和教育)的影响,领导者价值观要通过共享的惯例来影响员工。因此,霍夫斯泰德特别强调组织文化的核心是对惯例的共享认知,而不是通常认为的共享价值观,不同组织间的文化差异主要通过惯例层面的六个维度来反映。

8.2.5 中国企业文化测评标准

中国企业文化测评中心(CCMC)以企业文化测量理论、实践的集大成者身份,联合清华大学、联想集团等专业机构,历经 5 年时间,开发、完善并形成了“中国企业文化综合测量系统”。作为国内最为权威的文化测量体系,该系统的主要作用有:帮助企业全面盘点自身的文化资产,并进一步区分优劣;了解、把握企业文化的整体状态,进而预测下一步的发展趋势;为企业文化理念的设计、调整等提供科学依据;深入分析企业内部不同部门、层级之间的文化“漩涡”,为把握企业变化规律、促进文化变革、推广企业理念找到关键点,为战略变革、人力资源、市场营销等相关工作提供重要的决策依据。

2009 年 6 月,中国文化管理学会发布了《中国企业文化管理测评标准(COCS)1.0》。这是中国首次发布组织文化管理体系测评标准,该标准的发布,有力地促进了企业文化建设。但鉴于我国企业文化测评取得的成绩和目前存在的问题,版本升级显得必要而紧迫。于是,2011 年 11 月正式发布了《中国企业文化管理测评标准 2.0》[1]。新的测评标准坚持“系统化、科学化、规范化”的原则,主要在以下几个方面进行了修订:一是扩展了测评术语的层级和范围;二是简化了测评适用形式;三是完善了定性测评与定量测评相结合的测评方法;四是增加了企业文化专业人才评价标准;五是设立测评经典案例库;六是加强了过程控制程序;七是设计了更实用的工具和计算公式;八是扩大了测评核心文件容量。COCS 标准 2.0 全面增强了企业文化管理测评的指导性、可操作性和实效性。

总体来看,经过 30 多年发展,测量研究已成为企业文化理论的主流研究方向,形成了多视角和多路径的测量研究态势,研究成果被广泛应用于实践。然而,前景广阔的测量研究正面临着自身的发展瓶颈,从研究范畴的角度看至少有以下两方面值得深入探讨:(1) 测量对象的选择。测量研究首先要建构一个可操作化的“企业文化”概念,即解决测什么的问题。在这一根本问题上的研究进展和成果至今尚难被实践所接受。(2) 测量工具和研究方法的选

---

〔1〕 中国文化管理学会. 中国企业文化管理测评标准 2.0[M]. 国家图书馆出版社,2012.

取。研究者对企业文化认知及其自身专业背景的差异，使得这一问题争论不休。

这两方面问题与对于企业文化本质的研究尚待深入，有关企业文化测量仍没有在管理学范畴内找到科学的解释，测量对象和测量工具等方面也难以建立规范的参照系。局限于心理学和社会学的研究，范畴之中的测量研究，尚难以承载解释并指导实践发展的理论功能。在实践中，企业文化建设受泛文化视角的影响，相应的测量研究更专注于通过现象和层次内容来测评组织文化的特质类型，造成了企业文化测量目的有所偏移。

8.3 企业文化的变革

企业文化变革是指由组织文化特质改变所引起的组织文化整体结构的变化。企业文化变革的根源在于企业生存、发展的客观条件发生了根本性的变化。一方面，它是社会文化变革在组织内的反映；另一方面，它又是企业生存发展的必然要求。当组织原有文化体系难以适应组织经营发展的需要而陷入困境时，就必然通过文化变革创建新的组织文化。

8.3.1 企业文化变革的原因和阻力

约翰·科特和詹姆斯·赫斯克特认为，组织文化变革是客观的，但是，组织文化变革的过程相当复杂，困难重重，究其原因主要有以下两点：〔1〕

首先，企业文化的变革存在极大的困难——要克服组织文化具有的反弹阻力。这就需要极大的权力支撑。这种权力通常只能属于组织的最高管理者。

其次，企业内部各级机构存在着相互依赖性。这种相互依存的内部关系使得不进行全局的改革，就不能对某一局部进行任何重大的改革。而能够实施这种全局性改革的人，其职位也只能是出自组织最高层。

由于上述原因，企业文化的变革相当复杂，不仅涉及表层文化的改变，而且涉及深层文化的改变。这种改变涉及组织成员基本价值观念、思维习惯、行为方式、心理的转变，也会使组织内部各种物质利益关系受到冲击。同时，组织文化具有坚固性与无形性。组织文化是由相对稳定和持久的因素构成的，这一特性往往导致文化的变革具有相当的阻力。一种文化需要很长一段时间才能形成，而一旦形成，它又常常是牢固而不易更改的，这就是我们经常忽略的组织文化的惯性。

企业文化变革常常面临个体、组织、理念诸多阻力。企业文化变革中个

〔1〕 约翰·科特，詹姆斯·赫斯克特·企业文化与经营业绩[M].华夏出版社，1997：114—115.

体的阻力来源于人的某些特性，如个人习惯、狭隘的利己主义、对变化缺乏适应能力、对风险的疑虑等。组织并不是个体的简单集合，而是更多地表现为一种有机体，因此当文化变革发生时，其面临的阻力也更多地以一种整体性、系统性的方式表现出来，如组织结构惯性、对已有资源分配的威胁、对已有权力关系的威胁等。此外，组织文化变革还会遇到文化的惰性、陈旧的价值观念等文化理念的障碍，因此，组织文化变革尤其是其中的突发性变革，会遭遇到普遍的阻挠。例如，组织成员容易产生一些对抗举动。如果组织成员缺乏思想准备，往往会给组织经营秩序带来混乱。但也要看到，组织文化变革总是由无序状态过渡到有序状态，企业文化变革破坏了旧的文化体系，而新的文化体系尚未建立或处于建立之初，组织成员对其不适应、不接受时则会呈现一种分散、无序状态，但分散和无序经过一段时间必然走向有序。当然，还应看到，企业文化变革总是由量变到质变的，由一种文化到另一种文化的转变往往需要较长的时间，即使是组织外部环境发生巨大变化，使组织文化出现突发性变革，也是建立在量变积累基础之上的。

8.3.2 文化变革的影响因素

威金斯(Wikins)和代尔(Dyer)从符号互动的观点出发，将组织文化看作是一种参照的框架，按照这种框架，人们可以对目前面临的情境进行解释，并产生相应的反应。文化或框架的改变受替代框架的可行性、成员对于目前框架的承诺水平以及框架的流动性三个因素的影响。因而，我们可将组织文化的改变视为一种框架的改变，从面对组织文化变革的影响因素作进一步分析。

(1) 替代框架的可行性。当组织成员意识到了替代的框架，并且能够快速形成支持替代框架的组织常规时，这种框架对于组织成员来说才是可行的。在组织既有的文化或框架的长期作用下，人们会形成一整套解释、处理与应付日常事件的例行化的操作方式，即组织常规。Nelson 和 Winters 认为，当组织常规确定下来以后，它就会有效地控制组织成员的大多数行为。当组织成员面临新问题，必须打破原有的思维方式，从一个新的角度思考解决问题的方法时，组织的既有常规就会起阻碍作用，组织成员可能不会快速地从原有的框架转换到一个新的框架中。从这个意义上说，组织成员尽管可能已经意识到替代框架的存在，但是就是无法应用它们，这是因为他们还没有形成新框架所需要的角色及行为常规。

(2) 成员对于目前框架的承诺水平。组织文化变革的关键就在于它的参与者是否真的想变革它。如果组织成员对于目前的框架怀有积极而明确的承诺，那么要想变革到另一个框架就会是一件不可想象的事情。组织文化越强势，组织成员的价值观、工作与行为的方式也就越一致，从整体而言对于目前框架的承诺水平也就越高，变革起来也就越困难。因此，组织文化变革的阻力往往在于人们想保护他们既有的东西不被破坏。

(3) 框架的流动性。所谓框架的流动性，从某种意义上讲，就是组织文化能够接受与容忍创新的程度。Lundberg 认为，组织可以分为变革导向的和稳定导向的。面对同样的环境变化，有些组织可能会很快地调整其组织战略，形成新的组织架构与文化，而另一些组织的适应与变化速度则较慢，甚至对外界的变化无动于衷，这显然是组织框架的流动性不同使然。

8.3.3　企业文化变革的过程

关于组织文化的变革过程，学者们提出了不同的看法。安德烈(Andre)与范德梅尔韦(Aandra Vandermerwe)提出了组织文化变革的4步流程：[1]

第一阶段，找出内外环境的威胁与机会点。除非组织成员意识到改变是唯一解救组织的方法，否则不可能有任何改变。换句话说，他们必须体会到改变是关系到他们生存的关键因素。

第二阶段，创意一个明确的、前后相关的愿景。这个愿景必须很独特，和以前的愿景不同。这个愿景必须对员工有意义，并能指引方向。它是灵感与现实的桥梁，而且必须由专人负责推动，并亲自推广、说明。

第三阶段，建立内在运作系统，授权相关人员推动改革。激励与支持是关键。要促成员工彼此激励与支持，应该指派领导者监督计划的执行。必须让员工"动起来，振奋起来"。

第四阶段，监视整个流程，并让负责人员根据他们从整个过程中学到的经验，做必要的修改。控制并不是变革的领导者希望发挥的功能，让计划依序执行，才是最终目的。此时，最重要的是如何保持员工继续努力的动力与热情。

另外两个学者胡珀(Ruth Hooper)与汤普森(Ian Oliphant Thompson)认为，组织变迁产生的速度之快、频率之高，如果没有技巧处理，很可能会让整个组织天翻地覆。在进行任何变革之前，不但要先了解该公司的企业文化，也要掌握员工的工作信条与价值体系。首先，应提出关于组织价值体系的话题，让员工有机会了解他们所从事行业的特质。其次，以具体行动来改变人们的具体行为。如公司内部的职位轮调、组成工作团队、展开训练及个人发展计划等。最后，就是让高级主管成为员工的典范。他们应该摆脱"管理"的立场，扮演鼓励与协调的角色。了解抗拒的来源，可让管理阶层将员工的消

[1] R.T. 莫兰，J. R. 里森伯格. 挑战全球[M]. 经济管理出版社，1998:225—226.

极抗拒力量转换成积极参与的力量。[1]

米歇尔·比尔(Miehael Beer)建议制定六个步骤来成功执行组织文化变革计划:(1) 让员工参与界定需加以注意的特殊问题。(2) 让员工参与构想新的组织架构。(3) 以强势领导作风,说服所有员工追随新愿景,给员工必要的训练与支持,让他们能执行新的战略,并将不适应新环境的员工调离或去职,以确保战略实施的成效。(4) 允许每一个部门寻找最适合他们的方法,以达到新的目标。人们通常都较愿信守他们自己所定的行为准则。(5) 在员工愿意信守承诺、贡献心力后,制定正式的"制度、系统及组织架构"。(6) 视需要监控、调整战略,以保持高昂士气。

代尔(Dyer)则提出了组织文化的变革循环模式。他认为,组织文化的变革一般包括如下 6 个过程:(1) 组织成员发觉领导者以类似以往的解决方式,无法有效解决组织所面临的危机,因而对领导者的能力和管理行动感到怀疑。(2) 成员对领导者的能力和管理行动的怀疑,连带着对维持既定组织的文化表征(如符号、信念、结构、口号、标语以及组织既定的奖酬制度等)的信心开始动摇,组织成员感到有建立新秩序的必要。(3) 在不断地尝试对危机进行处理的过程中,新领导隐含在一组新假定之下逐渐形成。(4) 新领导的形成与旧文化产生冲突。冲突中的失败者心中会愤恨不平,很快会被革职或自动离职。(5) 危机如果解除,如销售量与获利率增加等,组织成员会将危机的解除归功于新领导者与新文化,其在组织成员心目中的地位也随之建立起来。(6) 新领导通过组织符号、信念与结构的建立以及招聘或晋升服从于新文化的成员,使新文化持续地得到增强。

综合上述各种主张,莫兰(R. T. Moran)和里森伯格(J. R. Riesenberger)认为,组织要想成功变革文化,应遵循以下步骤:[2]

(1) 建立一个愿景。当一个组织开始进行变革时,需要有明确的变革方向与目标,让全体员工都能知道组织文化变革的蓝图。通过蓝图进行组织沟通,使上上下下都能明确组织航行的路线。因此,组织文化变革必须与组织战略、愿景和组织结构变革协调进行。

企业文化变革与组织结构变革就像是我国传统文化的八卦图一样,是阴阳互补、相互作用的,如同人体的体与魂的关系。如果一个企业没有变革精神的文化,组织结构就是一个空躯壳,组织的生命力关键在于具有强大凝聚力的文化与灵活高效的组织结构的适应与协调,两个方面是不可或缺的统一

〔1〕 R.T. 莫兰,J. R. 里森伯格. 挑战全球[M],经济管理出版社,1998: 227.
〔2〕 R.T. 莫兰,J. R. 里森伯格. 挑战全球[M]. 经济管理出版社,1998:231.

体。一个企业既要依托管理的组织结构作为基础，也要依托强有力的文化，不仅可以最大限度地激发每个员工的工作积极性与主动性，而且可以最大限度地把每个个体的积极性凝聚成一股经久不衰的巨大的团队力量，从而顺利实现企业的经营目标。

(2) 详细沟通这一愿景，也就是说组织文化变革要通过沟通消除阻力，必须充分考虑变革所带来的阻力，要积极进行有效的沟通，只有广大员工认识到变革的必要性与重要性及怎么去变革，同时对员工积极有效的变革进行激励和肯定，才能提高员工的参与性，调动员工的积极性，才能保证文化变革的成功。企业要通过培养支持变革的先进人物来培育变革的动力。

而且，文化变革是复杂的，要有足够的耐心与信心。文化的变革与文化的建设是相互依赖和互为促进的，要增强组织成员的相互信任，营造坦诚交流的组织气氛和环境，使变革动力流在组织中流动起来，要有足够的时间使变革起支配作用。动力流与阻力流总是相互作用的，存在一个此消彼长的过程，文化变革不可能一蹴而就、立竿见影，需要耐心与信心，需要长期的建设与巩固。

(3) 让员工都参与。组织文化变革时，要通过培训改变员工的观念和行为，使新的组织文化价值观和行为方式深入到每个人的思想和行为中去，变成他们新的工作态度和工作准则，变成他们内心流出的自觉。新的组织文化要靠文化设计师的设计与支持，但事实证明，使整个组织的各个科室、各个团队都参与进来，使全体员工都参与进来至关紧要，只有依靠所有人的参与、理解、支持与响应，组织才可以激发充满活力的、完全统一的组织文化。

(4) 规划执行流程，对变革成效及时监控、评估与反馈。要管理组织文化变革的过程，及时有效地对变革效果进行监控和反馈，领导要言行一致地带头进行根基性的变革，做变革的典范与教练。文化变革没有领导的坚强决心与信念自觉，就不可能起到真正的作用。特别在中国企业的现阶段，真正的文化变革必须要有强势的领导去设计、倡导、组织和塑造。领导者可以根据其理念采取相应的措施，来更新企业的组织文化。从某种意义上说，组织文化形成与变革的过程就是一个领导的过程。

总之，企业文化变革是组织文化发展的必然阶段。正确认识企业文化变革的动因、阻力、影响因素及其过程，对于促进企业文化建设、提升企业的持续竞争优势具有重要意义。一个公司的优良文化是比现金更加宝贵的财富，企业文化及其合理的变革将是企业首要的竞争优势。企业文化变革和组织变革的终极目标之一是获取企业的持续竞争优势。[1]

因此,企业应通过对其文化现状进行的深刻剖析,进行有计划的变革,广泛地吸取异质文化的精华,并且根据客观形势的变化不失时机地推动企业文化的变革与发展。

〔1〕 张佑林.企业文化及其变革的评述——基于持续竞争优势的视角[J].经济问题,2013(1):31—35.

第 9 章　文化差异与跨文化管理

9.1　文化差异及其根源

文化差异就是不同文化之间存在的差异。文化差异有其存在的合理性和必然性，它是区分不同民族、不同国家、不同组织的重要标志。我们应承认文化差异，尊重文化差异，并调和文化差异[1]，从文化差异中找到相互融和之点。

人类自第一次使用和制造最简单的砾石工具起，就开始了文明的进化，以后在漫长的岁月中又逐步形成了各民族文化的特色。如我们所说的古老的玛雅文化、埃及文化、印度文化、爱琴海文化、罗马文化、阿拉伯文化、华夏文化等。众多的文化体系共同构成了人类社会千百年来多彩的文明景观。在当今世界，同样存在着多种文化体系，如西方的欧美文化圈，东方的中华文化圈、佛教文化圈，还有阿拉伯文化圈、拉美文化圈，等等。每种文化都有其内在价值。

9.1.1　文化模式的国别差异

在研究文化对组织管理的影响时，一般把国家作为主要的分析对象，其原因是，国家是受它的文化、历史、教育制度、法律系统、人力及管理系统影响的基本单位；国家对该国国民来说具有很强的象征性价值；文化的调整来自特定国家人们的生活行为方式；现代社会的地域界限以国界为主，文化的差异也就主要反映在国与国之间。

有些国家和地区的文化史较为接近或相似，因为它们具有许多共同点，如语言、宗教、地理位置、种族以及经济发展水平等。西姆夏・娄嫩(Simcha Ronen)和奥地得・慎佳(Oded Shenkar)曾在跨国文化研究的基础上，根据行

---

〔1〕 丰斯・特龙彭纳斯，查理斯・汉普登-特纳. 在文化的波涛中冲浪：理解工商管理中的文化多样性[M]. 华夏出版社，2003：189—193.

为准则和价值观的异同性将所研究的国家和地区分为九类:(1) 远东国家;(2) 阿拉伯国家;(3) 近东国家;(4) 北欧;(5) 日耳曼国家;(6) 盎格鲁国家;(7) 拉丁欧洲国家;(8) 拉丁美洲国家;(9) 不归于以上八类的独立国家。每一内部各国之间文化差异甚小,而不同类国家之间的文化差异较大。

从民族文化的角度入手研究管理的个例应首推日本。日本虽然受中国儒家思想影响很深,但其价值观与中国伦理思想体系有很大区别。中国文化以"仁"作为伦理的中心,以"礼"作为维持整个社会运作的准则和判断标准。而日本则不同,日本伦理的中心是"诚",而维持整个社会运作的准则和判断标准则是"忠"。美国著名文化人类学家本尼·迪克特在她对日本的著名研究报告《菊与刀》中,曾经对日本文化模式以及"忠"这一社会运作准则在日本社会中所起的作用,作了很多描述。她认为:"忠"提供了臣民—天皇关系的双重体系。臣民对上可不经中间人而直接面对天皇,他通过自己的行动直接"宽慰陛下之心"。但是,接受天皇之命的臣民听到这些命令则是经过处于他和天皇之间的所有中间人层层传达的。"他代表天皇说话。"这是一句唤起"忠"的习惯用语,恐怕是一种比任何其他近代国家所能唤起的强制力都要强大的强制力。〔1〕

在民政管理方面,"忠"也约束着从死亡到税收的每件事情。税务官、警官、地方征兵官是臣民效"忠"的媒介。总体来看,日本式的伦理通过对"诚"的中心确立,引出了民族一致化的道德和运作标准。"忠"、"诚"使得日本企业对人际和谐高度重视,"忠"是日本企业内在凝聚力的基础,是团队精神的精髓。

日本的文化模式与中国的一个显著区别在于,中国历来以天朝大国自居,在自我封闭的文化圈中盲目自大。而日本则具有一种很强的"岛国意识",或是说"不确定感",即整个民族的忧患意识很强,日本列岛频繁发生的火山、地震、飓风等自然灾害,使日本民族经常受到存亡绝继的威胁。再加上日本从近代明治维新以来,社会剧烈变革,使得本来就注重他人评价的日本人产生了自我不确定感。这种自我不确定感在个人心理中的体现通常是胆小、多忧、孤独、犹豫等消极心理倾向,但另一方面,又引发了对安全感的强烈渴求。这种对安全感的需求,是通过对人群、对集团的归附来得到满足的。在集团和人群之中,日本人由自我不确定感而引发的消极心理,便转变为一种积极的心态。

在历史上,日本古代曾以先进的中国文明为师,汲取其中的精华,而近代

〔1〕 露丝·本尼迪克特.菊与刀——日本文化的诸模式[M].九州出版社,2005:99.

的明治维新以后，整个日本社会更是进行大规模的文化转型，倡导“和魂洋才”和“脱亚入欧”，汲取欧洲文明的精华，使社会步入现代化轨道。第二次世界大战以后，日本很快接受和证实战败的事实，毅然大量吸收美国的科技和资金，更是把先进的美国管理方法加以改造，使其适合日本的实际，创造了经济腾飞的奇迹。正如本尼·迪克特所说的那样，日本的文化是一种耻辱感文化，“日本人重视耻辱感远胜于罪恶感”，而日本人却是以耻辱感为原动力的。[1]

与日本文化不同，美国文化的总体特征是建立在个人主义的文化基础之上的。它与中日文化模式最明显的区别，可以说是一种中西文化的明显差异。无论是思维方式、价值准则，还是人际关系的处理，都有着截然不同的标准。如果说中日文化模式之间还有部分相同之处的话，那么中日与美国之间在文化模式上可谓是异大于同。

作为移民社会的美国，其主流依然是欧洲人。美国文化是以欧洲文化为基础的，糅进了世界各民族的文化。作为移民社会，美国人血缘关系很淡薄，主要靠“地缘”和“业缘”关系组合而成。来到“新大陆”的移民，失去了往日的荣耀和资本，人人都站在同一起跑线上，一切都必须靠个人奋斗才能取得。在这一竞争激烈的社会中，道德自律的作用便让位于法治，“优胜劣汰、适者生存”的激烈竞争机制养成了美国人的个人奋斗精神。在这种激烈竞争的状况下，只有依靠外在的法律来规范人的行为。血缘关系的淡漠、崇尚个人奋斗、注重事物的结果，构成了美国文化模式的特点。因而，他们喜欢新奇冒险，崇拜赤手空拳打天下的个人英雄主义。美国人维系人际关系的纽带，更多的是一种平等的契约关系，甚至夫妻、父子之间亦是如此。概括而言，美国人的民族心理和民族性格主要体现为：粗野却又敏锐，讲实力又好盘根究底，讲实际又富于创造力；脑子快办法多，贪求物质之心有余而追求艺术之意不足——但并不妨碍其成就大业；有充沛的精力和勇气；有强烈的个人主义；既为好事尽力又为坏事卖劲，具有独立自主和开朗活力，再加上与生俱来的奔放和活泼。这种典型的美国文化在管理上形成了以“法”为重心的管理模式。

9.1.2　文化差异的根源

人类的基本需要相同，其大脑结构及心理法则也是一致的，但人类所创造的文化却千差万别。其原因是什么呢？古人类学和文化学的研究表明，人类文化的内部差异，不仅可以也应当追溯到原始人由此发展而来的生物种群，还应充分注意到人类所赖以生存的气候、地域环境、自然资源等生存条件

[1]　露丝·本尼迪克特．菊与刀——日本文化的诸模式[M]．九州出版社，2005：159－160．

的影响和作用，注意到文化世界与人的发展、社会群体与社会关系的发展以及整个社会经济活动发展的密切联系。所有这些因素都给不同文化发展提供了独特场合和情景。正是这多方面的因素在漫长的人类生存和繁衍过程中，造成不同的人种、地域、民族、国度的人们之间在生产方式、生活方式、思维方式、情感方式等方面的巨大差别，并形成社会政治制度、社会心理和思想观念等的巨大差别，造成一定的文化传统和文化体系及相应的精神气质（主要指价值取向和主导观念）。

以地理环境为例。在影响人类早期活动、决定一个民族后来文化特征（如文化心理和文化行为方式等）的诸因素中，最主要的、作为第一项即存在约束条件的，无疑是地理环境。由于环境的不同，人类在不同场合和情景中的遭际是不一样的，应付环境和解决生存问题的办法、手段和条件也各不相同，因此，生命的火焰和精神的创造力各有悬殊，其文化花朵也必然表现出绚烂多彩。例如，“平原上的人类不仅创造了土地耕种、五谷栽培以及车辆、房屋等，而且创造了与之相适的观念，如土地崇拜、庆丰收的风俗以及风水、望族、君子之泽等。人们为土地而生存，为土地而进行文化创造，一切文化都带有深厚的土地特征。而水乡文化则不同，人类结网而渔，楼船而居，水里来，水里往，观风察水，求神告巫，撑篙扬帆，呼喊对歌，一切文化都与水密切相关，表现为水上文化的特征”〔1〕。其他像草原文化、山区文化等，也大多有自己的形态特征。这些文化形态都是人类依据不同的生态环境创造并积累起来的，是由各种特殊的文化特质在其功能实现过程中相互作用、联结、整合而成。

地理环境影响文化的诸多因素主要有五个方面，即地理位置、地形、土壤、气候、资源等。地理位置就是文化圈的空间方位，如东方、西方、大陆、海洋、内地、沿海、岛国等的区域划分。由于这些区别而带来的文化差别，相应地就有“东方文化”、“西方文化”、“大陆文化”、“海洋文化”、“内地文化”、“沿海文化”、“岛国文化”等分别。地形即文化圈的地表构造，如高原、盆地、山区、平原等，相应也会产生诸如“高原文化”等相应的文化区域。如依据资源条件，则有农业、牧业的划分，逐步形成“农耕文化”、“游牧文化”、“渔业文化”等特质。其他如土壤、气候等同样也会产生相应的文化圈。由于长期以来人类处于相互隔绝的状态，这些人类文化在各自不同的环境中创造、积累、凝

〔1〕 司马云杰. 文化价值论[M]. 山东人民出版社，1996：74.

聚、积淀，就形成了不同的区域部落、种族或民族早期的“文化原型”[1]及相应的文化特质。原始文化类型赋予部落、种族或民族及区域人们一种共同的价值心理和价值观念，或者说代表着一种文化精神。它可以体现在部落、种族或民族的风俗、道德上，也可以体现在宗教信仰、语言、制度或种族志、民族志上。诚如李约瑟在谈到中西文化差异的根源时所说，地理环境当然不只是背景，它实是构成中国与欧洲文化间模式之差别及其所包含的一切意义之要端。

可以说，每一个部落、种族或民族，甚至不同的风俗区、民俗区在最初的意义上也都有自己的文化原型，并且存在不同的个性和原始价值精神。例如，印度各邦的不同种族或民族在衣着、饮食、道德以及语言、制度、法规、宗教信仰等方面的差异是很大的。这种差异也是历史上文化积累的结果，是由不同的文化原型发展而来的。这一点在历史上不同区域文化中也存在。我国古代的秦晋文化、燕赵文化、齐鲁文化、楚文化、吴越文化等价值取向是不同的，这种不同也是文化积累和价值意识积累的结果，或者说是文化原型和原始价值精神传递的结果，因而才各具价值特征和精神气质。

一般来说，一种文化类型一旦形成，就有相对稳定性，它的历史个性及原始价值精神通过内化成不同部落、种族或民族区域人们的社会心理一代一代传递下去，就像生物的基因一样具有遗传性。只不过这种文化原型的历史个性和原始价值精神的遗传性不是存在于个体人的生物有机体之内，而是存在于社区或社会群体之中。因此，研究文化的民族性和国度性，当然要探讨其历史来源，但这不等于说历史上的民族性和国度性永远保持不变。实际上，文化本身是不断发展变化的，文化的民族性和国度性主要体现于现实，而历史上的文化，则随着社会的演变而演变，其中一部分因素作为传统存留于现实，更多的因素则因经济、政治条件的变化而被淘汰。即便是作为传统的因素，也不是原封不动地保持，而是经过历史的改造，以能适应变化了的社会条件的形式而存留并起作用。从这个意义上讲，对文化的研究，主要针对的应是现在，是现在活着的人的意识及其行为表现。当然，正因为民族文化差异的存在，特别是在跨国经营活动中，才不可避免地发生文化冲突，对其加以管理和控制才成为必要。

9.2 跨文化管理的相关理论

跨文化管理(Cross－culture Management)是随着跨文化经营而产生的。

[1] 所谓文化原型，是指根据不同生态环境创造的文化特质在其原始积累和功能实现中相互作用、联结、整合而成的结构形态。

20 世纪 50 年代以来，跨国公司寻求在全球市场配置资源，而科技进步、国际分工和国家政策的开放推动了跨国公司的空前发展。不稳定和复杂的文化背景成为跨国经营必须认真对待的突出问题。于是，20 世纪 70 年代后期，跨文化管理学在美国应运而生。此后，随着世界经济一体化的加快和企业经营全球化、信息网络化时代的到来，如何在跨文化条件下克服异质文化的冲突，提高企业在不同文化环境下的管理绩效，吸引了大批学者的探讨，并由此促使了跨文化管理和比较管理学的形成与发展。就跨文化管理的相关理论来看，代表性的有：霍夫斯泰德的文化维度系统理论、蔡安迪斯的个体主义与集体主义理论、强皮纳斯的文化架构理论等。

9.2.1 跨文化管理的识别维度

霍夫斯泰德(G. Hofstede)对文化识别维度的研究做得最早，所开发的系统被接受和运用最广，因而影响也最大。

早在 1968 年，他就开始在美国大型企业 IBM 公司中进行跨文化管理研究。到 1973 年，他已发出并回收来自 72 个国家和地区使用 20 种不同语言的 11.6 万份调查问卷。该问卷是对文化进行的综合性调查，涉及员工的基本价值观及信念，以及员工的收入、工作安全感、挑战性、自由、合作等工作特性，另外还涉及管理风格等问题。

霍夫斯泰德在所获数据的基础上进行了系统分析，他认为，文化不是个人的特征，而是包括由相同教育和生活经历共同造就的一群人的特征。文化是可以分为多个层次的，家庭、社会、群体、地区、职业环境以及国家的不同都会造成文化的差异。为了让人们更好地理解文化，霍夫斯泰德把文化比喻为“洋葱”。[1]“洋葱”的最外层是符号，它有的是语词，有的是姿势，也有的是图表或物体，这些东西都有其特定的含义，只有分享这一文化的人才能识别。第二层是英雄，是指一些活的或死的、真实的或虚构的人物。在一种文化里，人们所崇拜的英雄的性格代表了此文化里大多数人的性格，因此，了解英雄的性格，很大程度上也就了解了英雄所在文化的民族性格。第三层是礼仪，是每种文化里对待人和自然的独特表示方式。

最里面的一层是价值观，指人们相信什么是真、善、美的抽象观念，也是文化中最深邃、最难理解的部分。

霍夫斯泰德分析了各国的文化差异，归纳出四种文化维度，即权力距离、不确定性规避、个人主义与集体主义、男性化与女性化。但那时限于条件，他的调查未能覆盖中国大陆这一重要的地区。直到 20 世纪 80 年代后期，旅居

[1] G. 霍夫斯泰德. 跨越合作的障碍——多元文化与管理[M]. 科学出版社，1996：8.

香港20余年，对中国文化研究造诣甚深的加拿大学者邦德(M. H. Bond)与他的几位中国同事一起才开发出一种中国文化调查问卷，对来自五大洲中23个国家的学生作了调查，发现了霍夫斯泰德已提出的维度之外的另一个与中国儒家伦理有关的新维度。霍夫斯泰德在此启发下，于1989年在他的原有系统中补充了新的第五个维度。这五个文化维度分别是：

9.2.1.1　权力距离(大/小)

权力距离，即一个社会成员接受在机构里和组织里权力分配不平等这一事实的程度。霍夫斯泰德认为，一个试图把财富和权力上的不平等降低到尽可能低限度的社会，可以被看做是低权力距离社会。一个把社会与财富上的不平等制度认为是理所当然的社会可以被认为是高权力距离的社会。一个国家或地区的权力距离接受度会对组织和企业的集权程度、领导和决策方式、人际交往等产生很大的影响。他指出，不平等问题表现在人的声望、财富和权力等方面。在等级制度中，上司B与下属E之间的权力距离是指B能决定E的行为的程度与E能决定B的行为的程度差异。权力距离可由权力距离指数来衡量。在组织内部，权力的不平等是功能性的，是不可避免的，成员之间权力的平等分布是组织的实质。这种不平等形成了上司与下属之分。在权力距离指数高的国家，社会不平等是一种常规；人在社会中处于不同的位置，少数人享有特权，而大多数人处于依附状态；上司和下属之间是绝对服从的关系；有权人和无权人存在潜在的冲突，有权人不信任他人，只有权力才能使人合作。而在权力距离指数较低的国家，权力不平等是一种不公正的现象，权力受到制度、程序的制约，以保证每个人应享有同等的权力；等级是为了便利而建立的不同角色，等级的差异应减少到最低程度；有权人和无权人之间存在潜在的和谐，处于不同权力地位的人之间可以相互信任和相互依赖，他们之间感情差距小，下属很容易接近并敢于反驳他们的上司，员工参与决策的程度很高，非权力的合作是建立在团结的基础上的。员工是独立的，思想和政治倾向较小，注重的是帮助员工解决实际问题。[1]

9.2.1.2　不确定性规避(强/弱)

不确定性规避，即一个社会对不确定性和模糊环境所感到的威胁的程度，并试图通过对事业提供更多的稳定性、建立更正式的规则、不容忍离经叛道的思想和行为、信仰绝对的真理和专家的学识，来避免这种状况的程度。每个民族的不确定性规避，都有显著的强弱差异。

强不确定性规避意识表现为：不确定性被认为是一种持续的威胁，人们

〔1〕 G. 霍夫斯泰德. 跨越合作的障碍——多元文化与管理[M]. 科学出版社，1996：37—38.

对此感到非常焦虑和不安，害怕事物的发展与变化；在工作中力图避免冲突与竞争；人应当绝对服从于大众的思想与道德规范；有强烈的保守思想，缺乏创新意识；任何事情必须遵守规章制度，即使规章制度已不再适合也要遵守。

弱不确定性规避则表现为：不确定性是可以被接受的，人们对此不感到任何压力，对事物的发展与变化持积极的态度；不认为时间就是金钱，也不认为拼命工作是一种美德，相反，主张以自我价值消弭外界压力；在工作中可以利用竞争来达到个人的目的；容忍偏离大众的思想与道德规范；人们有一种强烈创新意识；规章制度应当越少越好，当规章制度已不再适合时，能毅然对其进行革新。

9.2.1.3 个人主义与集体主义

按照霍夫斯泰德的观点，个人主义社会是指人与人之间的关系较为淡薄的社会，人们只顾及他自己及其直系亲属；而集体主义社会则相反，人们一出生就结合在强大而紧密的内集团之中。这种集团为他们提供终身的保护，而他们反过来也毫无疑问地忠诚于自己的集团。

个人主义与集体主义关系到个人与其同伴间人际关系的本质。在个人导向性价值占主导地位的社会里，每个人都有强烈的自我意识，一切以自我为中心，组织结构是松散的；个人独立于组织或机构，个人以算计的方式与组织(集体)打交道；个人对集体有较少的感情依附，相信自己而不相信集体。在集体导向性价值占主导地位的社会里，组织结构是严密的。个人往往从道德、思想的角度处理其与组织的关系，个人对集体有强烈的情感依附，人们极信任组织，愿意为组织的成长与发展出力。一般来说，权力距离指数高的国家，其个人导向性指数较低；而权力距离低的国家，其个人导向性指数较高。

9.2.1.4 男性化与女性化

男性化与女性化反映了社会对不同性别扮演角色的看法。男性化表明了一个民族在自信、工作、绩效、成就、竞争、金钱、物质等方面占优势的价值观。女性化则是指在生活质量、保持良好的人际关系、服务、施善和团结等方面占优势的价值观。自主、自立、进取、竞争、果断、成功、晋升、自由、轻松工作、赚取更多的钱财、控制他人、掌握权力和理性思维等行为，与男性的阳刚意识相联系；而与女性阴柔意识相联系的行为有抚育、赡养、依附、从属、乐助施善、恭让卑谦、职位保障、友好合作、尊敬领导等。任何国家在两性文化间都会存在差异，这种差异只是统计意义上的而非绝对的。

男性与女性文化间的差异可以用来解释一些管理活动中的现象。在女性气质的国家中，人们一般乐于采取和解的、谈判的方式解决组织中的冲突问题。在男性或男子气概的国家中,人们则崇尚用一决雌雄的方式解决冲突。女性文化中的经理往往依靠直觉并力求征求大家意见一致,男性文化中的经理则应当果断、自信。女性文化强调平等、团结,注重工作生活质量,男性文化则强调公平、竞争,注重工作绩效。女性文化对工作的看法是"工作是为了生活",男性文化对工作的看法是"活着是为了工作"。

9.2.1.5 长期导向性与短期导向性

这是迈克尔·邦德(Michael Bond)称为传统儒家伦理的新维度,后被霍夫斯泰德接纳并重新命名为第五个文化维度。它表明一个民族持有的长期利益或近期利益的价值观。

具有长期导向性的文化和社会要求面对未来,注重对未来的考虑,对待事物以动态的观点去考察;注重节约和储蓄,做任何事都留有余地。这种社会中的人,常想到的是目前行为对下几代人的影响。典型的例子是位于东方的日本,其企业对投资持长远打算,认为重要的是向远程目标的进展。放眼未来,不急于求成。正如围棋,布子深谋远虑,所以其经济也能长期稳定发展。

短期导向性的文化和社会则面向过去与现在,着重眼前的利益,并注重对传统的尊重,注重承担社会的责任,最重要的是此时此地。美国文化是此类的典型。其企业关注的是每一季度和年度的利润,上级对下级的考绩也是最多每年一次,甚至周期更短,要求立见成效,急功近利,不容拖延。

霍夫斯泰德洞察到管理研究长期以来"收敛假设"基本路线的缺陷。他并不接受普遍范式的主张,认为实践往往比理论聪明,在他看来,日本是少数将进口的管理成功改造应用的范例。因为管理的收敛将永不会出现,人们必须懂得自己所处的文化,人们必须知道部分地决定我们思考的文化因素。在所有的国家都有"管理",但它们的含义却有多多少少的不同,必须进行严谨的基于历史和文化的洞察,才能了解它们的过程、哲学和问题。霍夫斯泰德曾明确指出,"管理"在国与国之间普遍存在差异,他列举了德国、日本、法国、荷兰、海外华人影响较大的几个国家和地区、东南亚、非洲、俄罗斯及中国大陆。当然,借助于霍夫斯泰德的文化的五个维度模型,对以上差异均有较为合理的解释。

文化维度理论提出后,在管理学界引起了很大的反响,同时掀起了文化研究的热潮。霍夫斯泰德用实证研究方法的一个最大好处就是每一个国家在每一维度上都有一个得分,可以用量化的方式来表达文化差异,而不只是定性而已。表9-1是一个具体的例子。

表 9-1 中、日、印、美在 5 个文化维度上的量化

文化维度	国家			
	中国	日本	印度	美国
个体主义	21	46	48	91
权力距离	63	54	77	40
不确定性规避	49	92	40	46
事业成功	51	95	56	62
长期导向	118	80	61	29

从表 9-1 中可以看出,中国在个体主义维度上的得分远远低于美国,日本和印度居中。但在权力距离上,中国和日本的得分则显著高于美国,印度又高于中国和日本。在不确定性规避上,中、印、美三国无显著差异,而日本则显著高于其他国家。这样的关系同样表现在事业成功导向上,日本人对事业成功的重视程度最高。在长期导向上,中国的得分最高,日本其次,美国的得分最低。霍夫斯泰德在《文化与组织》一书中详细比较了世界上其他国家在这 5 个维度上的差异。[1]

9.2.2 蔡安迪斯的个体主义与集体主义理论

蔡安迪斯(Triandis)出生于希腊,早年移民美国,从事心理学研究,以关于个体主义与集体主义的跨文化研究闻名。1995 年,他出版了《个体主义与集体主义》一书,总结了将近 30 年对文化差异研究基础上的个体主义与集体主义理论。蔡安迪斯不同意霍夫斯泰德的个体主义和集体主义是同一维度上的两极的观点。他认为,个体主义与集体主义不是一个维度的概念,也不是两个维度的概念,而是一个文化综合体。蔡安迪斯将这个概念降到个体层面,用它来描述个体的文化导向而非国家或民族的文化导向。蔡安迪斯提出 5 个定义个体主义与集体主义的重要特征:(1) 个体对自我的定义;(2) 个人利益和群体利益的相对重要性;(3) 个人态度和社会规范决定个体行为时的相对重要性;(4) 完成任务和人际关系对个体的相对重要性;(5) 个体对内群体和外群体的区分程度。

蔡安迪斯的个体主义与集体主义理论,将个体与集体两者的主要特征进行了深入的阐述和分析,弥补了霍夫斯泰德理论中这一维度的单薄与不足,对解释东西方文化差异起了巨大的作用,为跨文化管理理论的发展做出了卓越贡献。但是,该理论注重个体研究而不是对国家和民族总体文化的分析,

〔1〕 吉尔特・霍夫斯泰德. 文化与组织:心理软件的力量(第 2 版)[M]. 中国人民大学出版社,2010.

仅聚焦在对个体与集体维度进行分析，还不够全面，用于解释当今世界不同国家、民族、地域、行业形形色色的文化差异、文化融合显然是不够的。

9.2.3 强皮纳斯的文化架构理论

荷兰管理学者强皮纳斯(Trompenaars,1993,1998)提出的文化架构理论虽然没有特别严谨的实证研究做依托，但也对跨文化管理工作做出了不少贡献。他于1993年出版《文化踏浪》(又译为《在文化的波涛中冲浪》)一书，引起轰动；后来与他的搭档查尔斯·汉普顿·特纳(Charles Hampden－Turner)在1997年改写后又再版此书。

他们指出，那种认为在组织管理方面有一个放之四海而皆准的最佳方法的观念是错误的，人们必须理解和应对商业情境中的文化差异。他们把文化的基本差异界定为七种基本的尺度：(1) 普遍主义与特殊主义；(1) 个体主义与集体主义；(3) 中性与情绪化；(4) 关系特定与关系散漫；(5) 注重个人成就与注重社会等级；(6) 长期导向与短期导向；(7) 人与自然的关系的看法。[1]

强皮纳斯的文化架构理论涉及了以前理论没有触及的文化层面，对我们更全面地理解文化内涵和差异很有帮助与启发。由于任何国家或组织都会遇到一些普遍性的文化两难问题，因此，如何通过认识文化差异、尊重文化差异来提高跨文化能力，最终调和文化差异，就成为跨文化管理的关键。[2]

人文关怀是21世纪的主题，跨文化管理的发展与成熟从某种程度上说是管理学领域实现人文关怀的必由之路。传统的管理学实践无法真正地实现人文关怀，跨文化管理的本质就是寻求人类人文关怀的终极目标。[3]跨文化管理在新的国际环境和历史形势下应运而生，是对传统管理学的扬弃，不仅仅寻求发展理论，而且更加注重人类社会的发展；不仅仅谋求管理的成效，而且更加关怀全人类的福祉。

9.3 跨文化管理的实践

管理学大师德鲁克认为，国际企业经营管理“基本上就是一个把政治上、文化上的多样性结合起来而进行统一管理的问题”。面对企业在跨国经营中所受多重文化的挑战，减少由文化摩擦而带来的交易成本，必须采取有效手段进行跨文化培训，选择合适的跨文化管理策略。

---

[1] 丰斯·特龙彭纳斯，查理斯·汉普登-特纳.在文化的波涛中冲浪：理解工商管理中的文化多样性[M].华夏出版社，2003：8—10.
[2] 丰斯·特龙彭纳斯，查理斯·汉普登-特纳.在文化的波涛中冲浪：理解工商管理中的文化多样性[M].华夏出版社，2003：189—204.
[3] 孟凡松.西方跨文化管理研究述评[J].商业经济，2010(8)：31—33.

9.3.1 跨文化培训

跨国公司对子公司的员工，尤其是管理人员进行跨文化培训是解决文化差异，进行跨文化管理最基本、最有效的手段。跨文化培训的主要方法就是对全体员工，尤其是非本地员工，进行文化敏感性训练。将具有不同文化背景的员工集中在一起进行专门的培训，打破他们心中的文化障碍和角色束缚，增强他们对不同文化环境的反应和适应能力。文化敏感性训练可采用多种方式。主要有：

(1) 文化教育。请专家以授课的方式介绍东道国文化的内涵与特征，指导员工阅读有关东道国文化的书籍和资料，为他们在新的文化环境中工作和生活提供思想准备。

(2) 环境模拟。通过各种手段从不同侧面模拟东道国的文化环境。将在不同文化环境中工作与生活可能遇到的情况和困难展现在员工面前，让员工学会处理这些情况和困难的方法，并有意识地按东道国文化的特点思考和行动，提高自己的适应能力。

(3) 跨文化研究。通过学术研究和文化交流的形式，组织员工探讨东道国文化的精髓及其对管理人员的思维过程、管理风格和决策方式的影响。这种培训方式可以促使员工积极探讨东道国文化，提高他们诊断和处理不同文化交融中疑难问题的能力。

(4) 语言培训。语言是文化的一个非常重要的组成部分，语言交流与沟通是提高对不同文化适应能力的一条最有效的途径。语言培训不仅可使员工掌握语言知识，还能使他们熟悉东道国文化中特有的表达和交流方式，如手势、符号、礼节和习俗等，组织各种社交活动，让员工与来自东道国的人员有更多接触和交流的机会等。

9.3.2 跨文化管理策略

文化因素对企业运行来说，其影响力是全方位、全系统、全过程的。作为跨国公司的管理者，首先要做到的就是承认并理解文化差异的客观存在，克服狭隘思想。重视各国语言、文化、经济、法律等的学习、了解、融合，把文化的差异看成是一种优势而不是一种劣势，恰当、充分地利用不同文化所表现的差异，实行积极有效的跨文化管理策略。

一是文化规避策略。当母国文化与东道国的文化之间存在着巨大的不同，母国文化虽然在整个子公司的运作中可以占据主体，但又不能忽视或冷落东道国文化存在的时候，就必须特别正视双方文化的重大差异而进行规避，不要在这些"敏感地带"造成彼此文化的冲突。

二是本土化策略。所谓"本土化"，是指把当地文化理念融会于经营管理之中,通过一体化管理达到相互间的沟通和融合,消除文化障碍,在企业跨国经营的人力管理、产品创新、品牌创立、市场营销等方面加快本土化进程。不同地域的社会政治、经济、文化不同,只有本土化,才能降低交易成本,迅速融入当地,并被当地社会认同。实践证明,“经营本土化”是最能适应异域文化和最能避免激烈文化冲突的跨文化管理模式。

三是文化融合策略。跨文化经营组织中的跨文化人力资源管理在管理理念、管理职务、人事政策上完全超越国家和文化界限是不可能的,任何一种文化都不会变得与另一种文化完全一样。需要在两种文化之间求得浮动平衡,这种平衡过程的开展,就是跨文化经营组织所面临的跨文化范畴的相互融合的过程,逐渐形成具有东道国特色的经营模式,进而创造出一种新的“文化重新组合”的企业文化。

四是文化创新策略。对母公司的企业文化与国外分公司当地的文化进行有效的整合,通过各种渠道促进不同文化的相互了解、适应、融合,从而在母公司和当地文化之间构建一种新型的国外分公司企业文化,以这种新型文化作为国外分公司的管理基础,从而形成跨国企业竞争优势。

五是借助第三方文化策略。跨国公司在其他国家和地区进行全球化经营时,由于母国文化和东道国文化之间存在着巨大的不同,而跨国公司又无法在短时间内完全适应由这种巨大的“文化差异”而形成的完全不同于母国的东道国的经营环境。这时跨国公司所采用的管理策略通常是借助比较中性的,与母国的文化已达成一定程度共识的第三方文化对设在东道国的子公司进行控制。用这种策略可以避免母国文化与东道国文化发生直接冲突。例如,欧洲的跨国公司想要在加拿大等美洲地区设立子公司,就可以先把子公司的海外总部设在思想和管理比较国际化的美国,然后通过在美国的总部对在美洲的所有子公司实行统一的管理。而美国的跨国公司想在南美洲设立子公司,就可以先把子公司的海外总部设在与国际思想和经济模式较为接近的巴西,然后通过巴西的子公司总部对南美洲的其他子公司实行统一的管理。这种借助第三国文化对母国管理人员所不了解的东道国子公司进行管理可以避免资金和时间的无谓浪费,使子公司在东道国的经营活动可以迅速有效地取得成果。

总之,全球化经营企业在进行跨文化管理时,应在充分了解本企业文化和国外文化的基础上,选择自己的跨文化管理策略,使不同的文化得以有效结合,实现跨文化和谐的具有东道国特色的经营管理模式,从而形成自己的核心竞争力。

第 10 章 企业伦理与文化建设的途径

10.1 企业伦理建设的架构

企业伦理建设绝不是一朝一夕之功,而是一项长期的、复杂又艰巨的系统工程,需要从外部和内部建立一整套框架体系。

10.1.1 企业外部伦理建设

企业外部伦理建设就是通过企业外部力量的强制、惩罚、引导和监督,使企业的市场行为符合社会规范和经济规则。例如,可以通过政府立法、行政以及社会舆论来打击假冒伪劣产品,制裁侵权行为,惩罚造成生态危机、环境污染的企业行为,维护起码的社会道德。主要的外部伦理建设机制有监督机制、舆论机制和法律约束机制。

其一,监督机制。主要是指政府和行业部门的监督。作为社会经济管理者的政府,对企业有着强有力的调控和指导作用。政府可以通过制定各种经济法规、经济政策及战略规划等来约束企业行为,引导企业向合乎伦理的方向运行;行业部门作为中观的经济管理部门可以制定一些行规、制度来协调行业内的企业,从而减少企业非伦理行为。监督机制必须是一个健全而公开的机制,需要注意:第一,政府和行业部门也必须接受监督,监督者与被监督者之间不能有某种利益关系或瓜葛,否则很难做到公正。第二,要明确监督的目的。对企业的监督是为了企业的行为合乎伦理,是为了企业的良性发展以及社会的环境优化,而不能立足于政府或行业部门某些领导人的个人偏好或只是将监督作为处理临时危机的修补工具。

其二,舆论机制。社会舆论是加强道德建设、优化道德环境的重要环节,即通过伦理的宣传、劝诫、表彰等,全社会对企业伦理能形成一个比较一致的看法,而企业要顾及自己在社会公众心目中的形象,要考虑长远发展,就会努力避免采用非伦理的经营行为,并努力树立自身的伦理形象,严格遵守伦理规范。社会舆论可以强化和弱化某种企业伦理行为，从而使企业对伦理产生潜移默化的影响。所谓"众口铄金，积毁销骨"就是这个道理。这就要求大众媒介坚持正确的舆论导向，用积极、健康的内容影响和教育民众，对假冒伪劣产品以及不良的企业道德现象施加强大的舆论压力。

其三，法律约束机制。不合伦理的行为不一定违法，但违法行为却一定违背伦理。伦理是一种软约束，法制则是一种硬约束，它是维护其所规定范围内的企业伦理的最有效的手段。企业的任何违法行为，如偷税漏税、伪造发票、制假售假等，一经查实，都应受到法律的严厉制裁。在执行法律的时候应该公正，执法者应廉洁高效，不徇私舞弊，否则会导致法制的失效。另外，法律的制定必须具体全面且具有可操作性，只有这样的法规，才能真正得到实施，才会消除或最大限度地减少不公平交易和不公平竞争行为产生的可能性。

10.1.2　企业内部伦理建设

企业内部伦理建设就是企业内部的自我约束，可与企业文化建设协同进行。如果说企业社会伦理和经济伦理是企业基本的伦理要求和普遍遵循的行为规则，那么企业文化伦理行为则是企业精神的内核，它体现了企业的内在本质和独特性，这种行为选择不受外界干预，只有内部约束。企业内部伦理建设主要是针对企业内部成员的伦理规范建设，它可以通过系统的激励机制、公开的监督机制和全面的教育培训机制加以强化。

(1) 系统的激励机制。不同企业有不同的价值取向，其相应的激励机制也就各不相同。在伦理基础上，个人的自利需求都是合理的，都应该得到尊重，凡是通过正当途径获得的财富也应当得到法律和道德的认可。但是，一切为集体和社会做出贡献的行为都应该得到奖赏和鼓励。激励包括物质激励与精神激励。物质利益激励主要是利用工资、奖金和各种公共福利等形式，对合乎伦理的行为进行奖励，利用罚款等形式对违反伦理的行为进行惩罚。精神激励则是对合乎伦理的行为进行各种形式的表扬、鼓励以满足人自尊的需要。只有将两种方式灵活加以运用，才能充分发挥其有效的激励约束作用。

(2) 公开的监督机制。监督主要是指企业应在内部建立各项完善的内部管理制度和规章，严明各项纪律，为企业伦理提供行为规范和评价标准，从而起到对伦理行为的监督维护作用。监督对于企业和企业人员来说，一方面可促使行为更加符合伦理准则；另一方面可以促进监督者对自己的信任。而有效的监督必须是公开的，这主要取决于信息的公开程度与真实程度。有效的监督必须是企业根据国家的政策法规和企业的伦理准则而制定的，监督的内容必须包括企业的所有经营管理活动,不但对员工的行为要监督,还应对监督者(如领导者、中层管理人员)的行为进行监督;除了对员工进行监督外,还须对组织的其他方面(如财务、生产、营销等)进行监督;最后还应对企业的行为结果(如经济效益、社会效益、环境效益等)进行监督。监督一定要可行,否则,有制度、无行动、无效果的监督,会挫伤员工对监督制度以及组织的信任。

(3) 全面的教育或培训机制。企业教育或培训是企业根据企业目标对企业利益相关者实施教化与培育,旨在培养全面发展的人的管理活动,是企业团体学习的一种主要方式。企业教育和培训对每一个员工都是一种继续学习的机会,应该视之为激励员工的重要手段。企业可以通过制度教育、伦理教育、法规教育、文化教育、业务理论知识和技术知识教育等,提高各级各类企业人员的道德素质和文化素质,以增强企业的综合竞争力。其中,对企业具有长远意义的是企业伦理教育机制。企业的伦理教育是通过规范的宣示、榜样的塑造、行为的感化、心灵的交流等方式启发、诱导、约束员工,使企业伦理深入人心,并转化为员工自觉的要求和行为。

任何一种道德规范与准则的建立和遵从都是一个潜移默化的过程。企业伦理需要通过各种方式、各类信息传递而得到理解和强化,逐渐成为企业员工出自内心向善而自觉遵守的"绝对命令"。企业教育或培训就有这方面的功能,可以使企业道德升华,将规约责任上升到道德责任和义务的层面。另外,企业道德的实践也需要企业教育的传授。企业教育的载体包括领导行为、企业制度和专题培训等。企业可通过上述载体,通过企业形象或企业文化建设提炼出企业的价值观、企业精神、管理宗旨、经营理念、员工职业道德等企业伦理规章。在这个过程中,重建企业伦理主体性是企业伦理建设的关键。〔1〕

总之,企业伦理作为企业精神文化的结构系统,其建构和运作不可能脱离企业的物质实体系统,但又具有自身的特殊规律。在不同的社会制度背景下,在商品经济发展的不同阶段上,作为社会经济组织的企业具有不同的特点,因为一定的企业模式,总是一定社会经济制度的产物,同时也是一定社会文化的写照。所以,在分析企业伦理构建和运作机制的基本原则时,要识别企业的社会制度属性及赖以生存的社会文化环境,并据此选择和确定企业伦理的价值取向。

10.1.3 企业内部伦理和外部伦理建设的关系

企业的外部伦理建设侧重的是对企业的约束和限制,而内部伦理建设则

---

〔1〕 陈雷.企业伦理建设:挑战、关键与路径[J].伦理学研究,2010(4):65—69.

主要是从发挥主体能动性的角度出发,强调企业组织积极主动地了解企业伦理的重要性,培养全体员工较高的集体主义、主人翁责任感,并采取相关的激励机制奖励成员做出合乎伦理的决策。

企业伦理建设是一个主体性很强的活动过程,是企业这个社会实践主体在教育与实践过程中不断认识并积极发挥主动性和能动性的过程。也只有企业这个主体从内心认同企业伦理的合理性与必要性,才能真正地在具体行为过程中不会只考虑企业自身利益或短期利益,而是在决策时会自觉地站在利益相关者的利益角度去抉择。内部建设是企业伦理建设的根本,而外部建设是企业伦理建设的必要条件,外部建设的效果是由内部建设的完善性而决定的。企业伦理建设的真正动力来自企业内部成员的认同与齐心协力,否则,企业只是被动地应付外界的法律制度和公众的舆论,并不能保证企业下次不再犯同样的错误。政府管理机构无法保证一个企业的兴衰,而充满活力的企业必须有自我约束的规章制度、道德规范,在处理利益相关者的利益关系中,坚守道德底线,从而形成自己的伦理定位。

企业内部与外部伦理建设是一个互动的过程。企业的决策行为是在同外界打交道的过程中进行的,讲道德的企业有时会因他人的反道德行为而蒙受损失。所以,企业内部道德水平的提高依赖于社会所有领域(企业活动中的企业伦理、政治活动中的政治伦理、家庭中的家庭伦理)的道德水平的提高。社会道德水平的提高增加了社会对企业的舆论压力,企业在一个良好的外部环境下也会主动地加强企业内部伦理建设。不断完善的法律机制同样能够促进企业内部伦理建设。反过来,企业内部伦理建设的完善可以影响同行业的其他企业的行为,良好的信誉会给企业赢得金钱所无法获得的无形资产,从而在企业生态环境中树立一个良好的企业形象,形成和谐共赢的局面。

10.2　企业领导与企业文化建设

企业文化的构建通常是由企业创始人倡导和实践,经过较长时间的传播和规范管理而逐步形成的。企业领导是企业文化形成和建设过程中的关键影响因素,优良的企业文化是许多代领导者持续倡导和打造的结果。

10.2.1　企业领导对企业文化的影响作用

有人说:“企业文化就是企业领导文化或老板文化。”企业领导的确在企业文化的形成、根植、维系与创新中具有重要的影响。沙因认为,企业领导对企业文化的影响和作用主要发生在以下几个环节:

第一,重视、调节、控制企业文化。企业领导传递信仰的最好办法是一贯重视。这里的重视是指注意和评论事物,经常对这些事物进行调节、控制和奖励，即使是那些只适合某一方面的偶然建议和问题也能像正式的控制方法和措施那样有效。如果领导者意识到这种过程，那么，一贯重视某些事物就是传递某种强有力的影响；另一方面，如果领导者没有意识到这一过程的力量，或者他们所重视的事物不一致，那么员工就要花费大量时间和精力来理解领导者行为的真正含义。按照这一思路，企业领导通过他们倾向性的选择、情绪、关注、评论来传递他们的价值观，就会产生强烈的效果，这些信息往往反映在会议上，也反映在制订计划的活动中。当员工违反了自己的价值观时，他们要及时做出调节和控制，保证员工正确地理解和执行自身的价值观。

第二，处理重大事件和危机事件。在企业面临危机时，企业领导处理危机的行为方式创造了新的规范、价值观和工作程序，并显露了一些重要的潜在价值观。比如，当企业面临销售额急剧下降、库存增加、技术老化和随之产生的为削减成本而需要解雇职工等方面的危机时，企业领导怎样处理这种危机显露了他本人的价值观。如果企业领导面对这种危机不是去解雇职工，而是通过缩短工作时间或减少所有员工和管理人员的工资，在不减少人员的情况下降低成本，这就表示企业领导对员工的关心，他们希望员工对企业保持长期的忠诚。

第三，角色示范、教育和培训。企业领导的公开行为对于向员工传播价值观有着非常重要的价值，所以每个企业领导者都应该争取成为企业的英雄。领导者只有在员工中树立起高大的形象，才能为广大员工所衷心敬爱、拥戴和崇拜，他们所倡导的价值观才会真正被广大员工接受和认同。

第四，制定分配薪酬和提升员工的标准。企业员工从自己的提升、工作绩效评价以及与上级领导讨论问题的经历中认识到企业重视和惩罚什么样的行为和现象，从而也就能理解他们的倾向、价值观。如果企业领导分配薪酬时把多劳多得、员工对企业的贡献作为依据，员工就会努力工作，以获得较高的薪酬；如果企业领导分配薪酬时没有具体的标准，让全体员工吃大锅饭，这样就会挫伤他们的积极性。企业领导提升员工时如果论亲疏远近，就会使一些有发展潜力的员工流失；如果辛勤工作、做出贡献的人能得到提升，员工努力为企业工作的积极性就会调动起来，企业的向心力、凝聚力就会得到增强。

第五，招聘、挑选、提升、退休和解雇职工。企业挑选新成员是内化和渗透企业文化最好的时机，实践证明也是最有效的。一般情况下，企业总是根据应聘人员的价值观念和行为方式是否与自己企业的文化相吻合来决定是否聘用。如果拟雇佣员工在风格、价值观方面与企业格格不入，他是不会被雇佣的。通过谁被提升、谁提前退休和谁被解雇等标准进一步增强了基本的文化假设。

另外，企业领导还可以通过企业组织结构设计、企业的制度和程序，物体的空间、外表和建筑物的设计，对重大事件和重要人物的故事、传说、神话和寓言，企业宗旨、纲领和章程的正式说明等辅助方法来塑造企业文化。

总体而言，企业领导在企业文化塑造过程中发挥着核心作用，并扮演着以下三种角色：

(1) 企业价值观的缔造者。企业价值观是企业在经营管理、追求成功的过程中，逐步建立起来，并为员工所推崇、奉行的一种共同的价值取向、心理势向和文化定势。作为企业核心的企业领导，他的价值判断和事业追求必然通过企业的市场定位和发展战略等体现出来，这些通过经营管理过程影响员工的思想观念，最终形成具有特色的企业价值观。例如，惠普公司的比尔·休利特和大卫·帕卡德，他们的一整套企业经营管理思想后来被称为"惠普之道"，由此催生出一种强力型企业文化。这种企业文化之所以形成，是因为休利特和帕卡德在公司创立之初就怀有一些共同的核心价值观。另一方面，惠普拥有今天的文化，还因为两位创始人聘用、选拔了具有共同价值观的员工，为其经营策略、经营思想打下了坚实的基础。

(2) 企业观念变革的带头者。随着经济的全球化，企业面临的环境迅速发生变化，企业领导必须克服惯性思维，把观念调整、转变到适应市场经济和时代发展的高度上来。企业观念的转变带来企业机制的更新，企业领导带领全体员工不断打破僵化的和固有的旧机制，在动态中追求开放的和富有生机的新机制。同时，企业文化必然随之做出调整和更新。在杰克·韦尔奇执掌通用电气公司的 19 年中，通用电器公司一路飞奔，并因此连续三年在美国《财富》杂志"全美最受推崇公司"评选中名列榜首。他的最成功之处在于从根本上改变了通用公司的经营观念：一是将通用从一家制造商变为服务商；二是定位企业"生产"的是人才，韦尔奇自身也认为他一生中最大的成就莫过于培育人才。通用正是凭借观念的转变，改变了整个公司的文化，使得这个最大最复杂的公司具有持久的生命力。

(3) 企业文化的实践者。企业领导是企业文化的龙头，领导的行为是一种无声的号召，对员工起着重要的示范作用。企业领导只有在自觉地实践企业文化的过程中，将这份集体智慧的结晶与员工一起分享，号召大家共同学习和探讨，才能让员工感到企业的亲和力、向心力和凝聚力。只有领导和员工共同融入企业文化的实践中，企业文化才会逐步完善、定型和深入。虽然有些企业领导相对低调,但在信息化、网络化时代,必要的"前台化行为"〔1〕有助于企业文化的传播。

10.2.2 企业领导与企业文化的匹配

在企业领导与企业文化相互作用的过程中,领导者既对企业文化产生能动作用,同时也接受企业文化的影响。在企业文化发展的不同阶段,领导者可以操纵组织中的各种资源,塑造与其领导行为相适应的企业文化,从企业文化发展的不同阶段来看,领导与企业文化的关系呈现不同的形态。领导可分为交易型和变革型两种,且交易型领导有权宜奖励、积极的例外管理和消极的例外管理三种特征维度;变革型领导有德行垂范、领导魅力、愿景激励和个性化关怀四个维度。〔2〕

变革型领导关心每一个下属,重视个人需要、能力和愿望,耐心细致地倾听,以及根据每一个下属的不同情况和需要区别性地培养与指导每一个下属。这时变革型领导者就像教练和顾问,帮助员工在应付挑战的过程中成长。这一领导特征与支持导向型文化强调参与、协作、以人为本,注重群体凝聚力以及个人成长,常采取口头的、非正式的方式沟通、交流并做出决策,鼓励员工表达对工作及他人的看法,重视每位员工对组织认同的企业文化特征是相匹配的。

变革型领导为下属提供清晰的、有感染力的、能对他们产生激励作用的目标和愿景,并领导和教育员工,培养一种具有创新性和成长性的文化,而不是保持现有的标准;革新导向型文化强调在外部环境中搜集新的信息,强调创造性、预测、试验以及对变革的开放性,常采取非正式的、朝着各个方向的方式进行沟通,在管理上期望员工对工作及组织目标的认同和参与,这种企业文化特征与变革型领导的愿景激励具有高度的适配性。

规则导向型文化强调对权威的尊重、过程的合理性、工作分工及规范化,组织结构具有等级特点,常采取自上而下的书面沟通方式。在交易型领导下,组织通常会制定各种需要实现的经营目标,如财务目标的实现、顾客满意度与忠诚度的提升、市场占有率的提高等,并根据任务完成情况向员工提供相应的激励和奖励。交易型领导的有效实施依赖于完善的奖惩体系,更适应

---

〔1〕 企业家前台化行为的类型主要包括慈善、演讲、代言、出书、开博、电视秀等。企业家前台化行为动机可归结为利他动机和利己动机两类:利他动机包括助人为乐、救急救灾、成就他人和保护环境;利己动机包括获取财富、追求声望、成就自我、消除不安全感和获取企业竞争优势。参见:黄静,等.消费者视角下企业家前台化行为动机的扎根研究[M].中国软科学,2013(4):99—107.

〔2〕 吴琼,施建军.在变革中领导:变革型领导理论述评[J].南京社会科学,2010(2):44—49.

这种稳定的、规则化的文化环境，即规则导向文化，以保证其能够按照相关规定和程序来安排任务并相应给予奖励，这会直接导致组织员工对易于实现目标的关注，从而实现组织绩效目标。

目标导向型文化强调理性、目标管理、目标设置、信息的选择、功能性绩效以及情境性报酬，其实质是在考虑外部环境的过程中，以一种合理的方式实现组织目标。这一文化特征与交易型领导的例外管理方式不谋而合，通过设置目标、情景性报酬来激励员工的行为，一般情况下不会对员工的行为加以干涉，使员工充分发挥其主观能动性，只有当员工出现困难或失误的情况下，领导者才会出面进行管理，保持员工目标与组织目标一致，从而实现组织任务。

从以上分析可以看出，企业文化的规则导向和目标导向型文化与交易型领导的特征维度适配性比较高；变革型领导、革新导向和支持导向型企业文化存在特征适配性。[1]

10.3 企业文化建设的步骤

10.3.1 企业文化分析

建设企业文化的关键在于量体裁衣，建设适合本企业的文化体系。达到这一目标的大前提就是要深入分析企业文化的现状，对企业现有文化进行一次调查，对企业文化进行全面了解和把握。当一个企业尚处在创业阶段时，需要了解创业者的企业目标定位，如果是已经发展了一段时间的企业，需要了解企业发展中的一些问题和员工广泛认同的理念。

常用的企业文化调研方法主要包括访谈法、问卷法、资料分析法、实地考察法等。可以是自上而下、分层进行，也可以是大规模一次性进行，这取决于企业的规模和生产特点。企业文化的调研，其实也是一次全体员工的总动员，因此，最好在开展工作之前，由公司主要领导组织召开一次动员大会。在调研期间，可以采取一些辅助措施，如建立员工访谈室、开设员工建议专用信箱等，调动员工的积极性，增强参与意识。企业文化建设是全体员工的事情，只有员工乐于参与、献计献策，企业理念才能被更好地接受。

企业文化的调研要有针对性，内容主要围绕经营管理现状、企业发展前景、员工满意度和忠诚度、员工对企业理念的认同度几个方面。一些企业内部的资料往往能够反映出企业的文化，可以从企业的历史资料、各种规章制度、重要文件、内部报刊、公司人员基本情况、先进个人材料、员工奖惩条例、

---

〔1〕 陈春花，等.企业文化[M].机械工业出版社，2011：220.

相关媒体报道等方面获得有用信息。为了方便工作，最好列一个清单，将资料收集完整，以便日后检阅。

在企业文化的调研当中，匿名问卷形式比较常用，它可以很好地反映企业文化的现状和员工对企业文化的认同度。可以根据需要设计问卷内容，设计原则是调查目标明确、区分度高、便于统计。对有关价值观类型的调查，又不能让被调查者识破调查目的。比如，在分析员工价值取向的时候，可以提问："如果再次选择职业，您主要考虑以下哪些方面？"然后列出工资、住房、个人发展等许多要素，规定最多选三个，经过结果统计，就不难发现员工普遍性的价值取向了。

经过一系列的企业文化调研后，要进行分析与诊断，得出初步结论。作为整个企业文化调研过程，调研结果诊断是较为关键的一步。[1]

企业文化分析与诊断主要集中在以下几个方面：

(1) 分析企业经营特点，把握企业在行业中的地位和企业生产经营情况。

(2) 分析企业管理水平和特色，研究企业内部运行机制，重点分析企业管理思路、现有管理理念和主要弊端。

(3) 分析企业文化的建设情况，领导和员工对企业文化的重视程度。

(4) 逐项分析企业文化各方面的内容，包括企业理念、企业风俗、员工行为规范等具体内容。

根据对以上几方面内容的综合分析，可以判断目前企业文化的状况，了解员工的基本素质，把握企业战略和企业文化的关系，分析企业急需解决的问题和未来发展的障碍，这就为下一步企业文化的设计做好了准备。

10.3.2 企业文化设计

企业文化是一个有机的整体，它包括精神层(即理念层)、制度层、行为层和物质层，包含CI体系的全部内容，既有理念系统，又有行为系统和视觉识别系统。理念层的设计要遵循以下原则：历史性原则、社会性原则、个体性原则、群体性原则、前瞻性原则和可操作性原则。制度层和物质层设计要本着与理念层高度一致的原则、系统完整性原则和可操作性原则。企业文化的设计中最重要的是企业理念体系的设计，它决定了企业文化的整体效果，也是设计的难点所在。理念体系一般来讲包括以下几个方面：企业愿景(或称企业理想)、企业使命(或称企业宗旨)、核心价值观(或称企业信念)、企业哲学、经营理念、管理模式、企业精神、企业道德、企业作风(或称工作作风)。企业制度层主要是为了贯彻企业的理念，日常管理的每一项制度都是企业理念的

---

[1] 徐文中.打开文化管理之门：企业文化调研理论与实践[M].社会科学文献出版社，2011：91.

具体表现,同时,有必要针对企业理念的特点制定一些独特的管理制度,尤其是在企业文化的导入期十分必要。物质层的设计主要包括标识设计、服装设计、办公用品设计等,核心是企业标识的应用设计,这些设计都是为传达企业理念服务的。

企业理念是企业的灵魂,是企业持续发展的指南针。企业理念中的各个部分有着内部的逻辑性,设计时需要保持内部的一致性、系统性。企业愿景描述了企业的奋斗目标,回答了企业存在的理由;企业哲学是对企业内部动力和外部环境的哲学思考;核心价值观解释了企业的判断标准,是企业的一种集体表态;企业经营理念回答了企业持续经营的指导思想;企业精神体现了全体员工的精神风貌;企业作风和企业道德是对每一位员工的无形约束。所有内容相辅相成,构成一个完整的理念体系。

企业制度层的设计主要包括企业制度设计、企业风俗设计、员工行为规范设计,这些设计都要充分传达企业的理念。企业制度是指工作制度、责任制度、特殊制度。这些制度既是企业有序运行的基础,也是塑造企业形象的关键。所谓特殊制度,是指企业不同于其他企业的独特制度,它是企业管理风格的体现。比如,"五必访"制度,在员工结婚、生子、生病、退休、死亡时访问员工。企业风俗的设计也是不同于其他企业的标识之一,它是企业长期沿袭、约定俗成的典礼、仪式、习惯行为、节日、活动等。一些国外企业甚至把企业风俗宗教化,如"松下教"、"本田教"。许多企业具有优秀的企业风俗,比如,平安保险公司每天清晨要唱"平安颂",某公司每年举办一次"月亮节",与员工家属联谊。员工行为规范主要包括仪表仪容、待人接物、岗位纪律、工作程序、素质教养等方面。好的行为规范应该具备简洁、易记、可操作、有针对性等特点。

企业物质层的设计主要是指企业标识、名称及其应用。企业的名称和标志如同人的名字一样,是企业的代码,设计时要格外慎重。清华同方的名称来源于"诗经"的"有志者同方",简明易记。企业的标识则是企业理念、企业精神的载体,企业可以通过企业标识来传播企业理念,公众也可以通过标识来加深对企业的印象。同时,企业标识出现的次数和频度,直接影响社会公众对该企业的认知和接受程度,一个熟悉的标识可以刺激消费欲望。如果把企业理念看成企业的"神",那么企业标识就是企业的"形",它是直接面对客户的企业缩影,因此,在设计和使用上要特别关注。

10.3.3 企业文化实施

企业文化的实施阶段,实际上也是企业的一次变革,通过这种变革,把企业优良的传统发扬光大,同时,纠正一些企业存在的问题。最早提出有关组织变革过程理论的是勒温(Kurt Lewin)。勒温模型提出组织变革三部曲:解冻—变革—再冻结,可以说这一模型也反映了企业文化变革的基本规律。一般来讲,企业文化的变革与实施需要有导入阶段、变革阶段、制度化阶段、评估总结阶段。

导入阶段就是勒温模型的解冻期,这一阶段的主要任务是从思想上、组织上、氛围上做好企业文化变革的充分准备。在此阶段,要建立强有力的领导体制、高效的执行机制、全方位的传播机制等几方面的工作,让企业内部所有人认识到企业文化变革的到来。为了更好地完成这一阶段的工作,可以建立领导小组来落实。设立企业文化建设专项基金来开展工作,在人力、物力上给予支持。

变革阶段是企业文化建设工作的关键,在这个阶段,要全面开展企业文化理念层、制度层、物质层的建设,即进行由上而下的观念更新,建立健全企业的一般制度和特殊制度。形成企业风俗,做好企业物质层的设计与应用。这一阶段可谓是一个完整的企业形象塑造工程,中心任务是价值观的形成和行为规范的落实,至少要花一年的时间。

制度化阶段是企业文化变革的巩固阶段,该阶段的主要工作是总结企业文化建设过程中的经验和教训,将成熟的做法通过制度加以固化,建立起完整的企业文化体系。在这一阶段,企业文化变革将逐渐从突击性工作转变成企业的日常工作,领导小组的工作也将从宣传推动转变成组织监控。这一阶段的主要任务是建立完善的企业文化制度,其中应包括企业文化考核制度、企业文化先进单位和个人表彰制度、企业文化传播制度、企业文化建设预算制度等。这一阶段常见的问题是新文化立足未稳、旧习惯卷土重来,尤其是过去有过辉煌的企业,往往会坚持旧习惯,这一点要求管理者做好足够的思想准备。

评估总结阶段是企业文化建设阶段性的总结,在企业基本完成企业文化建设的主要工作之后,总结评估以前的工作,对今后的企业文化建设具有十分重要的作用。评估工作主要围绕事先制订的企业文化变革方案,检查变革是否达到预期的效果,是否有助于企业绩效的改善和提高。总结工作还包括对企业文化建设的反思,主要针对内外环境的变化,检查原有建设体系是否成立,具体的工作方法主要是现场考察、研讨会、座谈会等。

10.4 企业文化建设的基本方法

企业文化建设是一项系统工程,其方法多种多样,因企业而异。企业要善于根据自身的特点,具体问题具体分析,结合实际,综合运用各种方法,有效地建设本企业的文化。以下是常用的几种基本方法。

10.4.1　宣传教育法

这是建设企业文化的基本方法。企业只有通过完整系统、长期、多形式、多层次、多渠道的宣传教育，形成浓郁的企业文化氛围，才能把企业文化转化为员工的自觉意识，成为企业和员工行为的指南。企业采用宣传教育法的具体途径如下：

(1) 搞好文化意识培训。对于企业成人教育来说，最见成效的文化意识培训方法首推"在职培训法"(又叫"实干学习法")。企业结合员工的岗位、性质、特点和需要，进行文化意识教育，可以使员工在文化素质和专业技能得到提高的同时，对企业的历史、沿革、传统、信条、宗旨和价值观念、行为规则等有一定的了解和掌握，为企业文化建设与发展奠定基础。

(2) 开展多种形式的舆论宣传和教育工作。进行企业文化的宣传教育，是企业文化实践工作的第一步，目的在于在企业中形成一个浓烈的舆论气氛，让员工在耳濡目染、潜移默化中接受企业倡导的价值观，并指导自己的行为。宣传的方式和手段有：① 厂史教育。即向新员工介绍企业的优良传统、道德风尚和价值准则，了解企业的发展历史，增强员工对企业的荣誉感、自豪感和责任感。② 编辑出版企业文化简讯、刊物、纪念册等，将企业文化内容体系向员工灌输，向社会传播。③ 厂办学校传播企业文化。大型企业可以办企业员工大学或员工学校，大张旗鼓地宣传企业的特点、风格和企业精神，激发员工的工作热情。④ 通过各种会议对员工宣传企业文化，如举办读书会、演讲会、茶话会、对话等，沟通企业内部经营管理信息，增进员工了解，使员工理解企业的政策与行为，参与企业事务。⑤ 开展各项活动，如在企业内部召开多层次的企业文化研讨会，开展丰富多彩的文娱体育活动、企业精神训练活动等，寓企业文化教育于丰富多彩、生动活泼的业余文化体育活动之中，使员工在参与这些活动的过程中陶冶情操，提高文化修养。

10.4.2　典型示范法

典型示范法是通过树立典型、宣传典型人物来塑造企业文化。所谓典型人物，是指企业员工中最有成效地实践企业文化的优秀分子。所树立的典型，既可以是企业的领导人，也可以是企业的普通员工，而且普通员工典型往往更具影响力。典型人物就是企业价值观的化身，树立他们的正面形象，就是给广大员工提供值得效法和学习的榜样。看一个企业推崇什么、赞赏什么，从它所树立的典型人物的行为中即可判断出来。典型人物在其事迹中表现出来的精神、意识，正是企业文化倡导的内容。

企业运用典型示范法塑造企业文化的关键在于典型人物的造就。一般来说,企业典型人物是在企业经营管理实践中逐步成长起来的,但最后作为楷模出现,需要企业组织认定、总结、倡导和宣传。典型人物是本身良好的素质、优异的业绩与企业“天时、地利、人和”的客观环境形成的催化力共同作用的结果。因此,企业在造就典型人物时,一要善于发现典型人物,即善于发现那些价值取向和信仰主流是进步的、与企业倡导的价值观相一致的、具备楷模特征的优秀员工。二要注意培养典型人物。即对发现的典型人物进行培养、教育和思想意识的理论升华,并放到实践中锻炼成长。三要肯定。宣传典型人物,即对在实践中锻炼成长起来的有优异业绩、有广泛群众基础的典型人物以一定的形式加以肯定,总结其先进事迹,并积极开展宣传活动,进行广泛的宣传,提高其知名度和感染力,最终为企业绝大多数员工所认同,发挥其应有的楷模作用。四要保护典型人物,即制定鼓励先进、保护典型人物的规章制度,伸张正义,消除企业内部对先进人物嫉妒、讽刺、挖苦、打击等不良倾向。需要指出的是,对企业典型人物进行宣传必须实事求是,不要人为地进行拔高,给先进人物罩上一层神秘的光环,使一些先进人物变得不可信。在宣传和发挥典型人物的作用时,应给予典型人物必要的关心和爱护,为他们的健康成长创造良好的环境和条件。

10.4.3 环境优化法

环境与人是密切相连的,人能造就环境,环境也能改造人。按照行为科学和心理学的特点,优化企业的向心环境、顺心环境、荣誉感环境,是企业文化建设的重要方法。现代心理学认为,共同的生活群体能产生一种共同的心理追求,这种心理追求一旦上升为理论并被群体成员所公认,就会产生为之奋斗的精神。这种精神就是人们赖以生存与发展的动力。一个企业也是这样,也需要有一个蓬勃向上的指导企业整体行为的精神,从而把员工的生活理想、职业理想、道德理想都纳入到企业,乃至社会的共同理想的轨道上来。这种能使企业员工产生使命感、并为之奋斗的精神状态,称为“向心环境”。理想的价值观念也只有在这种向心环境中升华,才能使企业产生向心力和凝聚力。

(1) 建设向心环境。这需要在共同理想的目标原则下,根据本企业的发展历史、经营特色、优良传统、精神风貌,去概括、提炼和确定企业的精神目标,再把精神目标具体融化在企业管理之中,使企业经营管理与思想政治工作融为一体,变成可操作性的东西,使员工产生认同感,唤起使命感。例如,一些人认为,发展市场经济和为人民服务是对立的,根本无法结合,但许多经营成功的企业都从实践上回答了这个问题,即市场经济与为人民服务可以融为一体。例如,商贸企业能给顾客以真情实意,处处为顾客着想,这种思想和行为就是市场经济条件下为人民服务的生动体现。任何一个企业,越能为顾客着想,越关心和尊重顾客,越满腔热情地为顾客服务,就越能得到顾客的信赖,从而企业的经济效益也就越高,员工的物质利益也越能得到保障,企业的向心力和凝聚力就越强。因此,造就团结奋斗的向心环境,就能使员工的理想得以升华,成为力量的源泉、精神的支柱。

(2) 创造顺心环境,开发动力资源。人的才智和创造力是一种无形的、内在的动力资源,在环境不适合的条件下,一般常以潜在的形态存在,只有在心情处于最佳状态时,才能焕发出充沛的精神活力,所以企业文化建设成效,往往来自于一个团结、和谐、融合、亲切的顺心环境。企业顺心环境的建设,非常重要的环节是企业在管理工作过程中,要善于“动之以情、晓之以理、导之以行”。不仅要关心员工对衣、食、住、行等基本层次的需要,更重要的是注意引导员工对高层次精神方面的需要;经常从生活上关心员工,体察员工的疾苦,解决员工的困难,营造企业大家庭的文化氛围,增强企业大家庭的温暖等。只要企业领导者和管理者身体力行、员工当家做主、团结宽松的顺心环境一旦形成,员工的工作就会充满意义,生活充满乐趣,就会为振兴企业释放出内在的光和热。

(3) 营造荣誉感环境,激励高效行为。行为科学认为,人的行为分为低效行为和高效行为。荣誉感环境是消除低效行为、激励高效行为的重要因素。精明的企业领导者总是在创造一个以多做工作为荣、以奉献为荣、以整体得奖为荣的心理环境上下工夫,以降低和消除人们的低效思想行为,保持群体蓬勃向上的精神活力。

企业要创造良好的荣誉感环境,首先要有荣誉感意识,通过各种途径培养员工对企业的归属感和荣誉感。首先,要树立“司兴我荣,司衰我耻”的荣誉感和为企业争光的主人翁责任感。其次,要注意宣传企业的优秀传统、取得的成就和对社会的贡献,不断提高企业的知名度和美誉度,塑造企业良好的社会形象。再次,要尊重员工的劳动,及时充分地肯定和赞扬企业员工的工作成绩,并给予相应的荣誉和奖励,使员工感到企业能理解、关心他们。最后,要勇于打破企业内部存在的消极平衡的心理状态,使员工学有榜样,赶有目标,不断强化他们的集体意识和进取意识,形成争先恐后、比学赶帮、开拓进取、奋发向上的良好局面。

10.4.4　激励法

所谓激励,就是通过科学的方法激发人的内在潜力,开发人的能力,充分发挥人的积极性和创造性,使每个人都切实感到力有所用,才有所展,劳有所得,功有所奖,自觉地努力工作。激励法既是有效管理企业的基本方法之一,

也是企业文化建设的有效方法。建设企业文化的激励方法很多,视情况而定。最常用的激励方法有以下几种:

(1) 强化激励。所谓强化激励,就是对人们的某种行为给予肯定和奖励,使这个行为巩固,或者对某种行为给予否定和惩罚,使它减弱、消退。这种工作过程称为强化,前者称为正强化,后者称为负强化。正强化的方法主要是表扬和奖励。表扬就是表彰好人好事、好思想、好经验。奖励可分为物质奖励和精神奖励,两者必须配合得当,有机结合。负强化的主要方法是批评和惩罚,批评的方法有直接批评、间接批评、暗示批评、对比批评、强制批评、商讨批评、分阶段批评、迂回批评等;惩罚的主要方法有行政处分、经济制裁、法律惩办等。

(2) 支持激励。支持下级的工作,是对下级做好工作的一个激励。支持激励包括:尊重下级,尊重下级的人格、尊严、首创精神、进取心、独到见解、积极性和创造性,信任下级,放手让下级工作,为下级创造一定的条件,使其胜任工作,支持下级克服困难,为其排忧解难,增加下级的安全感和信任感,主动为下级承担领导责任等。

(3) 关心激励。企业的领导者和管理者通过对员工生活上和政治上的关怀,使其感到企业大家庭的温暖,以增强主人翁的责任感。

(4) 情感激励。有情方能吸引人、打动人、教育人,也就是说,只有激发人的同情心、敬仰心、爱慕心,才能产生巨大的精神力量,并影响人们的行为。实践证明,许多效果显著的讲话、谈心,都离不开流露于言语中的激励,同时还要注意有情与有趣的结合,员工除了紧张工作外,还有更广泛的兴趣。因此,企业应采取多种措施,开展丰富多彩的活动,培养和满足员工的乐趣和爱好,从而激发其工作热情。

(5) 榜样激励。榜样的力量是无穷的,它是一面旗帜,具有生动性和鲜明性,说服力最强,容易在感情上产生共鸣。有了榜样,可使企业员工学有方向,干有目标,所以,树立榜样也是一种有效的激励方法。

(6) 集体荣誉激励。先进集体的成员会有一种荣誉感、自豪感、光荣感和信任感。每个成员都要为维护集体的名誉负责,在维护集体名誉中焕发出极大的工作热情和干劲。

(7) 数据激励。用数据表示成绩和贡献最有可比性和说服力,也最能激励人们的进取心。例如,球赛时公布的比分能激励队员去取胜,各种统计报表的数据能激励人们比、学、赶、帮、超。运用数据激励的主要方法有:逐月公布企业内部各部门、各班组甚至是员工的各项生产经营指标;公布员工政治、技术、文化考核的成绩,激励员工努力学习科学技术和掌握业务技能;设立立功本、光荣册，公布各种劳动竞赛成绩，激励员工争当先进。

(8) 领导行为激励。优秀的领导行为能激励群众的信心和力量，因此企业领导应通过自己的模范行为和良好的素养去激励员工的积极性。

总之，应根据企业发展阶段和自身特点合理选择企业文化的激励方法，综合运用，这样才能取得较好的效果。

第 11 章　结语:构建企业文化竞争优势

在当今竞争日趋激烈的环境下,决定一个组织存活的基本要素就是对组织的竞争优势的寻求。从组织文化与组织发展的关系来看,杰伊·巴尼(Jay B. Barney)认为,文化可以作为企业维持竞争优势的一个源泉。

企业的成功往往取决于企业文化对企业战略的支持程度,文化不仅影响企业所使用的分析方法,也影响企业中流行的思维方式,因而也就影响企业战略形成的过程。总体来看,企业文化对企业的不同时期发挥着不同的作用,因此企业应注重文化的形成与发展,为企业的发展创造良好的文化环境。

正是由于企业文化对企业战略和企业发展有着重要的影响,而企业战略常常是一种适应性的创新战略,这就必然要求培育新的适应知识经济时代,以及复杂、动态环境要求的企业文化,进而构建组织的文化竞争优势。

11.1　构建组织学习型文化

在知识经济时代,企业的竞争优势更多地来源于组织内的群体学习,来源于组织规范和价值观的传递,来源于组织成员的相互交流和共同参与。正如彼得·圣吉(Peter M. Senge)所指出的,未来真正优势的组织必将是在组织的所有层面上发现怎样把人的义务和能力结合在一起而进行学习的组织。[1]一个组织要想生存,它学习的速度必须超过或最起码要等于环境的变化,不学习即消亡。只有构建出一种学习型文化,才能孕育出学习型组织。彼得·圣吉指出,在学习型组织的领域里,有五项新技能正在逐渐汇聚起来,使学习型组织演变成一项创新。虽然它们的发展是分开的,但都紧密相关,其中的每一项技能对学习型组织的建立都不可缺少。圣吉把这五项技能称为"五项修

〔1〕 彼得·圣吉.第五项修炼——学习型组织的艺术与实务[M].上海三联书店,1998:4.

炼”,即自我超越、改善心智模式、建立共同愿景、团体学习和系统思考。[1]我们认为,构建学习型文化的关键在于建立组织的共同愿景、培养团队精神、加强团队学习和鼓励员工个人学习。

(1) 建立共同愿景。共同愿景是指组织成员所拥有的共同的景象,它可在组织内部产生高度的凝聚力,产生巨大力量推动组织发展。为此,我们应该鼓励建立个人愿景,塑造组织整体形象,融入组织理念,学习双向沟通技术,忠于真相等。建立共同愿景是一项永无休止的工作,领导者必须将其当成日常工作中的中心要素,保证其持续进行。

(2) 培养团队精神。这是很多成功的组织的共同做法,组织管理者应特别重视感情投资,尽可能了解、熟悉每一个员工,让员工对组织有“家”的感觉,通过社会性相互作用的调整才能有效发挥员工主人翁的责任感和团队协作精神。事实上,成功的团队总是在某种程度上依赖于组织内部自己所创建的社区,即一种组织特有的工作方式。没有这种社区感和团队自己的文化,他们就会成为一盘散沙,团队就会有与组织其他部门隔离开来的危险。因此,就必须具备几个相互关联的条件:团队内必须充满活力;团队内必须有一套为达到目标而设置的控制系统;团队必须拥有完成任务所需的专业知识;团队必须要有一定的影响力等。卡曾巴赫(Jon R. Katzenbach)和史密斯(Douglas K. Smith)在探讨创建绩优组织时指出,绩优团队是个能满足真正团队的所有条件,又能使其成员对彼此的个人成长和成功给予极大支持的群体。绩优团队的成就远远超过类似团队的所有群体,也远远超出团队成员的合理想象。它是所有真正的团队和潜在的团队的最佳模式。[2]

(3) 加强员工素质培训。通过培训,让员工的业务素质与员工的基本素质有机结合起来。这可以采用多种培养模式。例如,德国员工“双元制”培训模式,即指学校与企业结合,以企业为主;理论与实践结合,以实践为主。企业办大学的模式,即企业通过自己办大学进行员工素质培训。驻外培训模式,让企业成员在其他地方锻炼、训练,以适应其他地区文化传统、法规、政策,从而有利于企业全球化战略的制定、实施。岗位培训模式,即让员工熟悉一定范围内的所有业务,使员工成为多面手,从而增强员工的能力,提高企业的经营柔性。互联网培训模式,这是互联网出现后而产生的一种新的培训模式。

(4) 鼓励员工个人自觉学习。建立学习型文化应从个人自觉学习开

---

〔1〕 彼得·圣吉.第五项修炼——学习型组织的艺术与实务[M].上海三联书店,1998:7—11.

〔2〕 乔恩·R.卡曾巴赫,D.K.史密斯.团队的智慧:创建绩优组织[M].经济科学出版社,1999:92.

始，个人学习是团队学习的基础，更是组织学习的基础，组织应营造促进个人自觉学习的环境，让员工克服学习障碍。正如彼得·圣吉所言："在其中，大家得以不断突破自己的能力上限，创造真心向往的结果，培养全新、前瞻而开阔的思考方式，全力实现共同的抱负，以及不断一起学习如何共同学习。"[1]

当然，获取外部知识，使组织学习方式与组织内部学习有机结合，提升企业创造力，构建组织学习方式影响组织创造力的路径，已成为组织学习的关键点。研究表明，探索式学习通过影响市场知识获取进而推动技术知识获取，最终影响组织创造力的作用路径；利用式学习则主要通过对技术知识获取的促进影响组织创造力。技术知识和市场知识获取在组织学习影响组织创造力过程中扮演不同的中介角色，探索式学习能更有效地推动外部知识获取，从而对组织创造力产生影响。[2]

11.2 构建知识共享型文化

在知识经济形态下，凭借信息和知识，在员工中实现优化合作和知识共享，并对市场中出现的新机会做出敏感反应，以扩大竞争优势和提高运作效率，正日渐成为影响组织是否成功的关键因素。所谓知识共享（Knowledge Commons, KC），就是指员工个人知识财富（包括显性知识和隐性知识）通过各种交流方式为组织其他成员共同分享，从而转变为组织财富的过程。知识共享可以实现 1＋1＞2 的效果，并且在知识共享过程中，适宜的组织文化能有效促进员工知识共享行为的发生，提高知识共享效能，促进组织创新。[3]因此，应该在组织既定战略目标的指导下，在适宜的组织结构形态内，建立相关制度保障体系，以此有效地营造组织期望的文化氛围，促进知识的交流和共享。知识共享的研究热点可分为与知识共享相关的理论研究、技术方法研究和实践应用三个层面的内容。主要包括设计、交流、本体、网络、绩效、隐性知识、实践社区、知识建模、决策支持、人力资源开发、信息可视化、分布式案例推理和 Web 2.0 等。[4]

构建知识共享型文化应着重做好以下工作：

(1) 建立知识共享的信息技术工具。有很多理由促使我们对基于网络或网络促成（Web—enabled）的信息技术工具进行关注，其中最重要的一点在

---

〔1〕 彼得·圣吉.第五项修炼——学习型组织的艺术与实务[M].上海三联书店，1998:3.
〔2〕 刘新梅，白杨.组织学习影响组织创造力的知识获取路径研究[J].管理世界，2013(2):51－61.
〔3〕 权小妍，崔发强.知识共享型组织文化建设路径探析[J].商业时代，2012(25):84－85.
〔4〕 王伟军，等.知识共享研究热点与前沿的可视化分析[J].图书情报知识，2012(1):115－123.

于,万维网为那些支持知识管理各个阶段的工具提供了有力的运作平台。如在 Intranet 网络或互联网上设立站点,以实现知识的交流、传播。因而,使用优良的、大众化的信息技术工具,就为员工知识共享搭建了一个技术平台。

(2) 建立组织的知识库。让员工更广泛、全面地了解组织情况,如企业的人力资源状况,公司内每个职位需要技能和评价方法,公司过去、现在发生的重大事件,公司的竞争环境,合作关系,将来的战略规划等多方面信息知识,从而在了解的基础上为企业将来的发展战略出谋划策。

(3) 发挥管理层的示范作用和师徒制的传承共享。管理者应在工作生活中树立良好的知识共享形象,起典范与榜样的作用,从而推动组织员工无意识的学习,实现知识共享。当然,对于某些复杂、细致和隐性的知识因无法经过外化成为系统共享,可以通过密切的师徒制传承进行传递和共享。

(4) 利用非正式的机制。主要有以下几种非正式渠道:一是非正式网络。它是指员工之间通过私下关系、非正式的职权关系进行自由、非正式的沟通讨论并共享知识。二是知识网络(或称实践社群)。它是指组织内由那些兴趣、专长相同的员工所自行组成的以知识共享为目的的实践社群(Practice Community),成员们经常自动地通过 Intranet 讨论共享某一特定领域的专长知识。三是非正式场所。即一般所指的茶水间与谈话室文化,是指员工通过在非正式场所不期而遇的对话,产生知识交流和共享的一种方式。

就组织内部而言,知识共享可采取以下几种策略:

第一,创立组织知识共享的文化,建立员工之间相互信任的关系。人与人之间的交往和沟通、知识的交流和转移以相互信任为基础,正如 Putnam 所指出的那样:“一个普遍交往的社会要比相互间缺乏信任的社会更有效率,信任是社会生活的润滑剂。”一方面,从知识的转移来看,尤其是第二类隐性知识,它很难通过正式的网络进行有效的转移,而只有通过紧密的、值得信赖和持续的直接交流等非正式网络才能实现传递。而知识有效转移的前提条件就是知识转移的双方必须相互信任。另一方面,人与人之间的相互信任能有效降低任何一方采取机会主义的可能性,从而提高人们合作的效率。但是,由于我国传统文化的影响,除血缘关系外,人与人之间的信任度比较低,因此,需要在组织中建立新型的组织文化。组织文化的核心是价值观,企业应建立有利于知识共享的价值观,并使这样的价值观融合于组织和组织员工的价值观之中。

第二,缩小组织成员知识基础的差异。企业人力资源管理部门应有计划性和前瞻性,在人员招聘、职责描述、帮助新成员内部化和人员匹配等环节,明确组织职位对成员知识基础的要求,并努力了解员工完成工作所需的相关知识,确保员工具备完成职责所需的基础知识,使全体员工对本企业所需的各种知识有所了解。此外,组织在设计知识管理系统时,应设计合理的激励系统,促进并奖励知识共享,阻止并惩罚对可完整转移知识的隐藏行为。在考评员工时,要注意考虑他向同事转移了多少有用的知识、在团队工作中起到的作用,及对企业知识创新的贡献等。企业制度应能让员工看到并享受到将自己的知识与他人共享带来的利益。

第三,甄选具有潜在价值的共享知识。知识共享的过程也必须以实现组织战略目标为前提。对共享知识的甄选非常复杂,可以通过以下几个方面来进行:① 分析组织的长期规划和目标。通过组织战略目标和核心竞争力的分析,寻找为完成组织战略目标所必需的关键活动和关键业务,形成关键活动和业务的工作流程,以此作为甄选和评价具有潜在价值的知识的出发点。② 对关键活动和业务流程进行分解,寻找为完成这些活动和业务所必需的知识,显示知识杠杆点。在企业关键业务活动中,能够带来效益,并对实现组织发展战略和长期规划有重要贡献的知识称为知识杠杆点。知识杠杆点是企业知识管理的重点,也是对企业今后发展具有重要作用的关键知识。③ 发现知识杠杆点中的有关人员。人员是知识共享的核心,也是知识共享和知识管理成功实现的保证。通过访谈相关人员,主要是独当一面的关键人员,获得组织知识库和知识专家的位置。④ 根据知识分类确认知识在组织中存在的形式和发挥作用的情况。对于显性知识,如技术文档、产品说明、市场规划等,指出其存在的位置、获取的方法、知识的简单描述等。对组织中的隐性知识要作出统计和描述,包括知识背景、知识网络、知识与组织之间的关系等,并分析这些知识在组织中发挥作用的情况。以企业本身、顾客和业务伙伴的作业流程为线索,将组织现有知识与为实现企业目标所需知识进行对比,找出组织目前知识存在的不足,并结合知识杠杆点,以此作为甄选和评价组织知识潜在价值的标准。

11.3 构建顾客满意型文化

企业要生存发展,战略要可行与合理,就必须使企业的产品与服务让顾客满意,从而赢得市场。这要求企业应将顾客放在第一位,形成顾客满意(Customer Satisfaction,简称 CS)的管理理念。要实现这一理念,就需要组织构建顾客满意型文化。

所谓顾客满意文化,是指组织以提高顾客满意指标和顾客满意等级度为核心,从顾客的角度出发,分析、判断、调整组织管理活动的文化。顾客满意管理(CSM)是现代市场经济条件下最基本的管理方式。市场经济中,最基本的关系是“供”与“需”之间的关系。这种关系无论表现为实物的交换、服务的传递，还是本质上的价值让渡，其实现的前提和绩效评价，最终都是通过顾客是否满意来衡量的；顾客满意是组织成功的标志。这种关系不仅适用于接受组织产品的外部顾客，而且适用于上下道工序之间形成的内部顾客，适用于公共机构服务与被服务的关系。这种管理模式在全社会范围内运行，将真正形成一种理想的社会运行机制。而且，从管理的目的看，企业管理存在的意义在于服务于经营的目的，在于实现组织运行的目标。CSM 这种基于组织终极目的的管理模式把经营与管理真正有机地结合起来，体现了管理的真正意义和价值。

要建立顾客满意型文化，就需建立一套完整的顾客满意的管理机制。(1) 建立顾客需求感知系统，让组织员工尽可能了解顾客，对顾客信息保持高度的敏感，全面捕捉顾客的需求。(2) 建立顾客需求的满足系统。即在获取顾客满意需求下，组织应调整原有的产品和服务，及时地进行决策并采取相应的行动，尽可能地满足顾客的需求。(3) 建立顾客满意的反馈系统。通过反馈可以了解到顾客对以往所提供的产品或服务的满意程度，发现成绩与不足，以便将成绩予以发扬，不足之处予以完善，为将来提供更好的服务打下基础，实现更大的顾客满意。当服务失误不可避免时，通过心理补偿和实物补偿，实现组织外的顾客忠诚和组织内的员工忠诚，重获顾客满意，塑造品牌声誉。有效的服务补救会对顾客满意度、顾客忠诚度、口头传播影响及最低绩效产生重大影响。[1]

具体而言，应构建并完善以下机制：

第一，活性机制。它是由顾客满意管理系统自身复杂性、智能性和自适应性决定的。在这个系统中，系统运行以知识和信息的共享为基础，每个业务单元在信息系统的支持下运行。按照“顾客满意管理组织结构模型”图所示的系统基本运作模式，每个单元有自己的感知和测量功能，同时拥有理解和学习能力，并得到共享组织信息的支持，即可以获得信息，增强子系统的有序性。各单元作为一个分布式决策中心，可以基于知识和程序做出决策，采取改进和创新活动。这样，每一个业务单元是组织的一个具有活性的细胞体，呈现出活力。同时，整个组织系统以同样的基本模式运作，使系统各个业务单元通过知识联网运行，作为一个整体使系统具有整体活性，将外部变化转化为内部动力和资源，使组织获得持续发展。这种活性机制使组织具有适应能力和竞争能力，能够适应顾客需要和环境变化，是实现顾客满意的有效

〔1〕 蒙玉玲，聂雅．基于顾客满意的服务补救策略研究[J]．学术探索，2012(4)：120—122.

保证和基本生存手段。

第二，知识协调机制。顾客满意管理系统呈现网络化、活性结构，各个业务单元基于完备的知识，是一个具有决策能力的活性因子。一方面，各业务单元所需信息和知识是通过自身的理解和学习，不断积累和完善的，是在知识方面达成的协调一致；另一方面，这些完备的知识通过信息支持子系统，取自于各个“上游”业务单元。因此，各个业务单元之间通过信息传递与知识共享进行协同与合作，是通过信息交流和知识共享以对话的方式达成的，而不是通过传统的上级监控和命令实现的。因此，系统的协调方式是一种基于知识的协调。此外，从组织整体而言，在网络结构中，各个业务单元或子系统，是通过共有的组织知识达成协调的。知识协调机制是基于各个业务单元具有完备信息和知识发挥作用的。组织内部信息通畅，知识共享，个人知识与组织知识相协调和匹配，是其前提和保证。知识协调具有自主、准确、实时、柔性的特点，基于知识的协调是一种动态的、不断完善的协调方式，它适应了复杂系统中多个子系统相互作用的要求，适应了“感知—反应”模式中灵活反应的特点和要求。

第三，持续改进机制。环境的动态性，顾客需要、顾客满意水平的动态性，顾客满意系统基本的“感知—反应”运行模式和学习型组织特征，决定了系统运行呈现持续改进的特性。持续改进机制始于倾听顾客的反馈，始于对组织业绩的测量。改进的实现依赖于知识的积累、交流和共享，依赖于组织各个业务单元的活性、一致的组织文化和目标。

第四，价值增值机制。顾客满意度是一种价值判断，顾客满意管理的目的必须通过价值增值来实现。顾客满意管理系统的价值增值机制不同于传统的以提高效率和降低投入为中心，甚至消减顾客及组织其他相关方价值的增值方式，而是从总体上增加价值。首先，顾客满意管理通过确立全面的价值观念，使组织的价值判断标准与顾客的价值判断标准一致起来，以顾客为价值的最终判定标准，从而确立了共同创造价值的核心理念。其次，通过倾听与测量，掌握顾客的价值标准，测量价值实现程度，经过与业务过程相联系的学习和理解过程，制定增加价值的决策，最终落实到产品实现过程的改进和创新上，增加产品价值，实现价值增值。最后，这种价值增值过程是一个不断循环的过程，通过持续增加价值，实现顾客满意水平的动态性。

第五，文化统御机制。这是指顾客满意管理系统的运行不是通过“命令—控制”模式推动的，而是基于相同的核心价值观，形成以顾客满意为核心的组织文化，各个业务单元作为一个活性体，在文化的感召下，自主地运行，是一种文化驱动的组织。共同的核心价值观和成熟的组织文化，包括共同创造价值的文化、学习的文化、改进与创新的文化、协作的文化等。它把系统各个部分整合为有机整体，是顾客满意管理系统有效运行的前提。这种文化统御机制使系统具有适应环境的柔性，同时基于文化形成的长期性、稳定性和不可模仿的特点，使组织具有持续发展和领先的竞争能力。特别是这种文化机制是一种学习型文化，是持续改进的文化，是全面价值观的文化，因此，将成为企业长盛不衰的根基。

总之，企业文化对组织发展有着重大影响，应加强组织文化与战略变化的协调，不断地完善企业文化。只有构建组织学习型文化、知识共享型文化和顾客满意型文化，才能真止形成文化竞争优势，这是企业文化管理战略的核心所在。当然，良好的企业文化的构建与培育不是一蹴而就的，而是需要组织长期、坚持不懈的精心培养。特别是面对变化中的管理环境，组织必须善于构建和创新文化管理，以发挥文化是竞争优势的主要可持续性来源的重要作用。〔1〕从这个意义上讲，未来掌握在那些能迅速适应不断变化着的环境并按照自己已知的、创造提出新思想和新方法的条件进行重新构造的组织手中。〔2〕

---

〔1〕 苏比尔·乔杜里，等.21 世纪组织：组织的未来之路[M].清华大学出版社，2004：383.

〔2〕 鲍勃·加维，比尔·威廉森.超越知识管理[M].经济管理出版社，2005：11.

附录 1

企业社会责任对消费者购买意向影响的实证研究*

——基于企业声誉、消费者认同的中介作用

摘要：在借鉴国内外学术研究的基础上，以利益相关者理论和社会契约论等为指导，运用实证分析方法，通过问卷调查和访谈，探讨了企业社会责任通过企业声誉和消费者企业认同这两个方面的中介作用如何影响消费者的购买行为。共发放 520 份调查问卷，回收有效问卷 401 份。实证研究表明，企业承担社会责任可以提高企业的声誉和消费者的认同，从而对消费者的购买意向产生较强的正相关关系，而在这一影响过程中，企业声誉和消费者认同两个中间变量起到了较强的中介作用。因此，企业应加深对企业社会责任的认识，并加强企业文化的建设，同时消费者也要承担起监督职责，共同促进企业更好地履行社会责任。

关键词：企业社会责任；企业声誉；消费者认同；消费者购买行为

一、引言

企业社会责任的重要性一直是理论界和企业界关注的热点话题，但承担社会责任的企业得到经济上的回报了吗？影响消费者的购买意向了吗？这是近年来企业社会责任研究关注的焦点之一（邓新明等，2011；刘凤军等，2012；马龙龙，2011；谢佩洪、周祖城，2009；Carroll & Shabana，2010；Marin & Ruiz, et al，2009）[1-6]。Mohr 和 Webb（2005）的研究显示，企业负责任的行

---

* 本文根据苏州大学 2012 届企业管理硕士研究生杜莉的毕业论文而改写，笔者指导了该篇论文的选题、框架构建、观点提炼及问卷设计和调查。

为正向影响消费者对企业的评价和购买意向,较低的企业社会责任水平会大大削弱消费者的购买意向,企业社会责任和价格都会影响消费者的购买意向,消费者对负责任企业生产的高价产品比不负责任企业生产的低价产品有着更强的购买意愿,企业从事消费者所支持的社会责任活动领域会对消费者的购买意向产生更大的作用。[7]但如果忽视了企业社会责任影响消费者购买意向的内在因素,就会使研究产生一定的片面性:或忽略企业社会责任影响消费者购买意向的内在机制,进而夸大了企业社会责任的经济效果;或忽视企业社会责任对消费者购买意向的影响,使得企业社会责任得不到社会的支持,从而增加企业的成本负担,以致其对企业的经济效果产生负面影响。本文以利益相关者理论和企业社会契约理论为指导,在探讨企业社会责任对消费者购买意向影响因素的基础上,着重探讨两者之间的内在关系,试图构建一个包含企业社会责任行为、良好公司声誉、消费者企业认同和消费者购买意向在内的概念模型,并通过对模型进行实证检验,以探索企业社会责任对消费者购买意向产生影响的内在机理。

二、关键概念的界定与模型构建

(一)企业社会责任

企业社会责任(Corporate Social Responsibility, CSR)概念滥觞于20世纪初美国关于企业对其所有利益相关者负责的观念。20世纪60年代以来,持续吸引了不同学科领域和具有不同价值取向的学者参与讨论,有关企业社会责任的理论探讨和实践也逐步走向深入,并形成了社会责任国际标准。

关于企业社会责任的概念虽然存在一定分歧,但代表性的有:(1)"三个中心圈"的定义。内圈代表企业的基本责任,即为社会提供产品、工作机会并促进经济增长的经济职能;中间圈是指企业在实施经济职能时,对其行为可能影响的社会和环境变化要承担责任,如保护环境、合理对待雇员、回应顾客期望等;外圈则包含企业更大范围地促进社会进步的其他无形责任,即企业必须保证越来越多地参与到改善社会环境的活动中来。[8](2)"金字塔"概念。美国佐治亚大学教授阿奇·B.卡罗尔(Archie B. Carroll,2004)提出了企业社会责任的"金字塔"概念,认为企业社会责任是指特定时期,社会对企业所寄托的经济、法律、伦理和企业慈善的期望。[9](3)国际标准化组织的定义。国际标准化组织(ISO)在2010年11月1日发布的社会责任指南标准(ISO26000)中认为,所谓组织(企业)社会责任,是指组织对其活动给社会和环境带来的影响承担责任的行为,这些行为要符合社会利益和可持续发展;

以道德行为为基础,符合适用法律和政府间的契约;融入组织正在进行的各项活动之中。

(二) 企业声誉

企业声誉的研究方兴未艾,该领域的学说和观点丰富而庞杂。对企业声誉理论的发展做出重要贡献的学者是Fombrun(1990),西方管理学者对企业声誉的研究大多基于Fombrun的研究成果。根据Fombrun的定义,企业声誉是企业过去一切行为及结果的综合体现,这些行为及结果反映了企业向各类利益相关者提供有价值的产出能力。企业声誉可用来衡量一个企业在与内部员工及外部利益相关者的关系中所处的相对地位,以及企业的竞争环境和制度环境。[10] Rindova(2005)等人认为,可以将企业声誉的定义分为两种流派:一种流派是从经济学角度出发,将企业声誉定义为企业内部人员和外部人员对企业具体特征的期望和估测;另一些学者通过制度理论对企业声誉进行了解读,并认为它反映了一系列利益相关者对企业总体的态度和认知。[11]

(三) 消费者认同

社会心理学领域关于认同感的研究主要侧重于解释人们如何形成对所属组织或群体的认同感、认同感对人们的态度形成具有哪些影响等问题[12]。Ashforth和Meal(1992)认为,组织成员一旦对特定组织形成了较强的认同感,就会感知到自己同该组织间极强的纽带关系,并试图从组织的角度来定义其自我形象。他们还认为,当人们对于特定组织所持的信念在其定义自我形象的过程中发挥作用时,就会产生对该组织的认同感。[13]

企业声誉是一个非常复杂的概念,不同学术领域的学者提出了各不相同的定义。Peter Pruzan从公共关系的角度对外在的和内在的企业声誉进行了解释,外在的企业声誉主要涉及利益相关者对于企业的评价以及创建和维护企业形象的目标等内容,内在的企业声誉主要涉及企业组织“本来应该”等内在特性。[14]本文将消费者对企业特征的理解、判断和评价,简称为认知声誉;将消费者对企业所持有的喜欢、尊重或厌恶等情绪体验,简称为情感声誉。因而企业声誉可划分为两个维度:认知声誉和情感声誉。出于自我表达和自我强化的需要,顾客会对具有吸引力的企业产生认同并与其建立牢固的购买关系,这就是消费者对企业的认同,通过他们手中的货币选择权来表达其对承担社会责任的企业的忠诚,因此消费者的企业认同也会影响消费者的购买意向。基于以上的文献回顾,本文构建了包含企业社会责任、企业声誉、消费者企业认同和消费者购买意向在内的概念模型。如图1所示。

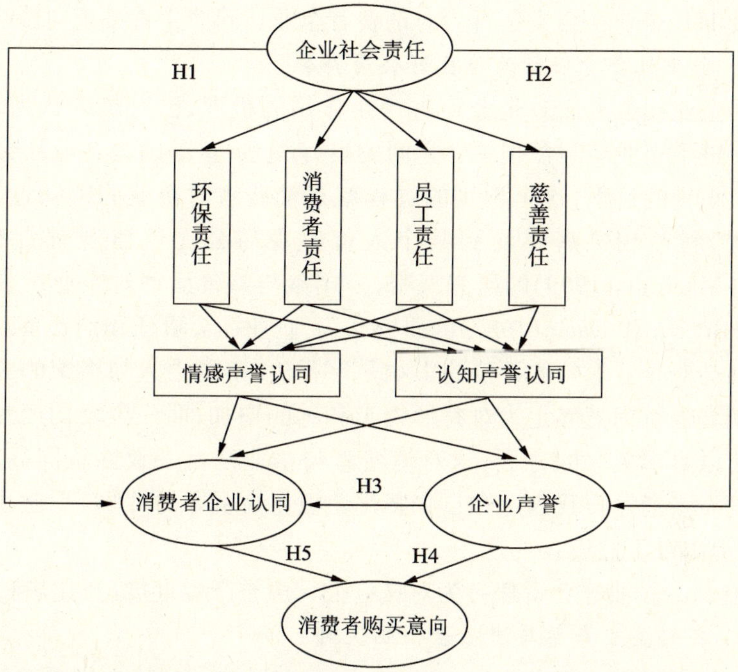

图 1 企业社会责任、公司声誉、消费者企业认同和消费者购买意向的概念模型

三、文献回顾及假设提出

(一) 企业社会责任行为与消费者企业认同

近年来,企业社会责任与企业伦理备受重视,社会各界要求企业承担社会责任的呼声也日益高涨。消费者是企业的关键利益相关者,Sen 和 Bhattacharya(2006)等的研究表明,消费者对企业社会责任行为的认知水平对企业积极承担社会责任会产生重要影响。[15]消费者对企业经营活动的责任抱有较高期望,社会成员通过对企业社会责任行为的感知和评价来形成对企业存在价值的肯定和认同。何小洲、刘晖(2011)的研究认为,消费者对企业社会责任行为的感知直接影响其对企业社会形象、知名度与美誉度的认同。[16]因此,企业通过负责任的经营活动、保护消费者权益、捐助社会公益事业来谋求广大消费者的认同是其实践顾客满意经营理念及同消费者保持长期关系的关键所在。只有积极参与社会责任的企业才能得到广大消费者的认同,企业所承担的社会责任是其评价企业价值和形象的主要指标,消费者对企业存在的肯定和企业价值的认同在很大程度上受企业社会责任的影响。由此可见,企业社会责任对消费者企业认同有正面影响效应,消费者感知的企业社会责任越强,认同感就越强。基于上述分析,本文提出以下假设:

假设 H1:企业社会责任行为对消费者企业认同产生直接正向影响。

(二) 企业社会责任行为与良好公司声誉

关于企业社会责任对企业声誉产生作用的机理,已有研究认为,企业社会责任促进了企业与利益相关者之间的良好关系,这是因为企业社会责任活动加快了识别的过程,这个识别的过程就是消费者对企业的感知过程,通过这个过程,利益相关者感受到其个人价值观与公司价值观融合在一起。Weiss 和 Macinnis(1999)的研究表明,公司参与慈善活动对企业声誉有提高作用。[17] Brown 和 Dacin(1997)的研究认为,企业社会责任和消费者对企业产品的评估与对企业形象的评价的影响是平行的,市场中人与组织的关系主要是通过消费者行为被界定为对有形物亲和感的增加,而一个公司产品是消费者直接可以寻求关联的方面,这对消费者与企业产生一致性认同高度相关,特别是消费者通过自我表达和自我强化动机作为引导的时候。[18] 基于上述分析,本文提出以下假设:

假设 H2:企业社会责任行为对良好公司声誉产生直接正向影响。

(三) 良好企业声誉与消费者企业认同

Goldberg(1990)等人认为,在与组织建立认同关系时,人们通常依赖于他们对组织标志性特征的感知。[19] 公司声誉具备这种关键特征,具有良好声誉的企业可以吸引消费者对企业的认同。声誉良好的企业往往具有出色的财务表现、优质的产品和服务以及较高的媒体曝光率,这就强化了它们在市场上以及消费者心目中的地位,增强了吸引力。而且,良好的声誉本身就代表了一定的声望,消费者对具有良好声誉的企业所提供的信息有更为信赖和认同的倾向,同时,受该企业广告的影响而改变对其产品现有态度的可能性也较高。根据社会认同理论和组织认同理论,顾客会对具有吸引力的企业产生认同感,而且当顾客认同企业时,企业和顾客之间就会建立起某种异常牢固的关系,这有助于实现顾客自我定义的过程并满足他们自我差异化和自我强化的需求。在最近的研究中,Ahearne 和 Bhattacharya(2005)等的研究也发现,公司的外部形象对形成顾客对企业的认同感具有十分重要的作用。[20] 因此,企业声誉对消费者企业认同具有正面效应,消费者感知的企业声誉越好,认同感就越强。基于以上分析,本文提出以下假设:

假设 H3:良好公司声誉对消费者企业认同产生直接正向影响。

(四) 良好企业声誉与消费者购买意向

基于企业社会责任的社会契约是企业担负社会对其期望应遵守的社会准则,企业的权利和义务应符合社会的要求,这些权利和义务被认为是企业与社会之间的契约。企业与社会之间的契约通过企业声誉而被社会评价。

企业声誉反映了消费者、员工、投资者和社会公众等一系列利益相关者对企业的总体态度和认知。拥有良好声誉的企业通常具备可信赖、负责任、高品质和追求卓越等特征。在某种意义上,良好声誉本身就向顾客传达了高质量的产品和服务、较低交易风险的市场信号。Yeosun 和 Yoon(2006)等研究认为,当企业的产品信息不明确时,消费者可能试图通过企业的社会责任信息来评价新产品。[21]当消费者对企业的社会责任活动评价积极时,他们对企业的产品评价也较高。而消费者对企业及企业产品的评价与企业声誉有着千丝万缕的联系,李海芹、张子刚(2010)也认为,企业声誉会由公司利益相关群体对公司的总体评价,通过客户、投资者、员工和社会公众的感受表达出来。[22]因此,顾客更愿意与具有良好声誉的企业交易并保持长期合作。基于以上分析,本文提出以下假设:

假设 H4:良好企业声誉对消费者购买意向产生直接正向影响。

(五)消费者企业认同与消费者购买意向

基于社会认同和组织认同理论,Bhattacharya 和 Sen(2003)的研究发现,当顾客认同某个合作伙伴后,就会对这个合作伙伴产生心理联结感情,企业和顾客之间就会建立起某种异常牢固的关系。[23]企业履行社会责任不仅不会增加企业的经营成本,相反,企业切实承担社会责任会提升企业竞争力,为企业树立一个良好的声誉和形象,获得消费者等利益相关者对企业的认可。马龙龙(2011)的研究认为,企业社会责任行为是消费者购买决策的重要影响因素之一,消费者的购买决策对企业社会责任行为的响应是有条件的,受到消费者类型的影响,消费者响应企业社会责任行为的动机来自利益驱使和价值认同。[24]基于以上分析,本文提出以下假设:

假设 H5:消费者企业认同对消费者购买意向产生直接正向影响。

四、研究设计与数据收集

(一)变量测量及问卷设计

依据本文界定的企业社会责任定义,参照以往的企业社会责任测量维度结构,借鉴中国企业家调研系统的调查问卷和其他学者的调查问卷,本文归纳的企业社会责任维度为:员工责任、消费者责任、慈善责任和环境责任四个方面。本文在企业社会责任行为方面的测量指标共有 17 个题项(6～22)。根据 Rindova(2005)对企业声誉概念的界定,本文从四个方面测量企业声誉,共有 4 个题项(23～26)。Ashforth 和 Meal 认为,组织成员一旦对特定组织形成了较强的认同感,就会感知到自己同该组织间极强的纽带关系。而企业承担社会责任会吸引消费者对企业行为的认同,从而提高消费者企业认同度。

根据学者对消费者企业认同的观点，本文对消费者企业认同的测量题项共有4个(27～30)。最后本文共用5个题目(31～35)来测量企业社会责任行为对消费者购买意向的影响。

问卷调查一共分为三大部分：第一部分对本研究的目的进行了说明，并指导调查对象如何正确地回答问题；第二部分是调查对象的个人信息和一般特征，包括性别、年龄、职业、月收入和教育程度五个方面。第三部分是潜变量的测量条目，均采用5点Likert5分制量表测量(1＝非常不同意，5＝非常同意)，调查者根据自己的态度进行选择。这部分共包括四小部分，分别为调查对象对企业社会责任的认识、调查对象对履行社会责任的企业声誉的评价和感知、对该企业的认同度和忠诚度的表达，以及企业社会责任行为对消费者购买意向的测量。为了使被调查者理解各个题目的意思，在设计问题时，尽量使用浅显易懂的词句，以此可以让调查更客观。

本文因研究的需要还设计了另一份调查问卷，主要用来调查企业不愿意承担社会责任的主要原因，只有更好地了解企业和消费者，才能更有针对性地对我国企业的社会责任提出建议。为了与上述问卷调查区别开来，此份附带问卷被称为调查问卷2，上述问卷被称为调查问卷1。在调查问卷2中，也包括三部分内容：第一部分主要是对本研究的目的进行说明；第二部分是调查对象的个人信息，包括企业的组织性质、规模和年均净利润；第三部分共包括7个题目，主要调查企业对社会责任的认识以及不愿承担社会责任的主要原因。

（二）样本选择及数据收集

调查问卷1主要面向消费者，本文以苏州的主要消费者群体为调查对象。根据对苏州一些主要地区薪资待遇水平的访谈得知：高新区、工业园区、吴中区的月收入蓝领在2 500元左右，白领通常在4 500元以上，4 000元左右的占大多数，高的也有上万的。由此本文选取苏州比例较高的白领作为本文研究的主要消费群体，他们的月收入在4 000元以上，此类消费群体购买力较强，在社会上有较大的影响力。除此之外，为了提高测量的信度和效度，本调查还对大学本科生以及研究生进行了部分访谈，因为他们作为消费者之一，对企业社会责任有更好的理解，如此可以丰富调查对象的范围。调查问卷2主要调查对象是企业，由于受到地理位置的限制，本文仅以苏州地区的企业为调查对象。

由于调查对象的特殊性，以及本文研究对数据的要求，本文采用以企业为单位直接上门进行数据收集的方式，对每个企业发放一些问卷进行调查。2011年11月至2012年2月共对87家企业进行了访谈，共发放400份问卷，回收394份。填写问卷的都是该企业的董事长、总经理等中高层管理人员,这使得被调查者更符合本文的研究需要。此外,对MBA学员发放120份,回收112份。

综上所述,本次研究共发放520份问卷,收回506份问卷,其中有效问卷401份,由于漏答较多、不认真填写、调查对象本身不符合本次研究而被剔除的无效问卷共有105份,有效率为79.25%。样本情况如表1所示。

表1 受访消费者的特征分布

分类指标		人 数	比 率
性别	男	253	63.1%
	女	148	36.9%
年龄	20岁以下	59	14.7%
	20～30岁	100	24.9%
	31～40岁	80	20.0%
	41～50岁	62	15.5%
	50岁以上	100	24.9%
教育程度	初中以下	27	6.7%
	高中/中专/高职	86	21.4%
	大专	85	21.2%
	本科	103	25.7%
	硕士及以上	100	24.9%
职业	学生	40	10.0%
	政府机构,事业单位人员	19	4.7%
	企业人员	318	79.3%
	私营者	11	2.7%
	其他	13	3.2%
月收入	4 001～6 000元	303	75.6%
	6 000元以上	98	24.4%

五、数据分析与假设检验

(一) 信度效度检验

为判断各个测量条目是否真实客观地测量了相应的结构变量,本研究采用内部一致性方法来检验结构变量衡量的信度，即 Cronbach's a 系数法。统计结果如表2。可以看出，整个调查问卷的可靠性和稳定性是很好的，本问卷各变量的 Cronbach's a 系数均超过 0.7，表明本研究对各结构变量的衡量具有较好的信度。

表2 信度检验结果

变 量		测量条目数量	Cronbach's a 系数
企业社会责任行为	消费者企业社会责任认识	5	0.835
	员工责任	3	0.809
	环境责任	3	0.767
	社会责任	3	0.854
	政府责任	3	0.866
企业声誉评价		4	0.842
消费者认同		4	0.876
消费者购买意向		5	0.735
整份问卷		30	0.937

对问卷进行因子分析前，首先需要分析本问卷调查收集的数据是否有代表性，这就需要对问卷进行 KMO 检验和巴特利球度检验。本文问卷数据经过 Spss17.0 分析之后得出 KMO 的值为 0.861，说明样本选取的各变量之间具有很强的相关性，适合作因子分析。并且 Bartlett 球度检验的伴随概率为 0.000，小于显著性水平 0.05，因此根据以上分析，拒绝 Bartlett 球度检验的零假设。综上所述，本问卷的构建及其各变量之间的结构效度很好。详见表3。

表3 KMO 检验与 Bartlett 球度检验结果

KMO		0.861
Bartlett's Sphericity	近似卡方	131.573
	df	15
	sig	0.000

本文通过 Spss17.0 统计软件对构建的模型各变量之间的相关性进行验证性因子分析，形成表4。

表 4　模型变量间的相关系数

变量名称	企业社会责任行为	企业声誉	消费者企业认同	消费者购买意向
企业社会责任行为	1			
企业声誉	0.541	1		
消费者企业认同	0.503	0.564	1	
消费者购买意向	0.479	0.632	0.697	1

根据表 4 可知，各结构变量间的相关系数在 0.479～0.697 之间，各相关系数的置信区间均不含有 1.0，表明各变量之间具有较好的相关性，且具有显著区别，区别效度达到要求。

为了进一步对本问卷效度进行检验，本文使用 Amos8.0 软件对结构模型和数据的拟合度进行测量，得出表 5。

表 5　模型拟合结果和理想结果的对比

	X^2/df	GFI	AGFI	RMSEA	IFI	CFI	NFI
拟合结果	2.137	0.878	0.867	0.056	0.932	0.930	0.889
理想结果	小于 3	大于 0.9	大于 0.9	小于 0.08	大于 0.9	大于 0.9	大于 0.9

根据表 5 的结果可知，绝对拟合指数（X^2/df）为 2.137，已经达到了小于 3 的理想结果，近似误差均方根 RMSEA 为 0.056，小于 0.08 的理想水平，拟合指标 GFI＝0.878，AGFI＝0.867，NFI＝0.889，小于 0.9 的理想值，但属于可以接受的范围，其他拟合指标 IFI＝0.932，CFI＝0.930，都超过了 0.9 的水平。所有拟合指标值接近或是达到理想标准，说明本文的结构模型与数据有较好的拟合度，并且结构变量之间的收敛效度较好。

（二）假设检验

本文根据 Amos8.0 软件就整体样本对所构建的企业社会责任对消费者购买行为影响的模型进行检验，得出表 6 结果。

表 6　结构模型的路径系数和假设检验结果

假设路径	标准化系数	T 值	假设检验结果
H1：企业社会责任行为——消费者企业认同	0.223*	3.675	支持
H2：企业社会责任行为——企业声誉	0.649*	12.984	支持

续表

假设路径	标准化系数	T值	假设检验结果
H3:企业声誉——消费者企业认同	0.453*	6.271	支持
H4:企业声誉——消费者购买意向	0.458*	11.316	支持
H5:消费者企业认同——消费者购买意向	0.486*	11.573	支持
企业社会责任行为——消费者购买意向	0.675*	13.136	支持

注：* $p<0.001$；$r=0.223^{*}$。

本文提出的所有假设都得到了实证结果的支持。具体分析为:企业社会责任行为可以使得消费者对企业有一定的认同感($r=0.223^{*}$,$p<0.001$),因此假设H1得到验证,同时企业社会责任行为也可以提高企业的声誉($r=0.649^{*}$,$p<0.001$),H2也得到了验证。这两个结果是目前国内文献中研究较少的部分,因此对我国的企业社会责任理论做了进一步的研究,这是本文的一个重要贡献。对于假设H3企业声誉的提高对于加强消费者对企业的认同($r=0.453^{*}$,$p<0.001$),这在很多学者的文献中也到了验证。根据表6所知,企业声誉($r=0.458^{*}$,$p<0.001$)和消费者企业认同($r=0.486^{*}$,$p<0.001$)都会对消费者的购买意向产生正向直接关系,因此假设H4和假设H5得到验证。同时还得出企业社会责任行为对消费者购买意向的直接作用为:$r=0.158^{*}$,$p<0.001$。

根据实证结果,结构模型统计分析如图2。

为检验企业声誉和消费者企业认同是否可以作为企业社会责任行为对消费者购买意向影响的中介因素,本文特构建了模型2,即比较模型。通过对模型2的分析,本文得出企业社会责任行为对消费者购买意向的直接影响作用$r=0.158^{*}$,$p<0.001$,如图3,从而也验证了企业社会责任行为对消费者购买意向的直接影响作用远远小于表6所得到的加入了企业声誉和消费者企业认同两个中介因素所产生的间接作用:$r=0.675^{*}$,$p<0.001$,从而可以肯定企业声誉和消费者企业认同对消费者购买意向的中介作用,其作用力为:$r=0.517^{*}$,$p<0.001$。

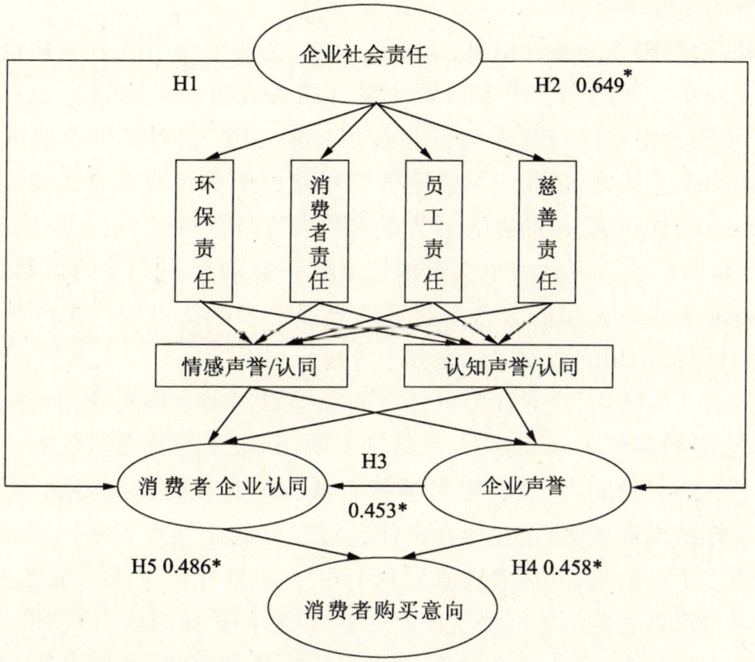

图 2　企业社会责任、公司声誉、消费者企业认同和消费者购买意向的概念模型

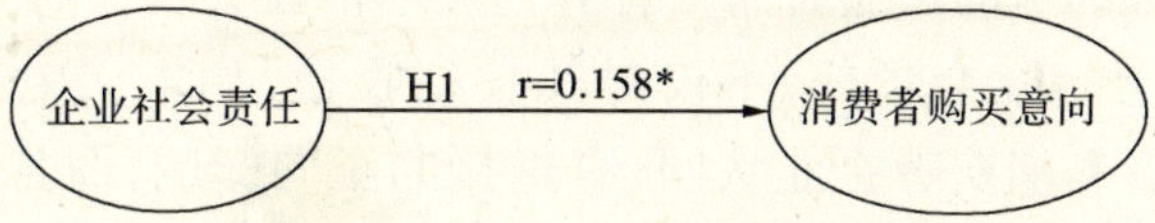

图 3　企业社会责任、消费者购买意向的比较模型

六、研究结论与管理建议

（一）研究结论

（1）企业社会责任对消费者企业认同和企业声誉产生直接正向影响，企业社会责任行为和企业声誉是引发消费者对企业认同的重要前置变量。

根据表 6 的统计结果，企业社会责任能够对消费者认同产生直接正向影响，直接效应值为 0.223*，显著性较强。因此我们认为，当消费者感知企业是一个致力于保护消费者权益、员工权益和自然环境，将净利润的一部分用来回馈社会，积极参与社会公益事业的企业，那么会更容易获得消费者的信赖和认同。表 6 的运行结果也表明，企业社会责任能够对企业声誉产生直接正向影响，直接效应值为 0.649*，高度显著。因此本文认为，当消费者感受到企业具有较高的社会责任水平时，可以提高企业在消费者心目中的形象，从而获得良好的企业声誉。

此外,根据表 6 的统计结果,本文还发现,企业社会责任行为和企业声誉是消费者企业认同的两个重要前置变量。消费者出于自我表达和自我强化的需要,更愿意将自己与优秀的企业联系起来,并产生对良好企业声誉的认同感。因此本文认为,企业应积极地管理和监控消费者对企业社会责任行为和企业声誉的认同感,从而影响消费者的购买意向。

(2) 企业社会责任行为不仅对消费者购买意向产生直接的正向影响,还通过良好的企业声誉和消费者企业认同对消费者购买意向产生间接的正向影响,而且间接作用的强度要远远大于直接作用。

根据图 3 的结果,企业社会责任行为能够对消费者购买意向产生直接正向影响,直接效应值为 0.158*。此结论表明,积极承担社会责任的企业会增加消费者的购买意向,企业在吸引消费者从而增加销售额等方面得到回报。表 6 的统计结果也表明,企业社会责任通过良好的企业声誉对消费者购买意向产生间接正向影响,间接效应值为 0.458*。企业社会责任行为通过消费者企业认同对消费者购买意向产生间接正向影响,间接效应值为 0.486*。

因此本文认为,企业在社会责任方面的投资和努力,会通过影响消费者对企业声誉的评价和企业认同的心里感知,从而吸引消费者和维系消费者,达到销售额回报的目的。随着消费者对企业承担社会责任的期望越来越高,企业是否积极承担社会责任,不仅对其长期收益,如本文中引用的两个变量——企业声誉和消费者企业认同,有直接的正向影响,而且对企业的短期利益也有直接的影响,因为消费者更倾向于选择那些积极承担社会责任的企业的产品,这是企业应该重视的一个趋势。

(3) 企业声誉和消费者企业认同是企业社会责任行为对消费者购买意向起影响作用中的中介变量。根据表 6 的统计结果,企业社会责任行为对消费者购买意向的总效应为 0.675*。其中,企业社会责任行为通过企业声誉和消费者企业认同对消费者购买意向的间接效应为 0.517*,远远大于其直接效应 0.158*。通过比较模型,本文肯定了企业声誉和消费者企业认同在企业社会责任行为影响消费者购买意向中的中介作用。

综上所述,企业承担社会责任通过提高企业的声誉和消费者对企业的认同度间接影响消费者购买行为的作用力更强,而良好的企业声誉和较高的消费者认同度是企业发展的根本所在。

(二) 管理建议

本文在对消费者进行问卷调查的同时,也向企业了解了他们对企业社会责任的看法以及不愿承担企业社会责任的原因。企业不愿履行社会责任的因素主要有以下几个方面：

(1) 成本提高，增加企业财务负担。这是企业最主要的不作为因素。对于这一点很多学者是赞同的。本文在调查时了解到企业从 1 元利润中平均愿意拿出 0.21 元来承担社会责任(此值是根据加权平均法求得，属于估值)，而相应的消费者对于那些承担了社会责任的企业产品愿意比其他企业相同产品平均多支付 1.28 元(此值是根据加权平均法求得，属于估值，问卷选取了对消费者生活密切相关的生活用品作为测量对象)，从而在一定程度上说明了消费者在购买选择方面是支持企业承担社会责任的，而且企业履行社会责任时也会在一定程度上弥补由此产生的成本增加的压力，可以缓和企业为了利润而排斥承担社会责任的心理。

(2) 消费者不认同。在企业承担了社会责任后，有些消费者会认为企业在作秀，是为了赢得消费者的好感，博得大家的眼球。所以很多企业认为，承担社会责任出力不讨好，不仅国家不支持，而且社会也不理解，弄不好还会被监察，影响企业的发展。

(3) 企业对社会责任的认识不足。很多人认为，社会责任是政府的事情，企业已经缴纳过税金，跟企业无关了，甚至有人有搭便车的心理，认为大家都不承担，我也不需要承担，反正有人会承担的。这都说明我国企业对社会责任认识的薄弱，对企业社会责任重要性的宣传还不够。

通过分析上述原因，本文就此提出以下几点管理建议：

1. 从企业的角度提出建议

(1) 企业应提升自身的社会责任意识，积极承担社会责任，这是大势所趋、不可避免的。企业必须进一步增强自身的社会责任意识，充分建立符合生产和经营活动需要的运行机制和现代企业管理制度。特别是企业领导层更应该深刻理解这样一个道理，企业生产和经营商品的目的不仅是为了获取最大的经济效益，还要立足于社会发展的需要，谋求和创造较好的社会效益，真正承担起自身所应担负的社会责任，从而自觉地把企业社会责任理念和要求融入企业生产经营管理的全过程，形成企业诚信体系。要把增强企业自主创新能力和提高劳动力素质变为经济发展方式的中心环节，把激励企业发展与社会资源环境相协调作为企业发展战略的重要内容。上述理论已经说明社会责任对企业来说是一种优势，是获得民心的源泉。俗话说得民心者得天下，企业承担社会责任是顺应局势，顺应消费者的期望。所以企业一定要认清目前发展的环境，重视企业社会责任。

(2) 企业应加强内部的文化建设，在企业内形成良好的文化氛围。很多企业的理念就是争第一，创利润。这仅仅追求的是利润最大化，股东利益最大化,而没有考虑其他利益相关者的利益。在这种文化熏陶下,长此以往,企业肯定不会重视社会责任。所以企业的管理者首先应重视社会责任,然后建立有关企业社会责任的文化,在企业内部形成良好的企业社会责任理念。

在企业社会责任备受关注的今天,社会责任运动已不仅仅是“社会期待企业应履行的责任”,而是企业获得消费者认同和获得竞争优势的源泉。企业应该通过积极地遵守对自然资源、生态环境进行保护的法律,保护消费者的合法权益,重视员工的健康、安全等福利,积极地回馈社会,支持慈善事业的发展等来提高企业的声誉和增强消费者对企业的认同感,从而增加消费者对企业产品和服务的购买意向。

2. 从消费者的角度提出建议

(1) 消费者应发挥舆论的监督、宣传和引导作用,同时还应加大环保意识、法律意识等,只有提高消费者对企业各方面社会责任履行程度的关注度,提高消费者自身的责任意识,才有可能对企业形成巨大的外部压力,使得企业社会责任不仅仅是学术界研究的热点,更是消费者关注的热点,并成为消费者购买决策的重要影响因素。

(2) 消费者应充分发挥手中的货币选择权。对于主动承担社会责任的企业,消费者应给予更多的购买行为,而对于不承担社会责任甚至藐视社会责任、损害消费者合法权益的企业,消费者应拒绝购买其产品。消费者只有充分发挥了手中的选择权才能更好地维护自身权益,才能更好地创造履行社会责任的良好氛围。

综上所述,企业社会责任问题并不是一个人的事情,需要企业和消费者共同努力,应在消费者舆论引导、监督的基础之上逐渐形成企业自觉地承担起社会责任的良好局面。

(三) 本文局限性及未来研究方向

本研究的局限性主要表现在以下几个方面:

(1) 样本的局限性。虽然本文的样本选择了具有消费代表性的群体和高校本科生及硕士研究生,在一定程度上扩大了样本的范围,增加了样本的代表性,但由于各种现实条件的限制,在地域上样本仅局限于苏州地区。在未来的研究中,在样本的选取上应尽量运用科学的抽样方法,使样本更具有代表性。

(2) 没有考虑干扰变量的作用。本研究中没有将消费者的个人因素考虑在内,而事实上这些消费者的个人特征也会对企业的评价或消费者的企业认同产生影响。在未来的研究中可以考虑将消费者的责任意识、消费者的信任倾向等个人因素设为干扰变量来进行更为细致的讨论。

(3) 本文提出的模型虽然借鉴了很多学者的文献,但仍存在一定的不足。在企业社会责任方面,该模型仅仅选了员工责任、消费者责任、社会责任和环境责任,除此之外还有一些责任,如股东责任、供应商责任等没有作为研究的对象,从而使得该模型有一定的缺陷。

学术界对企业应承担哪些社会责任的研究已经较为系统和全面,目前讨论最多的是如何促进企业承担社会责任、如何评价企业社会责任水平,以及如何创建一种政府、社会、企业三位一体的良好局面。本文认为,今后的研究可以更多地讨论企业社会责任行为影响消费者行为的内在机制,除了企业声誉和消费者认同外,环境的改善是不是也会给予企业承担社会责任的行为回报等。

参考文献

[1] 邓新明,田志龙,等.中国情景下企业伦理行为的消费者响应研究[J].中国软科学,2011(2):132-153.

[2] 刘凤军,李敬强,等.企业社会责任与品牌影响力关系的实证研究[J].中国软科学.2012(1):116-131.

[3] 马龙龙.企业社会责任对消费者购买意愿的影响机制研究[J].管理世界,2011(5):120-126.

[4] 谢佩洪,周祖城.中国背景下CSR与消费者购买意向关系的实证研究[J].南开管理评论.2009,12(1):64-70.

[5] Carroll A. B. , K. M. Shabana. The Business Case for Corporate Social Responsibility:A Review of Concepts, Research and Practice[J]. International of Management Reviews,2010,12(1):85-105.

[6] Marin L,S Ruiz, et al. The Role of Identity Salience in the Effects of Corporate Social Responsibility On Consumer Behavior[J]. Journal of Business EthIcs,2009,84(1):65-78.

[7] Mohr L. A. , D. J. Webb. Effects of Corporate Social Responsibility and Price on Consumer Responses[J]. Journal of Consumer Affairs, 2005, 39(1): 121-147.

[8] 乔治·斯蒂纳:企业、政府与社会(第8版)[M].华夏出版社,2002:132-133.

[9] 阿奇·B.卡罗尔,安·K.巴克霍尔茨.企业与社会:伦理与利益相关者管理[M].机械工业出版社,2004:23-27.

[10] Fombrun, C. J. ,M. Shanley. What's in a name? Reputation Building and Corporate Strategy[J]. Academy of Management Journal, 1990,33(2) : 233-258.

[11] Rindova V. P. , A. P. Williamson ,at al. ,Being Good or Being Known:An Empirical Examination of The Dimensions, Antercedents, and Consequences of Organizational Reputation[J]. Academy of Management Journal, 2005,48(6) : 1033-1049.

[12] 金立印.消费者企业认同感对产品评价及行为意向的影响[J].南开管理评论，2006,9(3):16－21.

[13] Ashforth B. E., Fred Meal. Alumni and Their Alma Mater: A Partial Test of the Reformulated Model of Organizational Identification[J]. Journal of Organizational Behavior, 1992(13): 103－123.

[14] 徐金发,刘靓.企业声誉定义及测量研究综述[J].外国经济与管理,2006,26(9):25－30.

[15] Sen S., C. B. Bhattacharya, et al. The Role of Corporate Social Responsibility in Strengthening Multiple Stakeholder Relationships: A Field Experiment[J]. Journal of the Academy of Marketing Science,2006,34(2):158－166.

[16] 何小洲,刘晖. 消费者的企业社会责任认知研究[J].财经问题研究,2011(8):11－16.

[17] Weiss A. M., Anderson E., Macinnis D. J., Reputation Management as a Motivation for Sales Structure Decision[J]. Journal of Marketing, 1999, 63(10):74－89.

[18] Brown, T. J., P. A., Dacin. The Company and the Product: Corporate Associations and Consumer Product Responses[J]. Journal of Marketing, 1997, 61(1):68－84.

[19] Goldberg, Marvin E., Jon Hartwick. The Effects of Advertiser Reputation and Extremity of Advertising Claim on Advertising Effectiveness[J]. Journal of Consumer Research, 1990, (9): 172－179.

[20] Ahearne M., C. B. Bhattacharya et al. Antecedents and Consequences of Customer: Company Identification: Expanding the Role of Relationship Marketing[J]. Journal of Applied Psychology,2005,90(3):574－585.

[21] Yeosun Yoon, Zeynep et al. The Effect of Corporate Social Responsibility (CSR) Activities on Companies With Bad Reputations[J]. Journal of Consumer Psychology,2006(4):5－12.

[22] 李海芹,张子刚.CSR对企业声誉及顾客忠诚影响的实证研究[J].南开管理评论,2010,13(1):90－98.

[23] Bhattacharya C. B., Sen, Sankar. Consumer-company Identification: A Framework for Understanding Consumers' Relationships with Companies[J]. Journal of Marketing, 2003, 67(4):76－88.

[24] 马龙龙.企业社会责任对消费者购买意愿的影响机制研究[J].管理世界,2011(5):120－126.

附录 2

高管团队认知冲突与企业绩效关系的实证研究:决策承诺的中介作用*

摘要:高管团队在战略决策制定方面处于核心地位,对企业的经营活动和发展方向起着主导作用。本文以 89 家民营企业的高管团队为研究样本,探讨了高管团队认知冲突对企业绩效的影响及中介机制。研究结果表明,高管团队认知冲突对决策承诺和企业绩效有着积极的影响,决策承诺对企业绩效有着积极的促进作用,并且决策承诺在认知冲突对企业绩效的影响中起部分的中介作用。

关键词:高管团队;认知冲突;决策承诺;企业绩效

一、引言

随着全球经济一体化进程的加快,企业面临的外部环境愈加复杂,企业成长的基本矛盾已经是全球化市场中本土化力量与国际化力量的较量,为确保获取持续的竞争优势,企业就必须做出有效的战略调整来应对外部环境的变化。由于高层领导者所处战略的环境非常复杂,领导者个人不可能觉察到来自组织和外部环境的各个方面,致使最终的理解存在着片面性,因此研究的重点应该放在高层管理团队上。自 Hambrick 和 Mason(1984)[1]提出高阶梯队理论以来,学者们对高管团队的研究主要放在高管团队的人口统计特征与企业战略选择及企业绩效的关系上,且局限于用二手数据来进行检验,由此导致的结果常常是结论存在着分歧。[2]后来的学者们逐步意识到可能是由于团队过程的调节或中介作用,才使得以前的研究结论存在着差异,因而认

* 本文根据苏州大学 2011 届企业管理硕士研究生申振林的毕业论文而改写。笔者指导了该篇论文的选题、框架构建、观点提炼及问卷设计和调查。本文主要内容已公开发表,详见:《生产力研究》,2012(9):213—215.

为应当加强对团队运作过程的探索。

在对冲突的分类中，基于“任务—关系”维度的分类为大多数学者所认同。Amason(1996)将冲突分为功能性冲突(或认知冲突)和非功能性冲突(或情绪冲突)。其中认知冲突是基于任务导向的，它关注的核心问题是如何更好地完成任务，是各成员对任务目标和完成方法的认识不一致而产生的。[3]由于高层管理团队在知识背景和价值观上存在着差异，不同的成员会从不同的角度观察复杂环境，因而认知冲突不可避免地存在于高管团队的运作过程中。高管团队作为企业战略决策的核心，其冲突过程将会影响到团队的绩效和企业的经营成果。因而，如何有效地认识和利用冲突，成为企业高管团队亟待解决的问题。然而，现有涉及团队冲突的研究多聚焦于冲突对团队绩效及战略决策的影响[4-6]，缺乏对冲突和企业绩效关系的研究，而关于认知冲突与民营企业绩效关系的实证研究还处于匮乏状态。因而，本文尝试在前人研究成果的基础上，引入决策承诺这一中介变量，探讨高管团队认知冲突对企业绩效的影响。

二、文献综述与研究假设

(一) 高管团队认知冲突、决策质量与企业绩效的关系

高管团队成员认知上的冲突使得团队成员能够综合多方面的信息，在提出自身观点的基础上，通过与团队成员的比对来权衡达成组织目标的各种决策的利弊，而来自不同观点的争论的协同综合通常好于各自观点本身，从而有利于决策质量的提高(Amason, Shrader, Tompson, 2006)[7]。Chenhall(2004)[8]的研究认为，冲突虽然能改善决策的质量，但也有可能弱化团队成员间协作的能力而降低决策质量，而具有有益效果的冲突被称为认知冲突，具有负面功能的冲突则被称为情感冲突。Dreu 和 Vianen(2001)[9]认为，当团队专注于任务，团队成员之间相互依赖以及对组织目标达成一致时，增加的冲突提高了团队的决策质量。Jehn 和 Mannix(2001)[10]研究发现，高层管理团队中的认知冲突能够提高组织的绩效。据此，本文提出如下假设：

H1:企业高管团队认知冲突与决策质量正相关。

H2:企业高管团队决策质量与企业绩效正相关。

H3:企业高管团队认知冲突与企业绩效正相关。

H4:决策质量在企业高管团队认知冲突与企业绩效之间起中介作用。

(二) 高管团队认知冲突、决策承诺与企业绩效的关系

在高管团队的决策过程中，成员间的讨论能使团队成员较好地了解所制定的决策，有助于提高对决策实施的认同感和责任感。虽然团队成员在对问

题的认识上会发生观点的碰撞和意见的分歧,进而导致认知上的冲突,但也会因此获得较多的信息,更容易接受集体做出的决策以及提高在决策的执行过程中的积极性。Cools(2007)[11]等人认为,风格是一个人习惯的或偏好的做事方式,在决策者制定战略决策的过程中,决策承诺对于达成组织目标有着积极的贡献。孙海法等(2011)[12]以高管团队行为整合为调节变量,分析了高管团队异质性与技术创新绩效之间的作用关系。在决策情境中,认知冲突对决策质量及团队成员对决策的理解、决策承诺和相互间的情感接受程度都具有积极的影响。决策承诺的一致性有利于企业更好地实施战略决策、开发市场机会和对动态的外部市场做出快速的响应,对于企业在市场上获取竞争优势有着重要的影响。因此,本文提出以下假设:

H5:企业高管团队认知冲突与决策承诺正相关。

H6:企业高管团队决策承诺与企业绩效正相关。

H7:决策承诺在企业高管团队认知冲突与企业绩效之间起中介作用。

(三) 研究模型的构建

综合以上分析,本文构建了企业高管团队认知冲突与企业绩效关系的理论模型,见图 1。

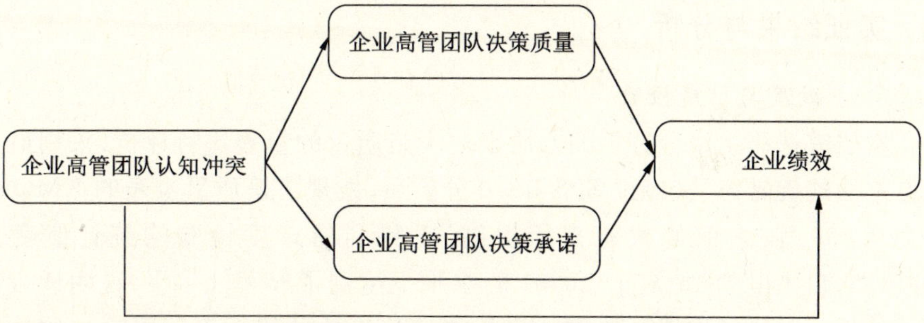

图 1　企业高管团队认知冲突与企业绩效关系的理论模型

三、数据来源与样本描述性统计

本研究运用问卷调查的方法来搜集相关数据。调查问卷共 23 个题项,分为五个部分:高管团队的背景资料、认知冲突的测量、决策质量的测量、决策承诺的测量和企业绩效的测量。除背景资料外,其他四个部分测量项所对应的问题均采用李克特五点量表来评分,全部采用正向积分的方法。

本次问卷调查范围涉及苏州高新区、苏州工业园区、张家港市、南通市、宜兴市等地,调查对象为民营企业的董事长,正、副总经理,总经理助理等高层管理者。问卷的调查主要通过三种途径来完成:(1) 现场发放 175 份,回收

171 份,回收比例达 97.71%;(2) 问卷邮寄 84 份,回收 27 份;(3) 电子邮件发送 46 份,回收 29 份。本次调研共发放问卷 305 份,涉及制造业、生物医药业、建筑业、IT 通信业等多个行业的高层管理者,有利于更好地从高管团队层面展开相关研究,最后回收问卷 227 份,回收率为 74.43%。在对问卷进行整理和分析的过程中,发现 7 份问卷填答不完整,4 份问卷有较明显的随意勾选的迹象,最终有效问卷为 216 份,问卷有效回收率为 70.82%。通过对问卷的最后处理,共收集到 89 个高管团队的数据。

本次调查共涉及 89 家企业的高管团队,从所属行业的分布情况来看,IT 通信业和制造业占样本总数的 30.3%和 24.7%;生物医药业和其他行业所占比例相同,为 12.4%;房地产建筑业和服务业所占的比重相同,为 10.1%。从 89 家民营企业的员工规模分布情况来看,员工规模为 200 人以上的数量为 39 家,占总数的 43.8%;员工规模为 50～100 人的数量为 22 家,占总数的 24.7%;而员工规模为 100～200 人的数量和 50 人以下的数量分别为 17 家和 11 家,所占比重分别为 19.1%和 12.4%。从高管团队所处的发展阶段来看,处于发展期的团队数目为 39 个,占总数的 43.8%;处于成熟期的团队数目为 37 个,占总数的 41.6%;处于形成期的团队数目为 13 个,占总数的 14.6%。

四、实证结果与分析

(一) 效度与信度检验

本研究选用主成分分析的方法来对决策质量的量表进行评价,采用最大化方差法的旋转方法,经过 SPSS18.0 分析后,发现决策质量量表的 KMO 值变为 0.799,较之前的检验有所提高,巴特利特球度检验的统计值变为 349.428,自由度为 15,在 $p<0.01$ 的水平下达到了显著性水平,说明适合做因子分析。对决策质量和决策承诺量表的信度检验采用克朗巴哈一致性系数(Cronbach's Alpha)来进行,决策质量量表的两个因子的信度分别为 0.783 和 0.828,而量表的整体信度为 0.816。决策承诺量表的测量项数为 3,信度系数为 0.843。由于量表的克朗巴哈 a 系数大于 0.8,因此总体上该评价体系的内在信度是比较理想的,因而可认为决策质量和决策承诺量表具有较高的信度。

(二) 相关分析

表 1 是认知冲突、决策质量、决策承诺以及企业绩效的相关分析结果。从表 1 中可以看出,在 $p<0.05$ 的水平下,认知冲突与决策承诺呈显著的正相关关系,表明高管团队内的认知冲突促进了成员间开诚布公的交流,而这种开放性的决策讨论有助于团队成员对决策公正性的看法,使得他们在决策过程

中做出相应的承诺来保证决策的实施，因而假设 5 得到验证。

表 1　认知冲突、决策质量、决策承诺及企业绩效的相关性

		CC 认知冲突	DQ 决策质量	DC 决策承诺	P 企业绩效
CC 认知冲突	Pearson 相关性	1			
	显著性（双侧）				
	N	89			
DQ 决策质量	Pearson 相关性	0.308**	1		
	显著性（双侧）	0.003			
	N	89	89		
DC 决策承诺	Pearson 相关性	0.221*	0.549**	1	
	显著性（双侧）	0.037	0.000		
	N	89	89	89	
P 企业绩效	Pearson 相关性	0.358**	0.524**	0.450**	1
	显著性（双侧）	0.001	0.000	0.000	
	N	89	89	89	89

注：* 在 0.05 水平（双侧）上显著相关；** 在 0.01 水平（双侧）上显著相关。

在 $p<0.01$ 的水平下，认知冲突、决策质量、企业绩效两两之间均呈现显著的正相关关系，这说明高管团队在达成组织目标的过程中，更专注于所要完成的任务内容和方法。此时，随着认知冲突的增加，高管团队能够从多方面来整合不同成员的观点和意见，有利于运用多重判断标准来制定战略决策，而高质量的决策则能够促进企业绩效的提高，即假设 1、假设 2 和假设 3 得到验证。

另外，在 $p<0.01$ 的显著水平下，决策承诺对决策质量和企业绩效有显著性的影响，因此，假设 6 得到验证。

（三）回归分析

本文运用逐步回归分析方法，按 F 值对应的概率≤0.05 的标准选入变量，而 F 值对应的概率≥0.1 的变量则加以舍去。将决策质量加入到认知冲突与企业绩效的回归模型中，经过分析后得到如下结果：从表 2 可以看到，加入决策质量这个变量后，R 方系数上升到 0.318，F 更改后的信度水平也在 0.01的水平下，说明模型的拟合优度较好。

表 2 决策质量和企业绩效回归模型

模型	R	R 方	调整 R 方	标准估计的误差	更改统计量				
					R 方更改	F 更改	df1	df2	Sig. F 更改
1	0.524[a]	0.275	0.266	1.421 02	0.275	32.961	1	87	0.000
2	0.564[b]	0.318	0.302	1.386 47	0.043	5.389	1	86	0.023

注：a. 预测变量：(常量)，DQ 决策质量；b. 预测变量：(常量)，DQ 决策质量，CC 认知冲突。

在决策质量和企业绩效回归的模型 1 中，F 值为 32.961，所对应的概率 p 小于 0.01 的显著水平，因而回归方程的效果显著。模型 2 与模型 1 相比，残差值有所下降，说明决策质量对公司绩效有着显著性的影响。

采用逐步回归的分析方法，将决策承诺加入到认知冲突与企业绩效的模型中来，探讨决策承诺的中介效应。从表 3 的结果来看，加入决策承诺这个变量后，R 方系数增加到 0.272，说明增加变量后能更好地解释因变量变差。在概率小于 0.01 的水平下，F 值为 22.035，说明决策承诺对企业绩效有着显著性的影响。

表 3 决策质量和企业绩效回归模型

模型	R	R 方	调整 R 方	标准估计的误差	更改统计量				
					R 方更改	F 更改	df1	df2	Sig. F 更改
1	0.450[a]	0.202	0.193	1.490 52	0.202	22.035	1	87	0.000
2	0.522[b]	0.272	0.255	1.431 65	0.070	8.302	1	86	0.005

注：a. 预测变量：(常量)，DC 决策承诺；b. 预测变量：(常量)，DC 决策承诺，CC 认知冲突。

从表 4 给出回归分析结果来看，认知冲突与企业绩效的非标准化系数 B 为 0.392，与两者之间回归得到的 B 值 0.516 相比有所下降，即 $\Delta B=0.124$。在 $p<0.01$ 的概率水平内，决策承诺和企业绩效呈显著相关关系，回归系数达到显著水平；而认知冲突与企业绩效在此水平内也呈现显著相关，因而可以认为决策承诺在认知冲突对企业绩效的影响中只起到部分中介的作用，假设 7 得到验证。

表 4　系数[a]

模型		非标准化系数		标准系数	t	Sig.
		B	标准误差	试用版		
1	（常量）	5.253	1.272		4.128	0.000
	DC 决策承诺	0.502	0.107	0.450	4.694	0.000
2	（常量）	2.713	1.507		1.800	0.075
	DC 决策承诺	0.435	0.105	0.389	4.128	0.000
	CC 认知冲突	0.392	0.136	0.272	2.881	0.005

注：a. 因变量：P 企业绩效。

本文再经过统计分析，得到了研究模型中的路径系数，且都通过了检验，这更加证实了变量之间的因果联系。同时由图 2 中所显示的路径系数可知，在认知冲突对企业绩效的影响中，决策承诺、决策质量这两个变量起到了中介传导的作用。

五、结论与管理建议

本文以 89 家民营企业的高管团队为研究样本，探讨了认知冲突和企业绩效之间的关系，并引入决策质量和决策承诺这两个中介变量来解释企业高管团队认知冲突对企业绩效的作用机理。研究结果表明，企业高管团队认知冲突对决策质量、决策承诺和企业绩效有着积极的影响，决策承诺和决策质量对企业绩效有着积极的促进作用，并且决策承诺和决策质量在认知冲突对企业绩效的影响中起部分的中介作用。研究发现，决策承诺对决策质量有着积极的影响，因而高管团队的职能绝不仅限于制定高质量的决策，而更应提高决策的实施效果，从而实现企业绩效的提升。

根据上述结论，结合企业管理实践，提出以下管理建议：

第一，构建与企业战略选择相匹配的高管团队。知识、能力和经验互补的高管团队的战略性思考能充分发挥团队的决策力，大大提高战略决策的质量，在企业管理中充分发挥团队成员所长，使企业更好地应付瞬间万变的环境。同时，企业高管应当加速观念的转换，改变以往高度集权的做法，通过适度的放权来建立相互信任、关怀和相互支持的团队氛围。高绩效的团队是随着企业的发展逐步形成的，在战略决策和选择的过程中，民营企业应该注重制定和完善高层管理者的选择与培养方面的政策，来构建与企业战略相匹配的高管团队。

第二，正确认识和合理引导与任务相关的认知冲突。在认识企业高管团队内部的冲突时，应当从内容和过程两方面来考察冲突对战略决策、企业绩效产生的效用。对于高管团队成员间有关任务内容、目标和可行性等存在的观点差异及意见争执，团队领导者应给予支持，鼓励团队成员开诚布公地交流思想。高管团队内的冲突是动态变化的，基于任务本身的认知冲突会引起决策过程中对完成任务的方法、程序认知的分歧，因而，高管团队应积极推进团队成员对分歧思路看法的辩论，重视团队认知冲突在任务完成过程中的演变，从而来实现高管团队对决策议题的集思广益。适度的认知冲突是有益的，而过度的认知冲突则会造成团队成员情绪的激烈反应，进而导致团队成员之间关系的紧张和心理上的敌对。因而，针对有关任务分工、资源分配等方面的不兼容状况，高管团队的领导者应当与团队成员进行充分的沟通，引导和帮助团队成员对任务目标的理解，提升团队成员对组织整体规划的认同，来积极应对团队成员协作过程中出现的与任务相关的冲突。

第三，实现有效的高管团队沟通，提高决策者的承诺。高管团队内有效沟通和协作能力缺乏，不仅有损战略决策的效果，而且会加重成员彼此间的矛盾与纠纷。对于企业高管来讲，应克服领导者的集权意愿，下放适当的权力，让高管团队成员能够积极地参与到企业的战略决策中来。在实现沟通方式上，正式沟通能够使团队成员就方案的决策充分发表自己的观点，对于形成高质量的决策有着重要作用；而非正式的沟通则有利于团队成员间的情感接受，对于达成一致的共识有着积极的影响。团队成员彼此间的交流互动，团队成员的真诚参与，会导致开放的讨论和互相协作，这种开放性的讨论氛围能强化团队成员对决策公正性的看法，进而提高高管团队决策者的承诺。因而，企业高管团队应当加强信息资源的共同分享，通过实现有效的沟通来提高战略决策的效果和决策者的承诺。

参考文献

[1] Hambrick D. C. , Mason P. A. Upper echelons: The organization as a reflection of its top managers[J]. Academy of Management Review, 1984(9): 194－205.

[2] Richard L. Priem, Douglas W. Lyon, Gregory G. Dess. Inherent limitations of demographic proxies in top management team heterogeneity research[J]. Journal of Management, 1999, 25(6): 935－953.

[3] Amason A. C. Distinguishing the effects of functional and dysfunctional conflict on strategic decision making: Resolving a paradox for top management teams[J]. Academy of Management Journal, 1996, 39(1): 123－148.

[4] Van de Vliert, Carsten K. W. , De Dreu. Optimizing performance by stimulating

conflict[J]. International Journal of Conflict Management, 1994(5): 211—222.

[5] Simons T. L., Peterson R. S. Task conflict and Relationship Conflict in Top Management Teams: The pivotal Role of Intragroup Trust[J]. Journal of Applied Psychology, 2000, 85(1): 102—111.

[6] Lisa Hope Pelled, Kathleen M. Eisenhardt, Katherine R. Xin. Exploring the black box: an analysis of work group diversity, conflict, and performance[J]. Administrative Science Quarterly, 1999, 44(1): 1—28.

[7] Amason, A. C., Shrader R. C, Tompson G. H., Newness and Novelty: Relating Top Management Team Composition to New Venture Performance[J]. Journal of Business Venturing. 2006, 21(1): 125—148.

[8] Chenhall, R. H.. The role of cognitive and affective conflict in early implementation of active—based cost management[J]. Behavioral Research in Accounti-ng, 2004(16): 19—44.

[9] De Dreu, Van Vianen. Managing Relationship Conflict and the Effectiveness of Organizational Teams[J]. Journal of Organizational Behavior, 2001(22): 309—328.

[10] Jehn, K. A., Mannix, E. A.. The dynamic nature of conflict: a longitudinal study of intragroup conflict and group performance[J]. Academy of Management Journal, 2001, 44(2): 238—251.

[11] Cools E, Vanden Broeck H., Development and validation of the cognitive style indicator[J]. The Journal of Psychology, 2007, 141 (4): 359—387.

[12] 孙海法，等. 经营管理价值观异质性对冲突与绩效的影响[J]. 东北大学学报，2011(4): 300—306.